普通高等教育"十四五"印刷本科规划教材

印刷产业与企业发展

YINSHUA CHANYE
YU QIYE FAZHAN

陈 虹 赵志强 ◎ 编著

文化发展出版社
Cultural Development Press

内容提要

本书内容汇集了作者多年来在专业教学和社会服务领域的积累，以宽广的视野，归纳和总结了中国印刷产业，将印刷产品、市场、企业、技术、设备、教育与传媒连接到一起，勾勒出中国印刷产业链的全貌和宏观场景。

本书结构合理、内容全面、重点突出、阐述详尽，既有较为详尽的数据资料支撑，又有一定的理论性分析，更有较为深入的产业实践探讨，为中国印刷产业的持续健康发展提供了较为全面的参考，既可作为印刷教育的教材使用，也可为印刷产业的从业者提供借鉴。

图书在版编目（CIP）数据

印刷产业与企业发展 / 陈虹，赵志强编著. — 北京:文化发展出版社，2022.6
ISBN 978-7-5142-3654-5

Ⅰ.①印… Ⅱ.①陈… ②赵… Ⅲ.①印刷工业－产业发展－研究－中国 ②印刷工业－工业企业管理－研究－中国 Ⅳ.①F426.84

中国版本图书馆CIP数据核字(2022)第046890号

印刷产业与企业发展

编　　著：陈　虹　赵志强

责任编辑：魏　欣　朱　言	责任校对：岳智勇
责任印制：邓辉明	责任设计：郭　阳

出版发行：文化发展出版社（北京市翠微路2号 邮编：100036）
网　　址：www.wenhuafazhan.com
经　　销：各地新华书店
印　　刷：北京建宏印刷有限公司
开　　本：787mm×1092mm　1/16
字　　数：220千字
印　　张：11
版　　次：2022年6月第1版
印　　次：2022年6月第1次印刷
定　　价：49.00元
ＩＳＢＮ：978-7-5142-3654-5

◆ 如发现任何质量问题请与我社发行部联系。发行部电话：010-88275710

前言
Preface

中国印刷产业从无到有、从小到大、从弱到强,不仅反映了科学技术的进步,更呈现的是最小生产单元的印刷企业从小到大、从少到多、从弱到强的发展历程。中国作为全球经济大国,印刷产业也必定拥有较大规模。2010 年,中国 GDP 超过日本,成为世界第二大经济体。伴随着中国经济的快速增长,中国印刷产业也在不断发展,已经超越日本、德国,成为全球第二大印刷市场。

中国印刷产业的发展经历了从古代民间的书坊、官办的印刷机构,近代西方传教士在中国开办的印刷工场、中国民族资本家开设的各类书馆书局、清朝和北洋政府建立的印书处和报馆、中国共产党在城市和根据地建立的红色印刷机构,到中华人民共和国成立后建立的完整印刷产业链。特别是改革开放以后,中国印刷产业与印刷企业在社会主义特色市场经济基础上不断成长壮大。不同所有制的印刷企业、不同生产特点的分类印刷企业、不同成长经历的印刷产业带,提供了中国印刷产业的发展脉络和走向,代表着中国印刷产业的特点和发展趋势,值得我们认真地总结和传承。

本书与以往印刷概论类教材不同,它不仅讲述印刷历史发展,更注重印刷的发展现状和未来趋势;不仅讲述印刷技术的演变,更关注印刷市场与产业变化;不仅是分类地介绍印刷产业的某一部分或某一方向,更力图站在一定的高度,以更宽广的视野,归纳和总结中国印刷产业,将印刷产品、市场、企业、技术、设备、教育与传媒联结到一起,勾勒出中国印刷产业链的全貌和宏观场景。

全书共分为九章,四十三小节。第一章印刷产业发展概论,主要介绍了印刷产业的基本要素,特别介绍了印刷产业正在发生的概念、理念和视界的变化;第二章中国印刷产业发展,主要介绍了印刷产业从古至今、从小到大的发展历程,以及主要地区印刷产业的发展现状和未来印刷产业的发展趋势;第三章中国印刷产业链,主要介绍了产业链的特点,以及印刷产业链的组成与发展;第四章印刷产业技术发展,主要介绍了古代印刷术和现代印刷技术的发展,以及 18 个最新印刷技术模块;第五章印刷产业设备发展,主要介绍了中国印刷设备发展史,印刷设备制造产业发展现状,典型印刷设备供应商,以及印刷设备未来发展趋势;第六章印刷产业教育与媒介发展,主要介绍了印刷高等教育发展历程,印刷科研传媒企业,国际著名印刷展览会,以及主要印刷网络媒体和知名印刷协会;第七章印刷产业经济发展,主要介绍了中国印刷产业经济发展现状与未来，中国印刷产业的结构与布局，产业经济的发展趋势；第八章中国印刷企业发展，主要介绍了中国印刷企业的发展与演变，印刷企业的主要分类、特点和生产经营要求，中国印刷包装企业百强，以及印刷企业的未来发展；第九章中国典型印刷企业，主要按照产业分类，重点介绍了全国 13 家骨干印刷企业，将这些品牌企业的发展和经验呈现出来。

  本书由北京印刷学院陈虹、赵志强两位老师编写，内容汇集了他们多年来在专业教学和社会服务领域的积累，是对数十年专业教学内容的凝练和多年来行业调研获得经济数据的合理分析，是在丰富的产业信息基础上的归纳总结。尽管印刷产业和企业的相关数据在不断地变化，印刷企业也在不断地变革，印刷产业更是会不断地发展，但是本书的内容构建和写作方式，使读者能够快速而全面地了解中国印刷产业的全貌，缩短了读者与印刷产业的距离，促进了教书育人与产业发展的联系，必将对中国印刷产业发展和印刷教育起到积极作用。

  囿于编著者水平和实践经验的局限，本书中的错误和不妥之处在所难免，敬请广大读者和业内人士予以指正。

陈　虹　赵志强
2022 年 2 月于北京

目 录 Contents

第一章　印刷产业发展概论 …001

一、印刷 …001
1. 印刷的定义 …001
2. 印刷的理解 …001

二、印刷品与印刷市场 …002
1. 印刷品 …002
2. 印刷市场 …002

三、印刷主要分类 …002
1. 按照印版类型分类 …002
2. 按照承印材料类型分类 …003
3. 按照图文转移方式分类 …003
4. 按照是否采用印版分类 …003
5. 按照印刷原理分类 …004
6. 按照印刷色数分类 …004
7. 按照印刷品用途分类 …004
8. 按照承印材料分类 …005

四、常用印刷方式 …005
1. 平版胶印印刷 …005
2. 柔性版印刷 …005
3. 凹版印刷 …005
4. 丝网印刷 …006
5. 其他印刷方式 …006
6. 特种印刷 …007

五、印刷工艺基本要素 ………………………………………………………… 007
    1. 原稿 …………………………………………………………………… 007
    2. 印版 …………………………………………………………………… 008
    3. 印刷油墨 ……………………………………………………………… 008
    4. 承印材料 ……………………………………………………………… 009
    5. 印刷机械 ……………………………………………………………… 009

六、印刷企业 …………………………………………………………………… 010
    1. 企业的概念 …………………………………………………………… 010
    2. 企业的内在含义 ……………………………………………………… 011
    3. 中国印刷企业 ………………………………………………………… 012

七、印刷产业 …………………………………………………………………… 015
    1. 产业的内涵 …………………………………………………………… 015
    2. 印刷产业 ……………………………………………………………… 016

八、印刷的变化 ………………………………………………………………… 017
    1. 印刷概念的变化 ……………………………………………………… 017
    2. 印刷市场的变化 ……………………………………………………… 017
    3. 印刷要素的变化 ……………………………………………………… 018
    4. 印刷流程的变化 ……………………………………………………… 018
    5. 印刷企业的变化 ……………………………………………………… 019
    6. 印刷产业的变化 ……………………………………………………… 019

第二章 中国印刷产业发展 …………………………………………………… 020

一、中国古代印刷变迁 ………………………………………………………… 020
    1. 印刷萌芽期 …………………………………………………………… 020
    2. 民间印刷作坊 ………………………………………………………… 021
    3. 官办印刷机构 ………………………………………………………… 022

二、中国近代印刷产业 ………………………………………………………… 024
    1. 西方在华印刷机构的建立 …………………………………………… 024
    2. 中国民间印刷书局 …………………………………………………… 026
    3. 中国官办印刷机构 …………………………………………………… 028
    4. 红色印刷机构 ………………………………………………………… 030

三、中国现代印刷产业 ………………………………………………………… 032
    1. 印刷产业体系建立 …………………………………………………… 032

2. 印刷产业艰难发展 ………………………………………………… 033
　　3. 印刷产业振兴发展 ………………………………………………… 034
　　4. 印刷产业快速发展 ………………………………………………… 034
　　5. 印刷产业转型提质发展 …………………………………………… 035

四、中国主要地区印刷产业发展 …………………………………………… 036
　　1. 北京印刷产业发展 ………………………………………………… 036
　　2. 广东印刷产业发展 ………………………………………………… 039
　　3. 浙江印刷产业发展 ………………………………………………… 041

五、中国印刷产业发展趋势 ………………………………………………… 042
　　1. 创新发展 …………………………………………………………… 042
　　2. 绿色环保 …………………………………………………………… 042
　　3. 融合发展 …………………………………………………………… 042
　　4. 特色发展 …………………………………………………………… 042
　　5. 网络化智能化发展 ………………………………………………… 043

第三章　中国印刷产业链 ……………………………………………………… 044

一、产业链 …………………………………………………………………… 044
　　1. 产业链的定义 ……………………………………………………… 044
　　2. 产业链的内涵 ……………………………………………………… 044
　　3. 产业链的类型 ……………………………………………………… 045
　　4. 产业链的演变 ……………………………………………………… 045
　　5. 产业链的特点 ……………………………………………………… 046
　　6. 产业链的整合 ……………………………………………………… 047
　　7. 产业链的整合模式 ………………………………………………… 047
　　8. 产业链的作用 ……………………………………………………… 047

二、印刷产业链 ……………………………………………………………… 048
　　1. 印刷产业链组成 …………………………………………………… 048
　　2. 印刷产业链扩展 …………………………………………………… 048

三、印刷产业链支撑 ………………………………………………………… 049
　　1. 胶印版材 …………………………………………………………… 049
　　2. 印刷纸张 …………………………………………………………… 050
　　3. 印刷油墨 …………………………………………………………… 052

四、印刷产业链发展 ······055
　　1. 印刷产业链创新 ······055
　　2. 印刷产业链发展方向 ······056
五、印刷产业链发展案例 ······056
　　1. 外延式并购推动产业链整合 ······057
　　2. 并购实现业绩华丽增长 ······057
　　3. 外延式并购成产业发展趋势 ······057

第四章　印刷产业技术发展 ······059

一、古代印刷技术发展 ······059
　　1. 印刷术的基础 ······059
　　2. 印刷术的支撑 ······060
　　3. 古代印刷技术 ······060
二、现代印刷技术发展 ······062
　　1. 印前技术 ······062
　　2. 印刷技术 ······063
　　3. 印后技术 ······066
三、印刷产业新技术 ······068
　　1. 色彩管理技术 ······068
　　2. 数字打样技术 ······068
　　3. 计算机直接制版技术 ······069
　　4. 按需印刷技术 ······069
　　5. 高保真印刷技术 ······070
　　6. 组合印刷技术 ······070
　　7. 数字印刷技术 ······070
　　8. 功能印刷技术 ······071
　　9. 立体印刷技术 ······071
　　10. 喷墨印刷技术 ······071
　　11. 防伪印刷技术 ······072
　　12. 无水胶印技术 ······072
　　13. 无轴传动技术 ······072
　　14. 3D 打印技术 ······073
　　15. 冷烫印技术 ······073

16. 印刷智能化技术 …………………………………………… 073
　　17. UV印刷技术 ……………………………………………… 074
　　18. G7印刷技术 ……………………………………………… 074

第五章　印刷产业设备发展 …………………………………………076

　一、印刷设备的变迁与发展 ……………………………………… 076
　　1. 印前设备 …………………………………………………… 076
　　2. 印刷设备 …………………………………………………… 080
　　3. 印后设备 …………………………………………………… 084
　二、中国印刷设备制造业发展 …………………………………… 087
　　1. 近代中国印刷机械制造业 ………………………………… 087
　　2. 计划经济下的发展 ………………………………………… 088
　　3. 改革开放后的发展 ………………………………………… 090
　三、典型印刷设备制造商及设备 ………………………………… 093
　　1. 印前设备 …………………………………………………… 093
　　2. 印刷设备 …………………………………………………… 093
　　3. 印后设备 …………………………………………………… 098
　四、印刷设备未来发展 …………………………………………… 099
　　1. 数字化 ……………………………………………………… 099
　　2. 绿色化 ……………………………………………………… 100
　　3. 智能化 ……………………………………………………… 100

第六章　印刷产业教育与媒介发展 …………………………………101

　一、中国印刷教育的发展 ………………………………………… 101
　　1. 印刷教育的发展概貌 ……………………………………… 101
　　2. 中国印刷教育的快速发展 ………………………………… 102
　　3. 开设印刷工程的专业院校 ………………………………… 105
　二、印刷科研和传媒 ……………………………………………… 111
　　1. 中国印刷科学技术研究院 ………………………………… 111
　　2. 北京科印传媒文化有限公司 ……………………………… 112
　　3. 北京绿色印刷包装产业技术研究院 ……………………… 112
　　4. 中国印刷博物馆 …………………………………………… 112

三、著名印刷展览会 ··· 113
1. 北京国际印刷技术展览会 ··· 113
2. IGAS 国际印刷技术及器材展览会 ·································· 113
3. Converflex/Grafitalia ·· 113
4. DRUPA 国际印刷与纸业展览会 ····································· 113
5. PRINT 美国芝加哥印前、印刷及加工贸易展 ················ 114
6. IPEX 国际印刷展 ··· 114

四、主要印刷网络媒体 ··· 114
1. 科印网 ·· 114
2. 必胜印刷网 ·· 115
3. 中国印刷行业网 ··· 115

五、知名印刷行业协会 ··· 116
1. 中国印刷协会 ·· 116
2. 中国印刷及设备器材工业协会 ······································· 116
3. 北京印刷协会 ·· 117

第七章 印刷产业经济发展 ··· 118

一、不同时期印刷产业经济发展与趋势 ····························· 118
1. 20 世纪初印刷业经济发展 ··· 118
2. 2011—2019 年印刷业经济发展 ····································· 119
3. 2020 年规模及以上印刷企业的经济发展 ····················· 120
4. 近 10 年规模及以上印刷企业经济情况 ························ 120
5. 近 10 年印刷全行业经济发展情况 ································ 121

二、中国印刷产业基本布局 ·· 121
1. 中国印刷产业带 ··· 121
2. 中国印刷产业带核心区域发展 ······································· 123
3. "一带一路"印刷产业带 ··· 129

三、中国印刷产业分析 ··· 130
1. 产业布局持续调整 ··· 130
2. 大型企业的发展 ··· 130
3. 包装印刷稳步增长 ··· 131
4. 其他方面变化 ·· 132

四、中国印刷产业经济发展趋势 ·· 132
    1. 双循环的市场驱动 ··· 132
    2. 数字化的驱动力 ··· 133
    3. 智能化的技术驱动 ··· 133

第八章 中国印刷企业发展 ·· 135

一、印刷企业演变历史 ·· 135
    1. 印刷厂 ··· 135
    2. 印刷公司 ··· 135
    3. 印刷集团 ··· 136
    4. 传媒集团 ··· 136
    5. 文化集团 ··· 137

二、印刷企业分类与定位 ·· 137
    1. 出版物印刷企业 ··· 137
    2. 包装装潢印刷企业 ··· 138
    3. 其他印刷企业 ··· 138

三、印刷企业生产经营 ·· 138
    1. 印刷企业生产经营 ··· 138
    2. 印刷经营许可证 ··· 139
    3. 印刷企业的主要生产经营范围 ······································ 139

四、中国印刷包装企业百强 ·· 139
    1. 印刷包装企业百强评选 ··· 139
    2. 第一届中国印刷包装百强评选 ······································ 140
    3. 印刷包装百强总体情况 ··· 141
    4. 印刷包装百强 TOP1 情况 ·· 144
    5. 百强中的企业类型 ··· 146
    6. 百强企业的地域特点 ··· 147

五、印刷企业的未来发展 ·· 149
    1. 向数字化方向发展 ··· 149
    2. 向智能化方向发展 ··· 149
    3. 向集约化管理方向发展 ··· 150
    4. 向绿色化方向发展 ··· 151

第九章　中国典型印刷企业 ·· 152

一、出版物印刷企业 ·· 152
1. 雅昌文化集团 ··· 152
2. 北京盛通印刷股份有限公司 ······································ 153
3. 北京新华印刷有限公司 ·· 154
4. 北京科信印刷有限公司 ·· 155

二、包装印刷企业 ·· 156
1. 厦门合兴包装印刷股份有限公司 ·································· 156
2. 深圳市裕同包装科技股份有限公司 ································ 156
3. 顶正印刷包材有限公司 ·· 157
4. 北京尚唐印刷包装有限公司 ······································ 158

三、商业印刷企业 ·· 159
1. 东港股份有限公司 ·· 159
2. 鸿博股份有限公司 ·· 159
3. 北京印钞有限公司 ·· 160

四、数字印刷企业 ·· 161
1. 虎彩集团 ··· 161
2. 北京建宏印刷有限公司 ·· 161

主要参考文献 ·· 163

第一章
印刷产业发展概论

千年之前诞生的印刷，历经岁月洗礼，从小作坊发展成为印刷企业，千万家印刷企业构成了印刷产业，成为支撑国民经济发展的重要产业之一。中国强大的产业经济离不开印刷产业，而印刷产业的发展同样离不开国家的强大。印刷产业经历了过去的快速发展，未来印刷产业必将健康发展。

一、印刷

1. 印刷的定义

在国家标准 GB/T 9851.1—1990《印刷技术术语　第 1 部分：基本术语》中，印刷的定义是："印刷是使用印版或其他方式将原稿上的图文信息转移到承印物上的工艺技术。"

最新的国家标准 GB/T 9851.1—2008《印刷技术术语第 1 部分：基本术语》中将印刷定义为："使用模拟或数字的图像载体将呈色剂/色料（如油墨）转移到承印物上的复制过程。"

显而易见，近 20 年后修订的印刷定义，是顺应印刷技术变化的新定义。可以相信，未来印刷定义还会变化，反映的是印刷千百年的技术变迁。

2. 印刷的理解

就字面意义而言，印刷代表着有痕迹谓之印，涂擦谓之刷。用刷涂擦而使有痕迹附着于其他物体上，谓之印刷。简言之，印刷也就是生产印刷品的工业。印刷品的生产与印章类似。先刻印章（版），后使印章（版）沾着上印油，再将印章（版）上的印油转移于纸、帛、皮等承印物上，即成印刷品。计算机印刷指文件可通过激光印字机、喷墨打印机或其他计算机打印机完成的印刷。在最近几年，计算机打印和工业化印刷工艺已经融合在一起，促进了数字印刷的发展。

再加以抽象解释，印刷是将文字、图画、照片、防伪等原稿经制版、施墨、加压等工序，使油墨转移到纸张、纺织品、塑料品、皮革、薄膜等材料表面上，批量复制原稿内容成为印刷品的技术。也有观点认为印刷是把经审核批准的印刷版，通过印刷机械及专用油墨转印到承印物的加工过程。

二、印刷品与印刷市场

1. 印刷品

印刷品是指印刷而成的书报、图片等，是印刷的各种产品，是使用印刷技术生产的各种成品的总称。在日常生活中，人们所接触到的报纸、书籍、期刊、地图、海报、广告、信封、信笺、档案袋、商标、标签、名片、请柬、钞票、贺卡、台历、挂历、画册、各种卡证、包装盒、礼盒、纸箱、电路板等，都属于印刷品。

2. 印刷市场

（1）印刷市场分类

印刷市场是指印刷品的分类、规模、分布等，也包括客户、企业、资金、资产、技术、质量、服务和消费者等。常见印刷市场分类为出版物印刷、包装印刷、商业印刷和其他印刷。出版物印刷生产报纸、书籍、期刊印刷品，出版物印刷市场主要面向报社、出版社、期刊社和广大读者；包装印刷生产食品包装、饮料包装、医药包装、保健品包装、化妆品包装、研究包装、电器包装、日用包装、服装包装、果蔬包装、工业及物流运输包装和其他用途包装的印刷品，包装印刷市场主要面向各种各类产品生产商、贸易商、销售商等，以及购买包装成品的消费者；商业印刷生产证券印刷、票据印刷、证卡印刷、标签印刷、防伪印刷、广告印刷等商业印刷品，商业印刷市场主要面向政府机关、企事业单位、广告公司、展览公司，以及使用商业印刷品的消费者等。

（2）印刷市场发展

不同印刷市场都经历了不同时期的发展，并且在不同地区都有扩张和萎缩。

出版物印刷市场由于受到电子多媒体和互联网冲击，市场规模逐渐萎缩，主要分布在一些大型城市，如北京、广州、上海等政府机关、文化产业集聚的城市；包装印刷市场持续快速扩张，市场规模已占有中国全部印刷市场的75%，并且仍然保持增长，包装印刷市场主要分布在经济发达的商业地区，如长三角地区的轻工产品、小商品包装印刷，珠三角地区的家具、家用电器包装印刷，西南部地区的烟酒包装印刷等；商业印刷市场在经历快速增长之后进入稳定增长，市场规模开始减小，主要分布在三线以上较大城市，如郑州、西安、成都等区域中心城市。

三、印刷主要分类

除选择适当的承印物（纸张或其他承印材料）及油墨外，印刷品的最终效果还需要通过适当的印刷方式来完成。印刷方式有多种，工艺方法不同，生产操作也不同，成本与效果亦各异。主要分类方法如下：

1. 按照印版类型分类

按照印版上图文与非图文区域的相对位置，印刷方式可以分为凸版印刷、凹版印刷、平版印刷及孔版印刷四大类。

（1）凸版印刷

凸版印刷印版的图文部分凸起，明显高于空白部分，印刷原理类似于印章，早期的木版印刷、活字版印刷及后来的铅字版印刷等都属于凸版印刷。凸版印刷按照印版材质的软硬又可分为硬版凸版印刷（如金属凸版）和软版凸版印刷（称为柔性版）。

（2）凹版印刷

凹版印刷印版的图文部分低于空白部分，印刷原理类似于石碑拓印。凹版印刷根据使用的上墨方式和油墨的不同，又可分为包装凹版印刷（主要使用溶剂型油墨或水性油墨，常用于软包装等非吸收性材料和烟包、食品包装的印刷）和防伪凹版印刷（主要使用较为黏稠油墨，常用于钞票、邮票等有价证券的印刷）。

（3）平版印刷

平版印刷印版的图文部分和空白部分几乎处于同一平面，利用油水不相溶的原理进行印刷。按照图文转移的方式不同，平版印刷分为直接平版印刷（采用印版与承印材料直接接触印刷方式）和间接平版印刷（通过橡皮布间接转移，也称为胶印印刷）。

（4）孔版印刷

孔版印刷的印版图文部分为孔洞，非图文部分被胶层弥合，油墨通过网版的孔洞转移到承印物表面，印刷原理属于漏印。孔版按照印版类型不同可以分为誊写版（常用于油印）和丝网版（由金属或高分子材料编制成网版）等。

2. 按照承印材料类型分类

（1）单张纸印刷

单张纸印刷又称为平张纸印刷，承印材料须裁切成一定长宽尺寸进入印刷机进行印刷。

（2）卷筒纸印刷

卷筒纸印刷指使用连续料带（卷筒纸）进入印刷机进行印刷，企业经常称其为轮转印刷。

3. 按照图文转移方式分类

（1）直接印刷

印版上的图文为反向图文，印刷时印版上图文部分的油墨直接与承印材料接触，在承印材料表面呈现正向图文的印刷方法，如凸版印刷、凹版印刷。

（2）间接印刷

印版上的图文为正向图文，印刷时印版上图文部分的油墨经过过渡橡皮布，间接转印到承印材料上的印刷方法，如平版胶印印刷。

（3）漏印印刷

印版上的图文为正向图文，印刷时印版上图文部分的油墨直接漏印到承印材料上的印刷方法，如丝网印刷。

4. 按照是否采用印版分类

（1）有版印刷

有版印刷是将预先制作好的印版安装到印刷机上，印刷时利用印版转移图文部分的油墨。所有传统印刷（也称模拟印刷）均为有版印刷方式，如凸版印刷、凹版印刷、平版印刷、丝网印刷等。

（2）无版印刷

无版印刷是指不用制版而将计算机存储介质上的图文数据直接转移到印刷机上，直接印刷成印刷品。所有能够实现可变数据印刷的方式（也称数字印刷）均为无版印刷，如激光成像数字印刷、喷墨成像数字印刷、磁成像数字印刷和热成像数字印刷等。

5. 按照印刷原理分类

（1）物理性印刷

根据印版上图文与非图文部分存在高度差（凸起或凹陷）进行区分，利用物理方法使图文部分获得油墨。常用在凸版印刷、凹版印刷、丝网印刷等。

（2）化学性印刷

印版上不能通过物理方法保证仅有图文部分上墨，而是利用化学原理使印版的非图文部分抗拒油墨。主要应用在平版印刷中。

6. 按照印刷色数分类

（1）单色印刷

单色印刷指承印材料上仅有一种颜色的图文，黑色是最常用的颜色，但并不只限于黑色。

（2）彩色印刷

彩色印刷指承印材料上的图文呈现的是多种颜色，印刷中通常可以采用四色（**CMYK**，即青、品红、黄、黑）叠印产生彩色效果。因此，在印刷中采用四色及四色以上油墨的印刷通常称为彩色印刷。

7. 按照印刷品用途分类

（1）书籍期刊印刷

书籍期刊印刷过去采用凸版印刷，现已完全改用平版胶印印刷。

（2）新闻印刷

新闻印刷主要指报纸印刷。因这种印刷品有时效性，要求印刷速度快，且短时印量较大，过去采用卷筒纸凸版印刷机印刷，现在为适应彩色报纸印刷需要，均已采用卷筒纸平版胶印印刷。

（3）广告印刷

广告印刷含彩色图片、画报、海报和招贴画等。广告印刷主要采用平版胶印印刷，也采用凸版、凹版或孔版印刷。

（4）钞券及其他有价证券印刷

钞券及其他有价证券印刷有特殊防伪要求，多以凹版印刷为主，需要凸版、平版及其他印刷方式共同配合完成，其印刷产品为组合印刷产品。

（5）地图印刷

地图印刷的特点是幅面大、精度高、套色多、印量少。过去主要采用大幅面平版胶印印刷，现多采用数字印刷方法实现。

（6）文具印刷

文具印刷如信封、信纸、请柬、名片、账册、作业本等办公、学习、商业使用的印刷品。这种印刷品通常要求成本低廉、印刷量大，质量要求不很高，多以凸版印刷为优先考虑，目前大多采用平版印刷。

（7）包装印刷

包装印刷小如各类咸甜菜蔬食品、糖果、饼干、蜜饯等，大如各种型号包装用的瓦楞纸箱，以及室内装潢布置用的壁纸等。纸张、纸板类包装、马口铁盒罐包装多采用平版胶印印刷，塑料软包装、铝箔、壁纸等主要采用凹版印刷，瓦楞纸箱、标签等主要采用柔性版印刷。

（8）特种印刷

特种印刷如医药瓶罐、礼品烫金、烟酒浮凸、膏油软管、电子成品、电路板、标签标贴、门票车票、金属箔片等印刷品。这类印刷品大多有特殊材质、特殊油墨和特殊质量要求，通常根据需求采用柔性版印刷、丝网印刷、干胶印印刷（间接凸印）、数字印刷等印刷方式及模切、凸凹、烫金等加工工艺。

8. 按照承印材料分类

根据所使用的承印材料的不同，可分为纸张印刷、纸板印刷、瓦楞纸印刷、马口铁印刷、塑料片印刷、塑料薄膜印刷、纺织品印刷、木板印刷、玻璃印刷等。最常见的出版物印刷通常采用纸张、纸板承印物，包装印刷采用纸张、纸板、塑料薄膜、金属，甚至复合材料等承印物。

四、常用印刷方式

自中国发明雕版印刷、活字印刷技术至今，印刷方式日新月异、变化多端。

1. 平版胶印印刷

平版胶印印刷在广东香港一带也称柯式印刷，是平版印刷的一种，是目前主要的印刷方式。胶印能够以高精度清晰地还原原稿的色彩、反差及层次，是目前最普及的纸张类印刷方式，适用于海报、简介、说明书、报纸、包装、书籍、期刊、月历及其他有关彩色印刷品。

2. 柔性版印刷

柔性版印刷是凸版印刷技术的一种，过去曾称为苯胺印刷。是采用橡皮及软性树脂做印版，用水溶或醇溶性油墨进行的印刷。最初用的色料是苯胺型染料，故称为苯胺印刷。柔性版印刷常适用于印制塑料袋、标签及瓦楞纸等。

柔性版印刷主要分为机组式柔版印刷和卫星式柔版印刷。国内主要应用机组式柔版印刷，而卫星式柔版印刷也在得到越来越广泛的应用。卫星式柔版印刷的主要优点在于能够精确控制承印物的张力，获得较高质量的印刷品。

3. 凹版印刷

凹版印刷适合印制高品质及价格昂贵的印刷品，不论是彩色图片或是黑白图片，凹版印刷效果都能与摄影照片相媲美。由于制版费用高昂，通常适合大批量长版印刷。包装凹版印刷广泛应用于软包装印刷、烟包印刷等印刷品印刷；防伪凹印适用于钞票、股票、礼券、邮票等有价证券印刷。

4. 丝网印刷

丝网印刷作为一种利用范畴很广的印刷，按照承印质料的分类，可以分为织物印刷、塑料印刷、金属印刷、陶瓷印刷、玻璃印刷、电子产品印刷、彩票丝印、亚克力丝印、不锈钢成品丝印、版画丝印和漆器丝印等。

丝网印刷技术优势在于印刷油墨特别浓厚，适合制作特殊效果的印刷品。数量不大而墨色需要浓厚的尤为适宜。还可以在立体曲面上施印，如方形盒、箱，圆形瓶、罐等。除纸张外，也可在织布、塑胶面、胶片、金属、玻璃等不同材质物件上印刷。常见产品有横幅、锦旗、标语、T恤衫、瓦楞纸箱、汽水瓶及电路板等。丝网印刷的灵活性特点是其他印刷方法所不能比拟的。

5. 其他印刷方式

（1）转移印刷

转移印刷指将印色先印在一种转印媒介物上，再由该媒介物将色墨转移至承印物上的印刷方式，如胶印、移印或软管印刷。

（2）木刻水印

木刻水印也称木版水印，是将图文分刻成若干块印版，然后用水溶性图画色料印刷的一种传统工艺。适合于古画印刷仿制，如荣宝斋的水墨画印刷。

（3）石版印刷

石版印刷简称石印，是用石头做印版的平版直接印刷工艺。由于印版沉重，目前已经逐步淘汰。

（4）珂罗版印刷

珂罗版印刷又称玻璃版印刷。用厚玻璃涂布感光层，用阴图曝光形成不同吸水性的非图文区，再利用油水互斥的平版印刷原理进行印刷，是早期的平版印刷。

（5）誊写版印刷

誊写版印刷指手抄蜡纸油印，属于漏印的一种。

（6）铜锌版印刷

铜锌版印刷又称凸版图版印刷。用铜版或锌版雕刻或腐蚀出印版，采用凸版印刷技术的印刷方法。

（7）树脂版印刷

树脂版印刷指用树脂、尼龙等聚合物作为印版基材，采用曝光显影制作凸印印版的印刷方式。

（8）纸基版印刷

纸基版印刷指用纸作为版材基材，是胶印印版的小幅面平版印刷方式。

（9）轻印刷

轻印刷又称办公印刷系统，指采用照排胶片、小型胶印机和小型装订机械进行印刷的办公文印系统。

（10）网络印刷

网络印刷这一概念于2005年引入中国，是应用网络提供印刷服务的解决方案，客户使用个人计算机就能下单，从印刷企业得到自己想要的印刷品。

6. 特种印刷

所谓特种印刷，就是通过特种设备、特种技术来印刷那些常规设备和技术不能印刷的产品和介质。能进行这种印刷的主要有打印、丝印、凹印、UV胶印等印刷墨膜较厚实的印刷方式。

除普通纸张印刷外，其他承印材料的印刷几乎都可划归特种印刷范围，如金属薄板印刷（印铁）、贴花印刷、软管印刷、玻璃容器印刷、集成电路板印刷等。

除常规的印刷方式（胶印、凸印、凹印、丝印）外，其他印刷方式也都可以划归特种印刷的范围，如热转印、立体印刷（含全息印刷）和盲文印刷等。

除使用常规油墨外，使用其他特殊油墨（如防伪油墨）的印刷方式几乎都可以划归特种印刷的范围。包括使用玻璃、陶瓷、搪瓷印刷油墨，金属印刷油墨，防伪油墨，热转印及水转印油墨，导电油墨进行印刷的印刷方式。

五、印刷工艺基本要素

常规印刷必须具备有原稿（original）、印版（plate）、印刷油墨（printing ink）、承印材料（substrate）、印刷机械（printing machinery）五大基本要素，才能进行印刷。

1. 原稿

（1）原稿的作用

印刷印版是批量印刷品复制的依据，而原稿则是完成图像印刷复制过程的原始依据，大都为实物或载体上的图文信息。若原稿的种类不同，必须用不同的制版和印刷方法，以使印刷品效果能够忠实于原稿，将原稿的文字、图像色调，迅速而忠实地大量复制。

若希望获得印刷品的优良再现效果，必须有合乎制版特性及印刷通性的优质原稿。没有合乎标准的原稿而欲获得优美的印刷品，实同缘木求鱼。

（2）原稿的类型

印刷所用的原稿，大概划分为文字原稿、图像原稿、照相原稿等类。

文字原稿。有手写稿、打印稿、印刷稿之分，作为排版、扫描或照相之依据。原稿必须清晰、线画浓黑、反差鲜明才更为适用。

图像原稿。有连续调的图像及线条图像之分，前者如炭笔画、水彩画、国画、油画等，后者如漫画、版画等。其中又有单色和彩色之分。此类原稿在复制之前必须经过照相或扫描，故其色调以适合感光材料特性或扫描仪为佳。

照相原稿。有黑白照相与彩色照相区分，又各有阳像及阴像区别，并包括传真照片及分色负片在内。总之，浓度正常、反差适中者方可供复制之用。

凡用于照相的原稿，又可概分为反射原稿与透射原稿两大类。前者为不透明稿，如图画及晒印的相片等。后者为透明稿，如幻灯片、透明蓝图等。

2. 印版

因原稿的类型不同或印刷的目的不同，须用不同的制版方法，才能使得印刷经济有效，且使原稿色调能够忠实再现，甚或更为美观、更加富有神韵。

印刷版一般有凸版、平版、凹版及孔版四类。

（1）凸版

凸版的图文部分凸起，印刷时便粘着油墨，无图文部分低凹，则不粘着油墨，故能完成凸起图文印刷。凸版又有雕刻版、活字版、照相版、复制版及电子凸版等。活字凸版的特点是在印制过程中，有发现错误可以随时改正的机会，墨色表现力强，大量印制或小量印刷均适宜，故多用以承印书籍、报纸、期刊、卡片、文具之类。

（2）平版

平版是指有图文部分与无图文部分在版面上保持同一高度，图文部分吸收油墨而排斥水分，无图文部分吸收水分而排斥油墨，因水与脂肪不能混合而互相排斥，实现图文与非图文的区分。平版制版的特性在于制版快速、版面较大、便于套印彩色，而且成本低廉，虽耐印力及表现力稍不及凸版，但其承印范围最广，书籍、报刊等均可承印。

（3）凹版

凹版是指印版图文部分下陷，用以存放油墨，无图文部分即为平面，平面上的油墨必须擦除，使其不存留任何油墨，印刷时印版加压于承印物上，使凹陷槽内的油墨接触吸着于纸面上而完成印刷。凹版又分雕刻凹版和照相凹版等类。凹版的特性在于墨色表现力特强，虽制版繁难，但印品精美。因此，多用以承印钞券、邮票、股票及其他有价证券与艺术品等。因其墨层高于纸面，照相复制困难，具有防止伪造功能。

（4）孔版

孔版印刷原称丝网印刷或称绢印，属特种印刷类。油墨从印版正面压挤透过版孔，而印于版背（下）面的承印物上。依制版方式不同分为誊写孔版、打字孔版、绢印孔版、照相孔版等类，如普通的油印即属其类。孔版印刷适于特殊表面的印刷，诸如曲面、粗糙面、光滑面、金属面、非金属面、布面等。

3. 印刷油墨

印刷品是由印刷油墨在承印物上固化成膜、清晰可见的表现，故油墨品质的良莠直接关系到印刷品的质量。

（1）油墨的组成

印刷油墨由颜料、连接料、填料和助剂组成。

颜料是油墨中的固体成分，不溶于水和有机溶剂的彩色、黑色或白色的高分散度的粉末物质，为油墨的显色物质，可以分为有机颜料和无机颜料两大类。油墨颜色的饱和度、着色力、透明度等性能和颜料的性能有着密切的关系。

连接料是油墨的液体成分，可以使用各种物质来制成，如干性植物油、矿物油、溶剂和水及各种合成树脂等。油墨使用过程中的流动性、黏度、酸值、干燥性、色泽的浓淡、抗水性，以及印刷品性能等都取决于连接料。

填料是白色透明、半透明或不透明的粉状物质，起着填充的作用。颜料中适当地加入一些填料，既可以减少颜料的用量以降低成本，又可以调节油墨的稀稠度、流动性，也能提高油墨配方设计时的灵活性。

助剂是油墨制造或印刷使用中，为了改善油墨本身的性能而附加的一些材料，如可使油墨快速干燥的干燥剂等。

（2）油墨的分类

油墨大致可分为热固型油墨、快干型油墨、亮光型油墨、紫外光固化油墨等类型。

4. 承印材料

（1）纸张的类型

普通承印材料大都是纸张。纸张有新闻纸、书刊纸、道林纸、胶版纸、铜版纸、钞券纸、包装纸、招贴纸、牛皮纸、打字纸、油光纸、纸板、透明纸、防火纸、柏油纸、卫生纸、圣经纸等。

（2）纸张的特性

纸张的一般特性指纸张的平滑度、厚度、匀度、色度、紧密度、韧性、着墨性、渗透性、伸缩性、酸碱性等。

（3）纸张的组成

纸张的制造是由四种材料混合后抄造而成。

纤维系用棉、麻、竹、木、稻草、蔗渣等制造的纸浆的主要成分。

填料系用白土、石膏、石绵等混入纸浆中，以使纸面平滑有韧性，洁白不透明。

胶料系加入的树脂、淀粉等，以防墨迹扩散，改善纸张吸收性。

色料系用以调整纸张色度。

（4）纸张的规格

纸张规格是指纸张制成后，经过修整切边，裁成一定的尺寸。过去以"开"来表示纸张的大小，如今我国采用国际标准，规定以 A0、A1、A2、B1、B2 等规格来表示纸张的幅面规格。

令是单张纸纸张的计量单位，印刷用纸以 500 张全张纸为一令，一张全张纸折合成两个印张，所以一令纸为 1000 个印张。

克重是指纸张的重量，单位为克/米^2（g/m^2）。通常纸张的克重从 60 g/m^2 到 250 g/m^2，超过 250 g/m^2 的属于纸板。

5. 印刷机械

（1）柔性版印刷机

柔性版印刷机是一种凸版印刷机，使用柔性版、轻压印、短墨路上墨，以卷筒纸柔性版印刷机最为常用。主要用于印刷标签、商标、软包装、瓦楞纸板等印刷品。

（2）平版胶印机

平版胶印机采用 PS 印版或 CTP 印版，橡皮布滚筒间接转印，使用润版液保证印版非图文部分不上墨。可分为单张纸胶印机和卷筒纸胶印机，单色、双色和彩色胶印机。单张纸彩色胶印机主要用于印刷书刊封面、宣传画和质量要求较高的商业印刷品，卷筒纸胶印机主要印刷书籍或期刊内芯、报纸等。

（3）凹版印刷机

凹版印刷机使用凹印印版、直接印刷方式。包装凹版印刷机以卷筒纸印刷机为主，通常采用短墨路、刮墨刀刮版方式，用于软包装、烟包等印刷品印刷；防伪凹印通常为单张纸凹印机，墨路较长，采用印版擦墨或刮墨方式，主要用于钞票、邮票等防伪印刷。

（4）丝网印刷机

丝网印刷机分为平网丝网印刷机和圆网丝网印刷机。平网丝网印刷机使用平版，刮版往复上墨压印，印刷速度慢，印刷墨层厚，主要用在印刷品表面涂布或织物、广告等需要丝网印刷的产品上；圆网印刷机使用圆形网版，为圆压平的连续旋转印刷，印刷速度快，通常与其他印刷设备联机快速印刷，如票据生产线、彩票生产线等。

（5）数字印刷机

按照成像原理，目前最常用的数字印刷机主要为静电成像数字印刷机和喷墨成像数字印刷机。按照印刷机能够印刷的颜色数，两种数字印刷机都有单色和彩色印刷机；按照承印材料类型，两种数字印刷机都有单张纸和卷筒纸印刷机。静电成像数字印刷机主要应用在快印门店、图书馆或博物馆和机关文印，主要印刷文件、社会零件、小批量图书等。喷墨数字印刷越来越多地作为印刷企业图书快印方式，也承担着印刷企业个性化或少量特殊产品的印刷。

六、印刷企业

1. 企业的概念

企业是指从事生产、流通或服务活动的独立核算经济单位。较常见的说法指各种独立的、营利性的组织（可以是法人，也可以不是），并可进一步分为公司和非公司企业，后者如合伙企业、个人独资企业等。企业单位一般是自负盈亏的生产性单位。所谓"自负盈亏"意指企业自己承担亏损与盈利的后果，有一定的自主权。企业单位分为国企和私企，国企就是属国家所有的企业单位，私企就是属个人所有的企业单位。

企业是指在商品经济范畴内，作为组织单元的多种模式之一，按照一定的组织规律，有机构成的经济实体，一般以营利为目的，以实现投资人、客户、员工、社会大众的利益最大化为使命，通过提供产品或服务换取收入。它是社会发展的产物，因社会分工的发展而成长壮大。企业是市场经济活动的主要参与者，在社会主义经济体制下，各种企业并存共同构成社会主义市场经济的微观基础。企业存在三类基本组织形式：独资企业、合伙企业和公司制企业，公司制企业是现代企业中最主要的最典型的组织形式。

现代经济学理论认为，企业本质上是"一种资源配置的机制"，其能够实现整个社会经济资源的优化配置，降低整个社会的"交易成本"。

随着生产力的发展、社会的进步，企业形式也得到不断的发展与完善。企业的演进主要经历三个阶段，即工场手工业时期、工厂制时期、现代企业时期。

（1）工场手工业时期

这是指从封建社会的家庭手工业到资本主义初期的工场手工业时期。16—17世纪，一些西方国家的封建社会制度向资本主义制度转变，资本主义原始积累加快，大规模地剥夺农民的土地，使家庭手工业急剧瓦解，开始向资本主义工场制转变。工场手工业是企业的雏形。

（2）工厂制时期

18世纪，西方国家相继开展了工业革命，大机器的普遍采用，为工厂制的建立奠定了基础。19世纪三四十年代，工厂制度在英国、德国等国家普遍建立。工厂制的主要特性是实行大规模的集中劳动，采用大机器提高生产效率，实行雇佣工人制度。劳动分工逐步深化，生产开始走向社会化。

（3）现代企业时期

19世纪末20世纪初，随着自由资本主义向垄断资本主义过渡，工厂自身发生了复杂而又深刻的变化。不断采用新技术，使生产迅速发展，生产规模不断扩大，竞争加剧，产生了大规模的垄断企业。企业经历经营权与所有权分离，形成职业化的管理阶层，普遍建立了科学的管理制度，形成了一系列科学管理理论，从而使企业走向成熟，成为现代企业。

2. 企业的内在含义

企业本质是由人控制的，企业的价值观实际就是人的价值观。社会人的本质是以自我为中心、为己的。为己的是自己的欲望，一是物质方面的，二是意识精神领域的，均属于个人为己的利益范畴。

尽管人对外的言行、处事、做事千差万别，为达到自己获得更多利益的目的，最后都自然会落在对价值的区别、计量上，即所谓价值标准的衡量，也就形成我们的价值观。否则，人们无法知道达到自己需求或欲望的效果。

因此，"企业"可从世间法和出世间法两个思路解释成两个截然相反的意思。

一是按世间法理解"企业"的小事业范畴。只是为追求价值，实现价值之事业，说得通俗些，就是把追求赚钱作为事业，为此甚至可以不择手段。古代重义，所以视商人为唯利是图者，虽然有钱，人格地位却不够尊贵，甚至不入三教九流，不被上层社会看得起。

二是按出世间法理解"企业"的大事业范畴。意为在追求世间价值，追求这种企图心很大的事业，要懂得修养修为自己的心性，修为自身的价值观，要懂得超越价值，按中国老话说要懂得舍，舍才能得。不能太执着眼前一时一刻之得失，要知道"为者败之，执者失之"的道理（这里的"为"是强力、勉强的意思），才能真正成就大事业。所以，企业两个字本身涵盖了企业基业长青的核心理念及心性原则。

现代的管理专家和跨国企业都在研究企业道德与持续发展战略，发现企业如果只是为利润而利润，为价值而价值，当发展到一定规模及阶段后，企业依赖的整个社会环境资源将会表现出枯竭现象，企业不可控成本会大大增加，机会销售额将大大降低，等等。

对百年老企业的研究发现，企业只有不断回馈社会，融合到社会中去，讲究企业道德，做一个合格的企业公民，才能汲取到营养焕发出生机，社会资源才会源源不断地给予企业最大的价值回报。

所以，学者们提出"超越利润，超越价值"的价值理念，以此指导大型企业的战略制定。这正应了咱们中国古代圣贤说的"不求而求""不为而成""以其无私而成其私"的智慧古话。

"超越利润，超越价值"不是不要利润、不要价值，而是要培养战略眼光，超越急功近利的尺度，构筑社会资源的最大价值回馈圈。而这必须将企业经营与诚信做人的德行结合起来，企业越来越像一个具有生命的人。

所以，对于企业概念，不同价值观的人和企业，格局大小不同，对真义的领悟自然不同，这必然会决定其价值决断、决策，必然会决定其发展思路、战略。

对处于市场经济前期发展阶段的中国企业来说，对利润的热衷追求远大于对价值的真实认知。当然，这也许是在成为国际性大企业必须经历的磨砺。

企业其实和人一样，只有经历过曲折和坎坷后才会趋于平静和稳重，对生命存在的价值和意义才会重新审视。但有一点是可以预见的，企业发展最终如不能做成善业，终究是难以长久的。不论是西方成熟的市场经济发展趋势，还是中国古代圣贤的商道智慧都能证明这一点。

所以，企业存在的现实意义其实就是以价值体系为核心，围绕自我价值回报为奋斗目标的事业。从与社会的关系来说，企业本质是一个向社会索取利益的、为己的组织。如果没有大智慧作指引，人世间所谓的事业其实本质都是为己的。但是，向社会、向外、向他人的索取是有限度的，不能无止境，不能贪得无厌。要懂得感恩，懂得回馈社会，懂得把握企业生命的成长节律。因为，一个企业的命运反映的就是所有者、决策者的命运。

3. 中国印刷企业

中国印刷企业是以设计、打样、制版、印刷、装订、包装、运输为一体的综合型企业。当然，必须有印刷设备才可称作印刷企业，而印刷机是其最为重要的资产。

1844年，美国长老会在中国澳门开设花华圣经书房，用以排印圣经。这家书房1845年迁到宁波，改名美华书馆，又于1859年迁到上海。此外，英国基督教伦敦会的传教士麦都思于1843年在上海创办墨海书馆，是上海第一家有铅印设备的出版机构，除出版宗教书籍外，还出版了一些通俗的自然科学书籍。1876年，上海徐家汇天主堂办的土山湾印书馆购买石印设备，用以印刷唱经和宗教宣传品。后来，有英国人美查于1879年开设点石斋石印书局，用照相制版翻印中国古籍。

鸦片战争后，西方列强取得了在中国创办报刊的特权。在19世纪40～90年代，先后创办了中外文报刊近170种。外国人为办报刊而设立的印刷厂，拓宽了西方印刷术传入中国的途径。如美查1872年在上海创办的《申报》（中国境内最早的中文日报），就设有规模较大的印刷厂，除印刷报纸外，还出版书籍。

19世纪中叶，帝国主义侵入中国，西方商品开始在中国市场涌流。外国人为宗教宣传和政治经济目的兴办出版印刷企业，在传入先进印刷术的同时，也逐步引进了科学技术知识和资本主义文化。洋务派于1862年在北京设立官办同文馆（京师大学堂的前身），该馆1876年开始设立印书处，备有中西文活字和7部印刷机，出版了不少翻译的科学书籍。上海的江南制造局1865年设立的印书处，除铅字排印设备外，还试制有照相铜锌版。1864年在南京设立的金陵官书局及其后在江浙等省成立的13处官书局，则专事翻译儒家经典。清政府官办印刷业规模较大的还有天津北洋官报局、江苏的南洋印刷官厂和度支部的度支印刷局等。

在维新思想先驱的激励下，报刊图书的出版和新印刷术的应用都有所扩展。据不完全统计，1873—1911年，国内出版的中文报刊有420余种，其中多是委托别的印刷厂排印，也有一些报纸有自己的印刷厂，如《时报》《新闻报》等。特别是1907年由中国人从英国商人美查手中收购的《申报》，经扩充改进，使原来就有较大规模的印刷厂生产能力更加提高。

具有较大规模并采取资本主义经营管理方式的印刷厂，当首推商务印书馆。在初创的20多年中，陆续引进了当时世界先进的凸印、平印、凹印、珂罗版等设备和技术，还开办铁工厂仿制各种印刷机械。其后的文明书局、中华书局、大东书局、世界书局等单位，也都有自己的较具规模的印刷厂。辛亥革命前后，各省市及沿海大的县城，都陆续开办规模大小不等的民办印刷业。各省大都有官办的印钞厂，承印地方发行的纸币。以后一些高等学府如北京大学、清华大学、辅仁大学等，都自己办有印刷厂出版教材和学术报刊。一些城市逐渐有彩色凸版印刷和彩色石印，彩色胶印则集中于上海。到抗日战争结束后，各省会所在城市，才都有胶印设备。

1919年五四运动前后，思想界空前活跃，报刊如雨后春笋涌现。1915—1925年新办的刊物有160余种，最著名的有陈独秀、李大钊等主编的《新青年》《每周评论》，毛泽东主编的《湘江评论》等。1921年中国共产党成立后，在十分困难的条件下，也开办印刷机构印行书刊，1925—1935年，在上海、天津、汉口等地办过秘密印刷所多处。第一个地下印刷机构是1925年在上海设立的国华印刷所，负责印刷《向导》《中国青年》及其他宣传品。党组织还办过一些以庄号或公馆为掩护的小型秘密印刷所。20世纪30年代，在共产党领导的各革命根据地，虽然战争频繁，但也都建有印刷厂。在江西中央苏区及湘鄂赣、豫鄂皖、川陕、陕甘晋等苏区，有小型印刷所、石印局、印钞厂20余处。抗日战争时期的陕甘宁边区及晋绥、晋察冀、山东、华中等抗日根据地，也都建立了印刷机构。延安的中央印刷厂、八路军印刷厂等都具有一定规模。解放战争时期，各解放区的印刷厂，承担了66种报纸、大量书刊及35个银行、金库纸币和证券的印刷任务。

中华人民共和国成立前，在印刷业比较集中的上海，参加市区同业公会的私营铅印书刊印刷业、装订业、铅印零件业、铸字铜模业、照相制版业、胶石彩印业及纸制品业，共2877家企业，从业人员28800人。另有报社、海关、邮电等部门及教会和外商开设的印刷厂近 20 家。以上两部分合计近 3000 家印刷厂店，有较新式设备的只有 150 家（包括报纸厂、书刊厂、几家专业厂和部分彩色胶印厂），只有圆盘机、方箱机等简陋机械设备的铅印零件厂 980 多家，其余多是规模很小的印刷装订业、手工作坊和不雇工人的家庭作坊。其他城市印刷业的规模则远不及上海。这一历史时期，中国印刷业虽在引进西方印刷术后有了很大发展，已经出现了规模颇大的现代经营管理的印刷企业。

1949 年中华人民共和国成立后，党和政府十分重视为舆论宣传服务的北京印刷业的发展。经过 3 年经济恢复，北京印刷业奠定了进一步发展的基础。1953—1965 年，国家投入 1 亿多元资金，对中华人民共和国成立初期组建的印刷企业新华印刷厂、外文印刷厂等进行重点改扩建，新建一批专业书刊印刷厂；对私营小企业进行社会主义改造和归并调整，组建成新的大中型企业；引进先进技术和设备，提高印刷业的整体技术水平和生产能力。其中，书刊、报纸、有价证券印刷等已处于全国领先水平，同时，还建起一批印刷科研、印机制造、印刷教育等企事业机构，北京地区的印刷企业达到 110 余家。

1978 年后，党和政府对首都出版印刷事业的发展十分重视，采取各种措施，向重点国有印刷企业投入大量资金。在 20 世纪 80 年代末和 90 年代初，北京的印刷企业如雨后春笋般涌现出来，除北京市属印刷企业外，乡镇印刷企业也异军突起，各大部委、院校及合资、独资、民营等印刷企业应运而生。到 1998 年，北京地区的印刷企业发展到 1800 多家，其中书刊定点生产印刷厂达 550 余家，北京印刷业进入发展的黄金时期。

1949 年中华人民共和国成立后，党和政府高度重视广东印刷业的发展，相继成立了南方印刷一厂、南方印刷二厂、新华印刷厂、广东人民印刷厂等企业，随后又相继组建和成立了一批国营、集体所有制印刷厂。20 世纪 50 年代中后期，广东省重新组建几百家印刷企业，各县都有一家以上的印刷企业，中等以上城市则有多家具有一定规模和可印制不同产品的印刷企业，业务从单一的凸印发展到胶印、凹印等产品，印刷企业分布更加合理，也开始形成专业化分工。70 年代的改革开放，让广东省印刷业在 20 年内得以迅速发展。截至 1999 年年底的数据显示，全省共有各类印刷企业 10873 家，是中华人民共和国成立初期的 135 倍，1978 年前的 10.8 倍。

进入 21 世纪，广东省印刷业蓬勃发展，印刷业的规模扩大，印刷竞争力不断提高。据统计，截至 2008 年 6 月，全省共有各类印刷企业 18449 家，其中出版物印刷企业 570 家，包装装潢印刷品印刷企业 11215 家，其他印刷品印刷企业 6442 家，排版、制版、装订专项印刷企业 222 家。其中，"三资"印刷企业有 1100 家（中外合资 302 家、中外合作 128 家、外商独资 670 家），专门从事境外印刷加工业务的"三来一补"印刷企业有 1034 家。涌现出全国印刷百强之首深圳裕同包装科技股份有限公司、资历深远的中华商务联合印刷有限公司、践行智能化创新的鹤山雅图仕印刷有限公司、推进科技与文化深度融合的雅昌文化集团等。

古时的浙江曾一度是全国出版中心、印刷业的龙头省份，还是我国雕版印书的发祥地之一。时至近代，随着西洋印刷技术传入，中国传统印刷面临挑战，浙江的印刷业优势也丧失殆尽。中华人民共和国成立以来，浙江的印刷业逐步得到恢复和发展，但是当地的印刷以民营经济和中小型企业为多。改革开放以来，浙江印刷人发扬敢为人先精神，从苍南金乡印刷"铝制标牌、塑片制品、塑膜卡片、涤纶商标"四小商品开始，印刷包装企业遍地开花。经过70年的开拓创新、奋力拼搏，浙江印刷产业形成了企业大中小并举、工艺门类齐全、多种经济成分互补的新格局，走出了一条具有浙江发展特色的道路。印刷企业数量居全国第二位，总体实力与规模走在全国前列。浙江现有各类印刷企业15254家，其中出版物印刷企业480家，包装装潢印刷企业9790家，其他印刷品企业4523家，排版、制版、装订专项企业411家，专营数字印刷企业50家，外商投资印刷企业86家。

浙江印刷形成了以浙江印刷集团、浙江日报印务有限公司为龙头，杭州日报盛元印务有限公司、杭州长命印刷有限公司、杭州富春印务有限公司等组成的书报刊出版物生产基地；以温州为产业集聚地的300余家印刷机械制造企业。温州的中德集团、劲豹机械、光明机械、国望集团等重点企业，以及杭州科雷机电、平湖英厚等印机制造企业形成了全省印刷加工机械设备产业链。浙江印刷业已经形成浙江印刷集团有限公司、浙江日报报业集团印务有限公司、浙江美浓世纪集团有限公司、台州森林包装集团、广博集团股份有限公司、中粮包装控股有限公司、温州立可达印业股份有限公司、豪波安全科技有限公司、杭州秉信环保包装有限公司等重点骨干企业。

七、印刷产业

1. 产业的内涵
（1）产业的定义

产业是指生产物质产品的集合体，包括农业、工业、交通运输业等，一般不包括商业。有时专指工业，如产业革命。有时泛指一切生产物质产品和提供劳务活动的集合体，包括农业、工业、交通运输业、邮电通信业、商业饮食服务业、文教卫生业等。

产业也是指由利益相互联系的、具有不同分工的、由各个相关企业所组成的业态总称，尽管它们的经营方式、经营形态、企业模式和流通环节有所不同，但是，它们的经营对象和经营范围是围绕着共同产品而展开的，并且可以在构成业态的各个企业内部完成各自的循环。

（2）产业的含义

产业包含以下含义：产业是社会分工的产物；产业是社会生产力不断发展的必然结果；产业是具有某种同类属性的企业经济活动的集合；产业是介于宏观经济与微观经济之间的中观经济；产业的含义具有多层性。

随着社会生产力水平不断提高，产业的内涵不断充实，外延也在不断拓展。

（3）产业的层次

为适应产业经济学的各个领域在进行产业分析时的不同目的的需要，可将产业划分成若干层次，这就是"产业集合"的阶段性。具体地说，产业在产业经济学中有三个层次。

第一层次，是以同一商品市场为单位划分的产业，即产业组织，现实中的企业关系结构在不同产业中是不相同的。产业内的企业关系结构对该产业的经济效益有极其重要的影响，要实现某一产业的最佳经济效益须使该产业符合两个条件。首先，该产业内的企业关系结构的性质，使该产业内的企业有足够的改善经营、提高技术、降低成本的压力；其次，充分利用"规模经济"，使该企业的单位成本最低。

第二层次，是以技术和工艺的相似性为根据划分的产业，即产业联系。一个国家在一定时期内所进行的社会再生产过程中，各个产业部门通过一定的经济技术关系进行着投入和产出，即中间产品的运动，它真实地反映了社会再生产过程中的比例关系及变化规律。

第三层次，是大致以经济活动的阶段为根据，将国民经济划分为若干大部分所形成的产业，即产业结构。

谈到产业，人们较多地关心产业的规模、产业的结构、产业的布局、产业投资主体和产业变化等。

2. 印刷产业

印刷产业是指从事出版物、包装装潢印刷品和其他印刷品的印刷经营企业的集合。其与一般工业企业不同的有三点：具有突出的来料加工的性质；具有物质生产和精神生产的双重属性；是现代文化信息产业的有机组成部分。

中国印刷产业的整体规模与中国经济总量的变化一致，都是在2007年超越德国，2010年超越日本，直至今天发展成为世界第二大印刷市场。

中国印刷产业结构的变化，最为显著的是包装装潢印刷的产业地位进一步提高，成为驱动整个产业高速发展的引擎。出版物印刷规模以上印刷企业主营业务收入总量的比重已由32%下降到16%；而包装装潢印刷规模以上印刷企业主营业务收入总量的比重则由54%提高到75%；中国印刷业的加工产品中，包装装潢类印刷品已经占据主导地位，而信息媒体类印刷品的比重在降低。

中国印刷业在整体规模快速扩张、产业结构显著变化的同时，产业经济运行的质量得到进一步提升，全产业产出增长速度大于其生产要素投入增长速度，体现出产业的科技进步。

中国印刷产业结构的变化也反映在产业格局的改变上，制造业发达地区成为印刷业高速发展的热点区域。按主营业务收入规模排名前10位的省（市）是广东、山东、江苏、浙江、河南、安徽、湖南、河北、四川、江西。而10年前还在10强排名中的北京、上海、福建、云南和湖北已经退出，制造业快速发展的河南、安徽、湖南、河北、江西则进入前10名的行列。

10年前全行业规模以上印刷企业的投资来源构成为国家资本23%，集体资本5%，法人资本26%，个人资本19%，我国港澳台资本18%，外商资本9%。而10年后的变化为国家资本9%，集体资本2%，法人资本37%，个人资本27%，我国港澳台资本15%，外商资本10%。法人资本和个人资本成为新增投资的主要来源，法人资本在新增投资中地位的提高，意味着更多的印刷企业与其直接服务产业的利益共同体的形成，是印刷产业专业化程度进一步提高的体现。

中国印刷业的变化分析源于规模以上印刷企业的统计数据，这些主营业务收入占全行业主营业务收入总数70%左右的规模以上印刷企业，是影响和推动中国印刷业发展的骨干力量。

八、印刷的变化

1. 印刷概念的变化

印刷的基本概念随着时间的变迁，一直发生着不同时期的变化。但是，在数字革命之前的相当长一段时间内，印刷的概念都是将油墨呈色材料转移到承印物上的工艺，不管呈色材料是水性油墨还是油性油墨，承印材料是纸张、纸板还是薄膜、铁皮，主要功能就是将油墨转移到承印材料表面，形成人们肉眼可见的印刷品。

随着时间的推移和技术的进步，印刷正在发生着多个方面的变化，无论是印刷产品、印刷市场、印刷材料、印刷技术、印刷设备、印刷工艺和印刷应用，都发生了前所未见的巨大变化，迫使人们不得不更新对印刷概念的定义和理解。

印刷成品正在从基本以视看为主要目标的传媒印刷品，发展出了以功能为主要目标的制造类印刷品。原有的印刷品是以视看为主的书报刊出版印刷品、包装装潢印刷品和生活工作日常需求的商业印刷品。现在已经诞生的电子印刷、3D打印、视屏制造、电池制造、生物打印、二维码、防伪印刷等，不再是以视看效果为根本目标，而是以印刷加工后，印刷品可否达到功能性的目的为目标。

所以，印刷的最新标准技术术语对印刷概念进行了高度的凝练，更新为"使用模拟或数字的图像载体将呈色剂/色料（如油墨）转移到承印物上的复制过程"。

2. 印刷市场的变化

某种印刷品一定是针对某个印刷市场而诞生的，有了市场需求才会有印刷品生产。原有的书报刊印刷品，针对的是出版印刷市场；包装装潢印刷品针对的是食品包装、饮料包装、医药包装、保健品包装、化妆品包装、研究包装、电器包装、日用包装、服装包装、果蔬包装、工业及物流运输包装和其他用途包装印刷市场；商业印刷品针对的是证券印刷、票据印刷、卡证印刷、标签印刷、防伪印刷、广告印刷等商业印刷市场。

但是，随着全球数字化技术的发展和互联网、多媒体技术的推广，原有的出版印刷品需求急剧下滑，商业印刷品需求也逐步下行，造成传统印刷市场的较大萎缩。同时，二维码、电子书、3D打印、太阳能蓄能板、电子显示屏、柔性蓄电池、传感器、智能卡等印刷品的诞生，开创出了全新的印刷市场。印刷市场正在从传媒类应用市场扩展到功能制造类应用市场，并且可能开辟出更大、更新、更好的全新印刷市场。

3. 印刷要素的变化

从印刷生产开始，印刷就离不开印版，从最初的木刻凸印版、雕刻凹印版、绢制丝印版和石板平印版，印版成为印刷必不可少的要素。但是，随着科学技术的发展，印版不再是印刷必不可少的要素，如静电成像的可擦除印版、磁性成像的可擦除印版，甚至喷墨印刷的完全无实体印版。这些摆脱了印版制约的现代数字印刷，正在利用数字化的虚拟印版完成可变数据的印刷，使原有的印刷要素发生了前所未有的巨变，实体印版和虚拟印版都是印刷的基本要素之一。

印刷原稿也从原有的实体手稿、画作、胶片等跨入现代数字化的虚拟数字原稿，如打印文字、计算机绘画、数字图片、3D制作、动画截图等，数字化原稿成为印刷原稿的主要来源，数字印刷原稿成为印刷的基本要素之一。

纸张、纸板、薄膜、铁皮、织物等实体印刷承印物仍然是印刷的主要承印物。但是，随着数字印刷技术工艺的发展，印刷承印物已不再受限于传统的实体承印物。既然现代数字印刷的基本功能是将虚拟、不可见的图文信息转变为实体、可视的印刷图文，那么，将计算机中的不可见图文信息转变为手机屏幕、计算机屏幕、电影屏幕、户外大屏、投影屏幕上的可见图文，也可以是印刷功能的体现，各种大大小小的显示屏幕的功能就是承印物。所以，现代印刷的承印物可以是各种各样的显示器，不只限于纸张、纸板等，各种各样的现代显示器也是印刷承印物，也是印刷的基本要素之一。

印刷最早期使用的是水墨，以后发展出性能更好的油墨，成为印刷必不可少的基本要素，但是，印刷技术的发展带来了新的印刷呈色材料，如静电成像印刷的干性色粉、磁性成像印刷的磁性墨粉和喷墨印刷的墨水，液体油墨并非印刷呈色材料的唯一选择。现代数字印刷应用的电子墨粉、电子油墨、磁性墨粉、液体墨水的材料成分组成、印刷转移、固着和干燥等都已不同于原有传统印刷，但它们仍然是印刷的呈色材料。所以，不同于原有印刷油墨的呈色材料正在成为现代印刷的基本要素之一。

印刷的高质量和高效率离不开作为印刷工具的印刷机。几百年来，印刷机一直在发生着变化，但从未像当今发生的巨变更加使人震撼。已有的静电成像印刷机、磁性成像印刷机、喷墨印刷机和喷绘机等数字印刷设备，正在改变着原有印刷机的结构、原理、功能和特点，并且有可能在未来彻底改变印刷机的面貌。所以，全新的数字印刷机必将成为未来的、重要的印刷要素之一。

4. 印刷流程的变化

印刷流程自从进入大规模的工业生产行列后，主要有印前、印刷和印后加工三个阶段组成的印刷生产流程。随着印刷生产从单纯的加工功能开始进入服务功能，印刷流程向市场服务、设计服务的上游扩展，同时也向印刷品存储、物流分发、售后服务的下游扩展，印刷流程逐渐延伸延长，并引入了CIP3流程管理。随着印刷数字化发展与互联网的联通，印刷与客户和消费者的联系更加紧密，互相之间的需求关系要求印刷流程应能够提供完整的印刷解决方案，包括估价、设计和仓储、分送、宣传，因此引入了CIP4流程管理，使原有的企业内印刷生产流程不仅外部延长，形成企业外的印刷服务流程，而且流程各环节实现数字化的集成，使得"印刷加工＋服务"的流程更进一步提升为一体化的印刷解决方案流程。

5. 印刷企业的变化

印刷企业从最初的印刷加工厂完成来料加工的任务到已经冲出围墙走向市场，从接活到找活、抢活，从客户自提货到送货上门，从单纯加工制作到服务印刷全环节，从人海战术的生产到自动化的精益生产，印刷企业发生了天翻地覆的变化，反映在企业名称上就是印刷厂—印刷公司—印刷集团—传媒集团—文化集团的明显变迁，而反映在企业内涵的变化就是企业规模、功能、结构、形式和精气神的根本性变化。

6. 印刷产业的变化

中国印刷可以称为产业应该是从中华人民共和国成立之日开始的，尽管那时的印刷产业非常弱小，整个产业的产值、资产、企业数量、从业人员和印刷市场等都很小，但就是从那时开始，中国印刷业真正开始站起来了。改革开放前的30年，中国印刷产业的主体是在计划经济下发展起来的出版印刷和商业印刷，企业国有和生产有计划性是企业经营模式。改革开放以来的40年，中国印刷产业的规模急速扩大，产值、资产、企业数量、从业人员和印刷市场等都迅速扩张，在很短的时间内，中国印刷产业已经成为世界印刷第二大国，实现了中国印刷业的壮大。但是，中国印刷产业如何尽快成为世界强国，实现印刷产品创新、印刷技术领先、印刷企业强大还需要全体印刷人努力。未来，中国印刷一定会在规模、结构、布局、质量上实现更大的飞跃，中国印刷产业强起来将指日可待。

第二章
中国印刷产业发展

印刷产业是一个历史悠久的行业体系。从中国古代印刷术发明以来，印刷技术逐步深入社会的生产、生活中，并在需求和技术的双重鞭策下一步一步发展、壮大，形成了一个大的工业。

一、中国古代印刷变迁

1. 印刷萌芽期

这一时期印刷还谈不上产业。不同时期产生和不断改进的印刷技术、所需工具和纸墨等材料，为印刷的出现奠定了物质基础。同时，信息交流和传递的需要，历史和事件记录的需要，文化发展和传播的需要，促使了不同时期民间和当权者们在采用当时的技术进行"印刷生产"。

（1）新石器末期

公元前26世纪前后，从洞壁、陶器上刻画的图案，已经展现了手工雕刻技术的萌芽，其时原始简陋的刻画工具和粗糙的织物，传达着人们对美化生活和保存食物、传递语言信息的需要。

（2）商朝时期

公元前17世纪至公元前11世纪，从印章及在龟甲兽骨上的雕刻文字，已经可以看出早期趋于成熟的文字（甲骨文），那时的人们开始采用金属刀具，用笔墨书写，以满足对占卜吉凶结果记载的需要。

（3）西周时期

公元前11世纪至公元前770年，从出土文物的青铜器图文雕刻和刻模及印章的雕刻技术，已经展示出金属雕刻刀具的进一步发展，以此满足社会对档案和重要事件记录与保存的需要。

（4）春秋战国时期

公元前770年至公元前221年，从考古发现的织物印花上可以看到使用凸版和漏版的雕刻技术，呈现出当时金属雕刻刀具的发展情况，印刷能够为当时的社会文化及诸子百家对文字发展的影响和需要服务。

（5）秦朝时期

公元前221年至公元前206年，从当时玺印、碑文雕刻和秦砖印模的刻制技术，可以看到蒙恬改良了制笔术，人造墨的应用和刻印工具日趋完善，这为统一帝国用统一规范文字、印信、建筑和刻碑记功方式记录的需要提供了保障。

（6）汉及三国时期

公元前206年至265年，从汉瓦印模和织物印刷印版的雕刻，可以看出石刻技术已益发精湛，这一时期韦诞改良制墨术，西汉发明造纸术，蔡伦改良造纸术，印刷已经成为满足社会文化事业发展的需要和儒家规范经典及传播的需要。

（7）两晋南北朝时期

265—589年，出现了反刻碑文，当时刻经盛行，不仅有了精湛的雕刻技术，而且有了大批优秀的刻工。东晋桓玄帝下令以纸代简，机织技术已相当先进，笔墨及印刷工具等物质准备均已完成。社会文化事业，尤其是儒、道、佛教等宗教事业的发展，迫切需要快速的转印复制技术，纸上印刷已经出现。

2. 民间印刷作坊

坊是古代卖书兼刻书的店铺，是一种具有商业性质的私人出版发行单位，由书坊刻印的书称为坊刻本、书坊本或书棚本。书坊刻书在刻书业中开始得最早，地域分布最广，其印刷量也最大。最先采用雕版印刷的就是民间书坊，而官刻和私刻都是在坊刻的基础上发展起来的。

雕版印刷术发明之后，首先流传于民间并被广泛传播，刊印的佛经、佛像传至海外，历书、字书、小字、阴阳宅纪遍布民间，以后印刷术被文人所接受，用于刊印文集、诗词、词曲、经书等。

（1）唐代的坊刻

唐代中期雕版印刷发明，民间坊刻也随之出现。其时书坊老板往往聘请刻工、印匠翻印书籍，还会联络文人撰写稿件，形成较早的民间印刷产业。

唐代书坊刻书内容非常丰富，除文集、历书外，多为阴阳、杂记、占梦、相宅等，还有字书、小学等。据专家考证，从唐代后期到五代，成都和长安是书坊林立的地方。唐代以后，因科举制度的产生和确立，读书人需要攻读更多的书籍以谋求出路，对书的利用更为广泛，书商设市刻书、集书更为普遍。五代以后，图书逐渐由印刷方式取代了手抄方式，越来越多的人从事图书刻印，书坊遍及全国。

（2）宋代的坊刻

宋代是我国坊刻初步繁荣时期，坊刻分布地域逐渐扩大，北有汴梁（今河南省开封市），西南有四川，东面有浙江、福建等，形成鼎足之势。

其时汴梁为北宋都城，刻印极为发达，相国寺东大街书肆集中。四川素有"天府"美誉，物产丰富，文化发达，书坊林立，有名的书坊有西蜀崔氏书肆、书隐宅等。浙江经济繁荣，北宋建都临安（今浙江省杭州市），汴梁一些书坊南迁，带来先进的印刷技术，形成临安中瓦子街、众安桥等地为书坊荟萃之地。福建书坊众多，分布在建安、建阳两县，有名的书肆、坊刻数十家。

（3）金代的书坊

金代民间印刷业，遍及今河南、山东、河北、山西、陕西等北方广大地区，尤以山西平阳（今山西省临汾市）一带最为兴盛，在其附近的几县，也分布较多的印刷作坊，其印刷数量和质量都可与建阳相比。在这一带，还有一定规模的制墨、造纸业。平阳民间印刷的最大工程是《金藏》，也称《赵城藏》，以千字文排序，7000余卷，由民间集资雕刻而成。此外，书坊还刻印了不少医书及民间艺术书籍，著名的《刘知远诸宫调》对民间文艺的传播，以及对后代说唱文学和戏曲的繁荣，具有深远的影响。

（4）元代的书坊

元代书坊遍及30多个省，所刻医书、类书较多。在政府刻书风气影响之下，元代私家刻书比宋代有更大的发展。私人刻书家有所增加，刻印书籍品种齐全，仅《书林清话》就收录元代私人刻书40余家。元代前半时期平阳的刻书比较多，反映出入元后，在金代平阳刻书繁荣的基础上继续向前发展。元代的私人刻书中，有些刻家历史相当悠久，有的刻书近百年，有的长达一个半世纪。如翠岩精舍自元代前期即刻书印书，直到入明后，仍继续刻书。

（5）明代的刻印

明代是我国雕版印刷的极盛时期，100多家著名书坊分布在金陵（今南京市）、北京、杭州、建阳、苏州等地，刻印书籍的数量和品种均是前面朝代所无法比拟的。16世纪前后，南京、苏州、徽州、杭州、吴兴等地的私人和书坊刻印了大量的医书、戏曲、小说和其他各类书籍，并远销海外，影响深远。

金陵书坊多在三山街和太学前一带，著名的有唐氏富春堂、文林阁、广庆堂陈氏继志斋等，多以戏曲小说为主。苏州书坊分布在阊门内外及吴县前，著名的有扫叶山房、宝文堂、清平山堂等，著名刻工就有600多人。

（6）清代的书坊

清代的雕版书籍，以私家刻书最有价值。可分为两类：一类是著名文人刻印自己的著作和前贤诗文，手写上版，纸墨考究，称为精刻本，始于康熙时期，盛于乾隆、嘉庆时期；另一类则是考据、辑佚、校勘学兴起之后，藏书家和校勘学家辑刻的丛书、逸书，或影摹校勘付印的旧版书。清代书坊数量众多，清初刻书地点主要在南京、苏州、杭州等地。著名的书坊有苏州扫叶山房、南昌敦化堂和三余书屋、上海醉文堂和松隐阁、安徽李光和六安晁氏等。

3. 官办印刷机构

在唐代基础上发展起来的五代十国（10世纪）印刷，出现了新的突破。由政府（国子监）刊刻的儒家《九经》是印刷业的一个创举，自此开始了由国家机关行使印刷职能的印刷产业，印刷的范围从此大大拓宽，不仅被用于刊印圣贤之书，还刻印维护国家经济正常运转的钞票、盐业票据等。

（1）宋代的官办印刷

宋代使用技术成熟的雕版印刷，官办的印刷机构由国子监、崇文院、司天监、秘书监和国史院负责。国子监下设的印书钱务所负责刻印，出版印刷的书籍称为监本。钱务所既印书又印纸币，所印书籍除供官员使用，还对外出售，获取费用作为财政收入。除中央出版机构外，还有更多的地方出版机构。

宋代政府重视，地方提倡，印刷出版业十分繁盛。全国有26路，路路刻书，各安抚使司、茶盐司提刑司、转运司等，以及府学、县学和学宫、书院等都有刻书机构。

（2）金代的官办印刷

金代中央出版印刷机构国子监，主管书籍的印刷，印有《六经》《十七史》等书30余种，除刊印经书外，还刻印当时的文人作品。史馆也刻印书籍。在中都还设立印造宝钞库。地方出版印刷机构中以平阳府（今山西省临汾市）最为著名，政府设经籍所刻印经籍，在开雕道家经典《道藏》时，一次就雇用刻工500余人。其他各路也均建有刻书机构。

金代政府提倡学习汉语，尊孔读经，推行科举，兴办教育，收集书籍，十分重视印刷业。

（3）元代的官办印刷

元代官府刻书机构有中央政府和地方政府之分。中央出版印刷机构以文兴署为主，设有专职官员和编刻人员，包括镌字匠、印匠、杂匠等。艺文监下设艺林库（掌藏书）、广成局（掌刻书），中央企业官署也有刻书机构。为印造纸币与盐茶政府专利凭证还设立了宝钞库、印造盐引局。地方出版印刷机构中，各路儒学与书院也刻书较多，还对刻印大部头书进行分工合作。

元代由于对文化教育的重视，讲学刻书因之而遍于全国。因皇室注重刻书、印书，书院林立，书院刻书版本众多，对印刷事业产生了积极的影响。

（4）明代的官办印刷

明代中央出版印刷机构以司礼监为主，司礼监下设刻印四部各书的汉经厂，刻印佛经的番经厂，刻印道家著作的道经厂。经常规模较大，人数可达1200多人，包括刊字匠、笺纸匠、裱褙匠、折配匠、印刷匠、裁纸匠等。南北国子监、各部院也都刻书，但已有所分工，如太医院刻医书、兵部刻兵书、钦天院出历书、国子监刻儒家经典等。

明代刻书成风，地方出版印刷机构也不逊于中央，不少官吏出资刻书，10多个省布政司、按察司、盐运司及各府县无不刻书，各地藩王府也下设出版印刷机构。

（5）清代的官办印刷

清代的中央出版印刷机构逐步趋于集中统一，主要由皇室内府武英殿所设的皇家刻书处统一管理，乾隆时期全部在武英殿刻印书籍，开始使用雕版印刷后来开始使用木活字排印，扬州书局负责校勘刻印书籍。清代官刻书籍不但数量多，而且质量好。皇家武英殿刻书处，无论规模、经营管理、工艺标准、操作规程、质量保证等都有较高水平。

清代后期，武英殿允许各省翻刻书籍，于是各省纷纷成立官书局，如曾国藩开办的金陵书局、保定的直隶书局、湖北的崇文书局、扬州的淮南书局等。781个书院也均有刻书机构。

二、中国近代印刷产业

19世纪初，西方近代印刷术传入中国后的半个多世纪，采用西方传入的近代印刷工艺技术和设备的印刷机构，基本上都掌握在外国人手中。然而，正是西方近代印刷术的传入和发展所伴随的西方列强对中国的瓜分和欺凌，激发起中华民族在危亡之际与帝国主义做殊死抗争的民族激情，促使中国自己的近代印刷产业迅速崛起并得以发展。

1. 西方在华印刷机构的建立

（1）马礼逊与中国近代出版业

马礼逊（Robert Morrison），英国传教士。清嘉庆十二年（1807年）受伦敦传道会派遣来华传教，到达广州，是外国来华的第一个基督新教传教士，在广州做了大量文化工作，是第一位把《圣经》全文翻译成中文并予以出版的人，他搭建起中西文化、语言交流的桥梁，并因为出版这些出版物而直接催生了中国近代出版业。

马礼逊独自编纂了中国第一部《华英字典》，整部字典在1823年出齐，包括三卷（《字典》《五车韵府》《英汉字典》），共六大本，合计4595页，全部由马礼逊独自编纂，前后历时15年。这是中国历史上出现的第一部英汉、汉英字典巨著。

1815年，马礼逊在牧师米怜的协助下，在马六甲创办了《察世俗每月统计传》，这份月刊主要是介绍基督教的教义，也有少量介绍历史、自然科学等方面的内容，它是近代以来以中国人为对象的第一份中文期刊，揭开了中国期刊史的序幕。马礼逊也因此被誉为"中国近代报刊的开山鼻祖"。

（2）墨海书馆与在华出版社

墨海书馆是1843年英国伦敦会传教士麦都思、美魏茶、慕维廉、艾约瑟等在上海创建的书馆。墨海书馆是上海最早的一个现代出版社，书馆坐落在江海北关附近的麦家圈（今天福州路和广东路之间的山东中路西侧）的伦敦会总部，于1863年停业。

墨海书馆是上海最早采用西式汉文铅印活字印刷术的印刷机构。铅印设备的印刷机为铁制，以牛车带动，传动带通过墙缝延伸出来推动印刷机。

墨海书馆出版书目包括1845年由麦都思所著的《中国内地一瞥——在丝茶产区的一次旅行期间所见》；1851年由裨治文（Bridgman）撰写的《大美联邦志略》；1858年由英国人韦廉臣著，艾约瑟翻译的《植物学》；英国人德·摩根著，李善兰、伟烈亚力翻译的《代数学》等；1857年出版了由伟烈亚力主编的《六合丛谈》（月刊）期刊。

（3）美华书馆与在华印刷机构

美华书馆（The American Presbyterian Mission Press）是1860年由美国传教士创办的。前身是1844年美国基督教（新教）长老会在澳门开设的花（花旗）华圣经书房，1845年迁往宁波，1860年迁至上海，改名美华书馆。馆址先设在东门外，后迁北京路18号（江西路口）、北四川路（今四川北路）135号。早期经营人是理查德·科尔（Richard Cole）。1858年由威廉·姜别利（William Gamble）主管，后多人接管主持。1932年"一·二八"事变中，书馆被毁，邢志香等集资接办，仍名美华书馆。1937年"八·一三"事变后，邢志香与开明书店协商合作，将印刷机运往武汉，装船后机器被日军劫走，美华书馆宣告解散。

美华书馆堪称当时上海设备最新、最全的印刷厂，分设中、英文排字部、铸版部、印刷部、装订部、仓库等。印刷部备有多台大型滚筒印刷机，以及其他各类印刷机。在印刷技术上应用了姜别利的两项杰出发明：用电镀法制造汉字字模和元宝式排字架，成为当时上海规模最大、最先进的活字排版、机械化印刷的印刷机构，并取代了墨海书馆的地位，成为基督教在中国的最主要出版印刷机构。书馆从宁波迁到上海时有5台印刷机，到1895年已有滚筒型印刷机4台和平台印刷机1台、大型手动印刷机4台、汽轮机1台。1902—1903年，在北四川路又扩建了一所印刷厂，设有排字、印刷、装订、浇铸和照相制版等车间。工作人员从创立时2名印刷工人和1名排字工发展到1917年的200名工人。

美华书馆主要出版《圣经》和宗教书刊及供教会学校用的教科书，印刷出版了几十种自然科学书籍。光绪五年（1879年）出版的《英字指南》是中国近代最早的英语读本，1886年出版的《万国药方》是中国最早介绍西洋医药的译本，1898年出版的《格物质学》是自然科学常识教科书，《代形合参》《八线备旨》是数学教科书，《心算启蒙》《五大洲图说》《地理略说》等被作为教会学校教科书。

（4）土山湾印书馆与印刷工场

1849年，天主教巴黎耶稣会士在上海青浦横塘的天主教堂创建了一所孤儿院，1855年迁至蔡家湾。孤儿院让孤儿学习包括雕版印刷在内的各种手艺，这是孤儿院最早的印刷活动。1864年孤儿院迁往徐家汇，名为土山湾孤儿院。1867年，孤儿院设立了印刷经书的工场和印刷所，土山湾印书馆成为孤儿院中的独立机构。1874年，法国严思愠神父首任土山湾管账，监管铅版和印书事务，印刷第一部书《周年占礼经》，法国翁寿祺修士从徐汇堂调至土山湾，帮助严思愠神父司职印书馆事务，在严思愠神父专管排字印书时，翁寿祺修士除了自学排铅字还兼管石印。这一年，教区盘入上海一家印刷厂，买进一些印刷机和中外文字模，开始使用铅印，同年还设立了石印部，先后出版《益闻录》《格致益闻汇报》《圣心录》《圣教杂志》等刊物。1876年，严思愠神父调任张泾本堂，翁寿祺接手印书馆，吩咐学习过排字的徐汇公学学生陈克昌检视印书馆所缺印用设备，开列清单至法国添办，印书馆的印刷设备因此渐臻完善。1894年成立了照相制版部，最先把石印印刷、珂罗版印刷和照相铜锌版设备和技术引入上海。1930年进口西文浇铸排字机，印书馆规模进一步扩大，工人多至130人，每年出版中西文书刊百余种。这是中国天主教最早、最大的出版机构，也是上海当时少有的几个大印刷厂之一。1958年公私合营并入上海中华印刷厂。

土山湾印书馆主要出版宗教书刊、经本、图像、年历、教科书，以及中、英、法、拉丁文书籍。此外，还承印法租界工部局的文件、报表、通告等，印制一些附有地图和照片的有关中国气象、地质、水文、风俗民情的著作、资料。出版的第一本西文书是《1874年日历》。较有学术价值的西文著作是意大利传教士晁德莅（Zoffoli）的拉丁文著作《中国文学课程》（5册），第一本用铅字排印的中文书是《弥撒规程》。

（5）点石斋书局与石印机构

1879年，英国商人美查在上海创办点石斋书局，聘中国人邱子昂为石印技师，用轮转石印机印刷《圣谕详解》等书，印刷厂设在南京路泥城桥堍，这是中国最早用石印印书的出版机构。

点石斋书局以照相缩印技术翻印木刻古籍，如用殿版《康熙字典》缩印，还印刷《佩文韵府》《渊鉴类函》，中、英文合璧的"四书"等大部头书及中外舆图、西文书籍、碑帖画谱等。1884年5月8日出版《点石斋画报》旬刊，内容为各国风俗景物、火车轮船、著名建筑及声、光、化、电等新事物，共出了36卷。1909年，与图书集成铅印局、申昌书局、开明书店合并为集成图书公司，成为上海当时铅印、石印全备的最大出版印刷机构。

2. 中国民间印刷书局

（1）同文书局

1882年，广东人徐鸿复、徐润等人集股在上海设立同文书局，这是清代末期由中国人自己集资创办的民间出版印刷机构，也是中国人自办的第一家近代石版印刷图书出版机构。

同文书局印刷厂设于上海西华德路，购置石印机12架，雇工500人，专事翻印善本古籍。先后出版《二十四史》《古今图书集成》等书。1893年五月十七同文书局不慎发生火灾，大批设备被焚毁，损失严重。只因保了火险，很快又恢复了生产。后来，因印书大量积压，遂于1898年停办。

（2）商务印书馆

商务印书馆是中国出版业中历史最悠久的出版机构。1897年创办于上海，创办人为夏瑞芳、鲍咸恩、鲍咸昌、高凤池等，1954年迁往北京。

1901年，张元济投资商务印书馆，印刷张元济与蔡元培创办的《外交报》。1903年商务印书馆设第一个分馆于汉口，同年10月正式成立商务印书馆有限公司，吸收日资，改进印刷。1907年在上海闸北宝山路建成印刷总厂和编译所新址，始用珂罗版印刷。1909年聘美籍技师指导，改进铜锌版和试制三色铜版。1914年董事会收回日本股份设分馆于中国香港。1932年"一·二八"事变，日本帝国主义进犯淞沪，商务印书馆被炸，损失巨大被迫停业，解雇全部职工。1934年商务印书馆印刷厂香港分厂新厦建成于北角。1941年总管理处迁重庆。1946年总管理处由重庆迁回上海。1948年设台湾分馆。1950年商务印书馆与三联书店、中华书局、开明书店、联营书店联合组织中国图书发行公司。1951年设总管理处驻京办事处，编审部迁京。1954年总管理处迁京，实行公私合营，商务印书馆与高等教育出版社合并。1957年由高等教育出版社分出，恢复商务印书馆独立建制，设中国香港办事处。

商务印书馆主要业务为工具书出版，出版《新华字典》《辞源》《现代汉语词典》

《新华词典》《牛津高阶英汉双解词典》等；翻译出版世界各国学术名著，出版《汉译世界学术名著丛书》《世界名人传记丛书》《法国思想文化译丛》《现代性研究译丛》等；编辑出版国内哲学社会科学相关图书，出版《商务印书馆文库》《钱穆著作系列》《赵元任全集》《钱锺书手稿集》《中东国家通史》《中外政治制度比较丛书》《中国文化史知识丛书》《中国学术》《西学研究》《中国革命史》等；出版科技图书，出版国内外地学及相关的资源与环境、城市化与区域发展、旅游与探险等方面的学术著作和普及读物、前沿性的理论著作。

作为一个印刷机构，商务印书馆第一个使用纸型印书（1900年），第一个作为文化企业引进外资（1903年），第一个作为民间企业聘请外国专家和技师（1903年），第一个采用珂罗版印刷（1907年），第一个采用电镀铜版印刷（1912年），第一个使用自动铸字机（1913年），第一个采用胶版彩色印刷（1915年）。

（3）中华书局

1912年，陆费逵、陈协恭、戴克敦、沈颐等人在上海河南路集资创办了股份制企业中华书局，下设编辑、事务、发行3个所。

中华书局创办之初仅以图书出版为主，没有印刷厂。1912年秋始建只有几台小型印刷机的印刷所。1914年书局增资，印刷所也得到了相应的发展，并随着文明书局和进步书局的盘入，1915年在上海静安寺路（今南京西路）建立了中华书局印刷总厂。印刷总厂建立后，陆续从国外购入平印和铅印设备，并多次派遣技术人员出国考察和学习，印刷设备不断更新，技术大有进步。到1916年，在全国各地设立的分局已多达40余处，印刷厂购进大型平印机、铅印机，机器总数已达数百台。

此后，中华书局抓住机遇持续发展。1920年收购了丁辅之创办的杭州聚珍仿宋印书局；1927年承担了为政府印刷债券的业务；1932年建立了技术先进、设备完善，号称远东第一的九江印刷厂，并购入印钞设备，大规模承揽政府的有价证券印刷业务；1933年在香港建立了具有年印刷5万令纸张生产能力、以印制教科书为主的大型铅印厂，从事印刷的工人1000多人，占当时上海印刷工人总数的8.3%，成为当时仅次于商务印书馆的大型印刷企业。

中华书局除印刷新式教科书和《中华大字典》《四部备要》《会议通则》等多种图书外，还办有当时闻名遐迩的《大中华》《中华教育界》《中华小说界》《中华实业界》《中华童子界》《中华儿童画报》《中华妇女界》《中华学生界》八大杂志。这些杂志的印制都由书局自己的印刷厂完成。

（4）文明书局

1902年，俞复、廉泉（廉惠卿）、丁宝书等在上海创办了文明书局，初名"文明编译印书局"。1917年之后，文明书局因业务萧条而盘给了中华书局，原文明书局的印刷部分独立经营，改称"文明书局和记印刷所"。

初创时，文明书局使用的是从日本买来的石印和珂罗版印刷设备，1904年又增设了彩色石印部。该局赵鸿雪先生根据西文书刊登载的有关铜锌版的制作工艺和技术的文章，自行研制铜锌版，历数月而告成。书局在日本人不肯传授珂罗版技术后潜心研究、试验，也获得了成功，为珂罗版技术在中国的发展做出了可贵的贡献。

文明书局曾采用铅印设备印刷了《唐诗纪事》《明清六才子文》《宋元明文评注读本》等图书。采用珂罗版影印复制书画手册，总数达 570 余种。

（5）大东书局

1916 年，吕子泉、王幼堂、沈骏声、王均卿四人集资合办大东书局，1924 年改为股份公司。初创时在上海福州路昼锦里口，后移至福州路山东路口。

1919 年，大东书局在上海蒙古路森廉里建成规模较大、备有铅印和平印设备的印刷所。在北京、杭州、长沙、汉口、广州等地设有分局，其中汉口分局在湖北兰陵建有印刷厂。抗日战争爆发后，总管理处迁至重庆，又在湖南、浙江、江西、重庆、香港设立印刷分厂。

大东书局除印刷各种书籍，如中小学教科书、法律书、国学书、社会科学丛书、中医书、文艺书和儿童读物外，还为河南农工银行、江西裕民银行、浙江地方银行、安徽地方银行等印制纸币和印花税票。如江西省赣州印刷厂为江西省银行印制纸币、为当地政府印刷各种税票；香港印刷厂为中央银行印刷辅币券；重庆印刷厂印刷纸币的能力几乎与中央印制厂相等。

（6）世界书局

1917 年，沈知方在上海文化街福州路上创办了世界书局，开始为独资经营。随着世界书局的营业额不断扩大，于 1921 年改为股份公司。1921 年至 1923 年，全局共有职工 100 余人，并设编辑所、印刷厂于闸北香山路及虬江路，在广州、北京、汉口、沈阳等地设有分局，并建有规模很大的世界书局印刷厂，印刷厂采用铅印印刷。

1937 年抗日战争全面爆发，世界书局地处东区大连湾路的印刷厂厂房被日本海军占用。抗战期间世界书局和商务印书馆一样损失惨重，且都不向日伪屈服，体现了民族气节。1949 年世界书局的一部分随国民政府迁往中国台湾，留在大陆的世界书局也难免被迫停业的命运。

世界书局印刷出版"中小学教科书"和《生活丛书》《哲学丛书》《心理学丛书》《世界少年文库》《古文观止》《孙中山全传》《中国古代公产制度考》等多种图书，影印了《十三经注疏》《铜版康熙字典》等。

3. 中国官办印刷机构

（1）金陵官书局

太平天国之后，曾国藩、李鸿章、左宗棠、张之洞等洋务派领袖看到了帝国主义侵略中国所带来的民族危亡态势和太平天国运动在文化领域造成的影响，倡导在全国各地陆续建立官办印刷出版机构——官书局。1864 年曾国藩授意在安庆创设了书局，六月移局于铁作坊（太平天国慕王府），后又移至江宁府学飞霞阁，组建了举世闻名的金陵官书局。这是清末创办较早且影响较大的官书局之一。

金陵官书局所刻印的书籍，因其校雠皆四方饱学之士，且有雄厚的经济实力作后盾，加之底本多为善本，曾国藩又坚持"但求校雠之精审，不问成本之迟速"的原则，故刊本质量上乘，所刻各书当时人们皆视为善本。自曾国藩在江宁府学创建金陵官书局以后，在他的影响下，各地官吏纷纷效仿，相继在全国各地设立了官书局 20 多个，较有影响的有：1865 年李鸿章在苏州创建的江苏官书局，1864 年马新贻在杭州设立的浙江官书局，等等。这些官书局的设立，抢救了大量的古代文献，传播了文化和科学知识，特别是西方印刷机器和铅活字的引入，较好地发展了我国近代印刷事业。

金陵官书局刊印图书以经史为主，诗文次之。同时也刊印了一些诸如《唐人万首绝句选》《楚辞》《白喉治法》《蚕桑辑要》等普通读物和医学、农学方面的图书，以及《几何原本》《重学》《圆曲线说》《则古昔斋算学》等书籍。前后刻印图书 56 种，计 2776 卷 690 册。

（2）京师同文馆

1861 年 1 月，洋务派领袖恭亲王奕䜣和大臣文祥奏请开办京师同文馆，1862 年 8 月 24 日正式开办，这是清末最早设立的"洋务学堂"，也是清朝第一所官办外语专门学校。1900 年因庚子事变被迫停办，1902 年被并入京师大学堂。

京师同文馆开办的初衷是清政府认识到"与外国交涉事件，必先识其情性，……欲悉各国情形，必谙其语言文字，方不受人欺蒙"。遂设立旨在培养外交和翻译人才的"京师同文馆"。京师同文馆是清政府通过同文馆的翻译、印刷出版活动了解西方世界的窗口。

同文书馆印刷所设立的时间在 1872—1876 年，印刷所备有 4 套中文与罗马体活字及 7 台手摇印刷机，其时，同文书馆使用的教材、考试用试卷、翻译的书籍和总理衙门印件均由印刷所承担。印刷所印刷的外交、财经、地理、化学、解剖、生理等译本，免费遍送国内官员，还印刷过中文数学古籍和清代皇帝诗词，实际上代替了武英殿的皇家印刷所。

（3）江南制造总局印书处

1865 年，曾国藩、李鸿章等在上海建立江南机器制造总局，简称"江南制造总局""上海机器局"等。该局原本为洋务派建立的规模最大的兵工厂，后因在该局任职的科学家徐寿、徐建寅父子提出的"将西国要书译出，……刊印传播，以便国人尽知"的请求，得到曾国藩的嘉许，于 1868 年在局内附设"翻译馆"（又称编译处、印书处），开始翻译和印刷出版有关自然科学和机器工艺方面的书籍。

江南制造总局印书处设有刻书处和印书处。早期翻译的图书采用雕版印刷。印书处有一副铅活字和一台铅活字印刷设备（印书架）。伟烈亚力所译《谈天》一书中的地图与海道各图是印书处用雕刻铜凹版所印，可见该局印书处曾采用多种工艺印刷图书。印书处印刷的书籍涉及历史、政治、经济、军事、数学、物理、化学、光学、电学、天文学、工业、地质学、医学等领域，计 22 类近 200 种。

（4）北洋官报

1901 年 12 月 25 日，由直隶总督兼北洋大臣袁世凯创办，直隶省督办政务处主编的北洋官报在天津正式出版发行。北洋官报双日刊，铅活字印刷，每期 8 页 1 册。1907 年出至第 1817 期后停刊。这是清末创办最早、最有影响的地方政府官报，也是中国第一份官方报纸。

1901年8月，袁世凯在天津河北区狮子林集贤书院旧址内创办了北洋官报局，天津称为"北洋官报"总局，另在保定设分局，局内分编撰、翻译、绘画、印刷、文案、收支6处，共150多人。北洋官报局成立后，袁世凯便派人到日本选购最先进的印刷设备，聘请日本精铜版、石版、照相制版及印刷者任技师，又从上海雇活字版印刷工人从事印刷。筹备就绪后，北洋官报局成立。

从1903年7月24日至1904年2月15日，《北洋官报》为隔日发行，每次寄发数量平均为2173份，月寄发总量为32600份。自1904年2月16日起，《北洋官报》改为每日出版，每次寄发数量平均为3091份，月寄发总量为92730份。北洋官报局除发行《北洋官报》外，还附带发行《北洋学报》及《北洋政学旬刊》。1903年清政府鉴于《北洋官报》试办成功，决定在全国推广，随后其他各省纷纷仿效出版本省官报，如江苏《南洋官报》等。

（5）度支部印刷局

1906年清廷将户部改为度支部，派度支部的郎中萨图阴、主事曾习经赴日本考察印钞，度支部向朝廷呈递创建官方印刷局的奏折。1907年3月，度支部呈奏设立印刷局，强调"统一圜法，挽回利权"，由中央掌控印制发行钞票。朝廷准奏，授命度支部创建印刷局，陈锦涛、蔡世澄赴美国考察印制设施，联系购置机械，聘请技师。1908年度支部选定北京右安门内白纸坊（原工部火药局）为印刷局局址，规划占地24.4万平方米。采用美国钢凹版雕刻印刷技术及设备，仿美国美京国立印刷厂建厂，由美国米拉奔公司设计制图，日本华胜株式会社包建土木工程，美国老旗昌洋行承揽机械设备引进。1914年印刷局全部完工，建筑面积2.9万平方米，耗白银120余万两。1910年6月，度支部呈奏《官纸印刷办法》："邮票、印花票、车票、公债票、官照、文凭、契尾、粮串、盐茶引、牙帖、各项官用证券，一律归印刷局印刷。"朝廷准奏，划定经营范围。

度支部印刷局是我国史上第一家采用钢凹版雕刻印术的印钞厂，也是最早印制邮票的企业。1937年日本侵华，更名为"临时政府行政委员会印刷局"。1945年日本投降，南京政府命名其为中央印制厂北平厂。1949年1月31日北平和平解放，董必武将其命名为中国人民印刷厂，2月2日开始承印人民币，11月中国人民银行第一印刷局人员设备并入，1950年更名为北京人民印刷厂，亦称北京印钞厂、国营541厂。21世纪改称中国印钞造币北京印钞有限公司。

4. 红色印刷机构

中国共产党成立后，在全国各地建立了数量众多的革命根据地。由于宣传工作的需要，这些根据地都建有规模较小的印刷厂。而最早的印刷工作，则是由设在各大城市的秘密印刷所完成的。

（1）城市设立的秘密印刷所

①昌华印刷局

1925年以前，中国共产党尚未建立自己的印刷所，所需书刊和宣传品，均委托上海的一些中小印刷所印刷。上海是中国共产党的早期印刷基地，而最早建立的秘密印刷所则是在北京建立的昌华印刷局。北京昌华印刷局创办于1925年2月，创办人为李大钊等人，地点在当时的广安门内大街广安西里。设备有手摇铸字机、圆盘机、对开铅印机以及铡刀和铅字、铜模等工具、器材。印刷《政治生活》及传单等宣传材料，也翻印上海出版的《向导》等读物。后因警察、密探盘查，为安全起见迁址北城花枝胡同，更名明星印刷局。

②国华印刷所

在近代中华民族印刷业崛起的这一历史时期（抗日战争爆发前），中国共产党建立的城市秘密印刷所主要集中在上海，有20多处。在上海建立的第一个印刷所是由中国共产党中央宣传部直接领导的国华印刷所。国华印刷所又名崇文堂印务局，创建于1925年6月，地址在上海闸北香山路（今象山路）香兴里，负责人倪忧天、陈豪千。主要印刷设备有2台对开铅印机、1台圆盘机、1台切纸机，以及手摇铸字机、铸版、纸型、铜模和铅字等设备和器材，职工约20人。主要任务是排印《向导》《中国青年》《平民课本》和马列主义书籍等书刊，以及党和全国总工会的宣传品。为了安全，国华印刷所对外另挂崇文堂印务局的牌子。

（2）根据地建立的印刷厂

中国共产党成立后的最初几年里，国共两党合作，到1927年，合作破裂，共产党在自己控制的地区成立了苏维埃政权，建立起"革命根据地"。出于宣传教育的需要，各根据地都建有规模不同的印刷机构，承担着根据地所需要的书刊、纸币和内部文件等各种印刷品的印刷任务。

①瑞金中央印刷厂

中央根据地的瑞金中央印刷厂创办于1931年，全称"工农民主政府中央印刷厂"，又称"中华苏维埃共和国中央印刷厂"。厂址设在江西瑞金叶坪下陂坞村。创建初期，仅有从永兴县城缴获来的一台石印机。后经不断扩充，设备增至石印机12台，铅印机5台，以及相应的铸字机、排版机械和器材，职工达300余人，是苏区当时最大的印刷机构。该厂隶属于中央苏区中央印刷局和中央出版局，承担着《红色中华》等报刊、书籍、公债券和文件的印刷任务。

②浏阳县苏维埃政府石印局

湘鄂西根据地的浏阳县苏维埃政府石印局创建于1930年。创建初期有工人近30人，石印机一台。任务是为浏阳县苏维埃政府印刷浏阳工农兵银行纸币、政府的宣言和布告，以及列宁小学课本等。1931年，该石印局的部分职工并入湘鄂西省苏维埃政府石印局。

③湘鄂赣省苏维埃工农兵银行石印局

湘鄂赣根据地的湘鄂赣省苏维埃工农兵银行石印局创建于1930年，有职工28人，石印机4台，承担着湘鄂赣省苏维埃政府、工农兵银行钞券和图书、文件的印制任务。

④鄂豫皖苏区石印科

鄂豫皖根据地的鄂豫皖苏区石印科创建于1929年。初建时有石印机两台，负责人为卢楚桥、卢汉祥。后来设备有所增加，职工也增至50余人。主要任务是印刷纸币、书籍和捷报、布告、标语等。1932年红军主力向川陕转移之后，因纸张等原材料缺乏，曾印刷过布币"铜元券壹串文"。

⑤东碧斋印刷馆和闽西红报印刷所

闽浙赣根据地龙岩县的东碧斋印刷馆，于1929年由印刷工人发起组建印刷工会后，承担了龙岩县总工会机关报、闽西民主政府机关报《红报》，以及党、政、军和群众团体的布告、文件、课本、宣传材料的印制任务。后改组成"闽西红报印刷所"。

⑥川陕根据地印刷局

1932年中国共产党领导的中国工农红军第四方面军从鄂豫皖根据地进入四川，并于1933年成立了川陕工农民主政府，建立了木版雕印、石印和铅印三个印刷局。其中铅印和石印两个印刷局采用的是近代铅、石印刷术。石印局的设备由陕南镇巴县、四川达县缴获而来，有职工16人，石印机五台和相应设备及器材，任务是为根据地印制纸币和布币，曾因战事转移、迁址到巴中、旺苍、茂汶等地。铅印局的设备器材是从四川达县刘存厚印刷厂缴获而来，印刷小学课本和《劳动法令》《干部必读》《五言杂字》等图书多种。

三、中国现代印刷产业

中国现代印刷产业发展大体可分为五个阶段。

1. 印刷产业体系建立

中华人民共和国成立初期（1949—1965年），中国共产党刚刚建立了政权，宣传教育、稳定经济是当务之急，这一时期，印刷产业的建立主要以发展出版物印刷和票据印刷为主，满足政治宣传、文化教育和经济运转的需要。旧中国留给印刷行业的仅仅是一些残破老旧的工厂。据记载，当时北京仅有印刷企业280家，从业人员2900多人；上海有私营印刷企业2877家，从业人员28880人；广东有私营印刷企业70多家，从业人员2000人。设备大多残旧落后，多为手摇、脚踏的印刷设备。这一时期不仅保证了政权建设对印刷业的需求，而且在企业布局和国家管理层面都建立了基本完整的产业体系，形成出版总署主管出版物出版和发行、轻工部主管非出版物印刷和造纸、一机部主管印刷装备、化工部主管油墨（印刷器材）的管理体系。

（1）报纸印刷

从解放战争到中华人民共和国成立之初，党领导下的报纸出版印刷始终没有间断。到1960年，全国报纸出版种类达到1274种，较中华人民共和国成立初期的1950年增长8.1倍，年印刷量为58.8亿印张，增长13.3倍。

（2）出版印刷

1949年10月，中共中央宣传部出版委员会召开第一届全国新华书店出版工作会议。毛泽东主席作了"认真作好出版工作"的题词，并在中南海接见会议代表。同年11月1日中央人民政府出版总署成立。1950年，出版总署提出公私印刷业要为人民出版事业服务，将战争年代各新华书店经营的印刷厂一律划分出来，成为独立经营的国有企业。1951年4月，参加全国第一次新华印刷厂工作会议的北京、上海等地出版总署直属的12家国营新华印刷厂的印刷生产能力，约占全国的17%。

（3）人民币印刷

1949年2月，北平和平解放后被最早接管、最快恢复生产的企业——中央印制厂北平厂印出首批伍圆面额的新版人民币。1950年3月，该厂启用经中国人民银行批准的新厂名：北京人民印刷厂，1955年1月启用"国营五四一厂"厂名，与上海"国营五四二厂"同为专业印制人民币的企业。

（4）毛泽东选集印刷

1951年4月，出版总署发出《关于作好毛泽东选集出版、印刷、发行工作的指示》，并决定在北京、上海、长春三地印刷厂印制《毛泽东选集》（第一卷）150万册。10月12日《毛泽东选集》（第一卷）经北京新华印刷厂、上海新华印刷厂、长春新华印刷厂印刷出版。

（5）设备和器材

为适应印刷的需要，在当时封闭的环境下，设备和器材行业也同步发展。1949年9月国营上海人民铁工厂成立，以生产二回转印刷机、折页机、轮转印报机等产品为主，1958年与中钢机械二厂合并，成立国营上海人民机器厂。1951年2月，北京人民机器厂成立，1956年，第一机械工业部确定该厂为印刷机械专业制造厂。1949年，天津市油墨制造厂成立，我国建立了第一个国营油墨工厂。

（6）研究和教育

20世纪50年代，上海、北京等地相继建立印刷技术研究所，成立上海出版印刷高等专科学校（1953年）和北京印刷学院的前身文化学院（1958年）。

2. 印刷产业艰难发展

1966—1976年这一时期，受极"左"路线的干扰，当时除了毛主席著作、《红旗》杂志和《人民日报》、省市机关报外，其他图书和刊物几乎全部停止出版，包装印刷（当时称为"零件印刷"）一度冷落萧条。以北京书刊印刷业为例，1970年工业总产值仅为1965年的77%。

（1）印刷装备制造

20世纪60年代末至70年代初，印刷机械行业新建了两个大型专业制造厂、扩建改建八个中型专业制造厂，中国印刷机械制造行业初步形成了以北京人民机器厂、上海人民机器厂、陕西印刷机器厂、湖南印刷机器厂四个大型专业厂和10多家中型专业厂为主体的专业制造骨干力量。1973年，国家出版事业管理局与一机部、轻工部和化工部联合制定的《1974—1975年印刷技术改造规划》中提出了发展28项新产品试制任务，其中高速印报轮转机、B-B式胶印机、无线热熔胶订联动机、精装书籍联动生产线等均如期完成，而电子分色机等10项产品由于技术较为复杂、自动化程度较高未能完成试制。70年代，国产双色胶印机、全张单色凸版轮转机和书版轮转机大批投入生产，许多大中型印刷厂大量购进此类设备，印刷生产开始由低速向高速、单色向双色转变。

（2）"748 工程"

"748 工程"也称为汉字信息处理系统工程，1974 年 8 月，四机部、一机部、中国科学院、新华通讯社、国家出版事业管理局五部门联合向国家计委和国务院提出《关于研制汉字信息处理系统工程的请示报告》，请求将汉字计算机信息处理工程列入国家重点科研项目计划。1974 年 9 月，国家计委以〔74〕计字 448 号文批复，同意将汉字信息处理工程列入国家科学技术发展计划，并责成四机部负责具体组织实施。1975 年，王选教授投入"748 工程"，即汉字信息处理系统工程研制工作中。

3. 印刷产业振兴发展

改革开放初期（1978—1999 年），正值我国从计划经济转向市场经济时期。在国务院领导下，由国家经济委员会牵头开始解决印刷技术落后问题。

（1）印刷工业技术改造

1982 年，由国家经济委员会牵头，决定设立印刷工业技术改造协调小组，由国家经委机械工业调整办公室主持，并联合机械、电子、轻工、化工、国家出版局（后改新闻出版署）、中央宣传部出版局、中国科学院和国家计划委员会有关人员共同组成协调小组，负责规划、实施和协调各部门之间的技术改造。

（2）成立中国印刷及设备器材工业协会

1985 年 12 月，经国家经济委员会批准，中国印刷及设备器材工业协会正式成立。中国印刷及设备器材工业协会的成立，是我国印刷工业走向行业管理的第一步，标志着我国印刷及装备工业的发展进入了一个新的阶段。

（3）16 字发展方针

协调小组和行业协会联手抓重点项目突破和行业技术改造，提出"激光照排，电子分色，胶印印刷，装订联动"16 字发展方针，并研究制定我国印刷技术装备"六五""七五"发展规划。

（4）激光照排系统

1987 年 12 月 2 日，《经济日报》计算机激光照排系统工程正式通过国家鉴定委员会的鉴定和国家验收委员会的验收，宣告世界上第一家采用计算机激光屏幕组版、整版输出的中文日报的诞生。1995 年全国 1500 多家报社全部采用激光照排系统。20 世纪 90 年代中期我国重点书刊印刷厂全部采用国产激光照排系统。我国印刷业进入了"光与电"的时代。

4. 印刷产业快速发展

印刷产业的快速发展有赖于国家经济的快速发展。1998 年印工协提出了"印前数字、网络化，印刷多色、高效化，印后精美、自动化，器材高质、系列化"28 字指导方针，确定了我国印刷工业"九五"后三年至 2010 年的发展方向和重点。

（1）外资企业发展

外商投资启动于 20 世纪 90 年代，到 21 世纪初形成高潮；投资最早集中在实行特区政策的深圳，此后迅速扩展到整个珠三角，尤以港资为代表，逐渐把生产基地转移到内地。2000 年以后，不少国际著名印刷企业在中国设立独资或合资企业。如从事印刷的当纳利，从事设备制造的海德堡、惠普、高宝、小森等。境外资本涌入，推动了国内印刷品出口。2002年全国印刷加工出口额300亿元，广东达200亿元；当年广东三资企业1600多家，约占全国的3/4。

(2) 民营企业发展

1992年党的十四大明确提出建立社会主义市场经济体制以后，民营印刷企业如雨后春笋般涌现。浙江、江苏、广东等地民营企业起步早、发展快，逐渐成长起一批以包装业务为主的规模印刷企业。

(3) 上市公司崛起

越来越多的民营印刷企业开始在资本市场上探索，并有一批企业成功登陆股市。1994年2月上海界龙实业在上证所上市，赢得"中国乡村第一股"美誉；1998年6月陕西金叶在深交所上市。此外，东港股份、劲嘉股份、粤传媒等在2007年上市，2011年7月，北京盛通印刷股份有限公司在深交所上市，成为书刊印刷行业第一家上市公司。截至2018年年底，全国印刷行业共有上市企业83家，其中A股37家，新三板46家。

(4) 包装印刷企业崛起

20世纪90年代，一大批从事包装印刷的民营、外资企业相继成立，并快速成长为这一领域龙头企业，出现了多种所有制企业各扬所长、竞相发展的新局面。截至2014年，我国规模以上包装印刷企业3800多家，主营业务收入5000多亿元，占整个印刷业比重超过75%，成为印刷行业中发展最快的一个领域，并在珠三角、长三角、环渤海、中西部地区集聚发展。作为一个开放的、多样化的服务型加工业，经过这一轮发展，基本适应和满足了国民经济各行各业对印刷业提出的要求。

5. 印刷产业转型提质发展

近年来，中国印刷业面临产业结构调整和环境治理两大挑战。印刷产业在供给侧结构性改革的阵痛中，不断实现动能转换。明确了"绿色化、数字化、智能化、融合化"的创新发展导向，开始进入提质、转型升级的新的发展阶段。

(1) 模拟向数字转变

1996年中国标准出版社引进第一台CTP，到2008年9月，国内CTP装机量超过1400台，基本覆盖全国，标志着我国印刷业从以CTF为代表的模拟技术时代转向以CTP为代表的数字技术时代，2014年CTP制版总量占制版总量的95%以上，CTP技术全面普及。2010年印工协推荐的北大方正高速喷墨数字印刷机产业化等7个项目获得2010年度国家技术改造专项资金支持，补贴资金4785.48万元，标志着国家将不断推动印刷行业的数字化发展。

(2) 在融合中发展

中国印刷业正在不断向融合化发展，古老与新兴、传统与现代、工业化与信息化将在印刷产业中不断融合，将互联网与印刷产业有机结合，将数字化、数据化、智能化引入印刷产业。

在书刊印刷领域，2013年江苏凤凰新华投资4亿元，建成凤凰云计算中心；投资近 1 亿元，集成创新亚洲第一条黑白、彩色 POD 按需印刷连线。

在工业印刷领域，2018 年浙江大学与杭州宏华共同完成了超高速数码喷印设备关键技术研发及应用。

在标签印刷领域，中国已形成完整的产业链，现有规模化的标签印刷企业 6046 家，生产总值约占世界总产量的 24%，成为世界最大的标签市场。薄膜类标签、RFID 标签、智能标签、功能性标签快速发展。

（3）印刷装备器材发展

①印前设备。杭州科雷研发拥有完全自主知识产权的"全数字计量型墨控系统 EZcolor 智能印刷系统"，联手多家设备制造商，在 2019 年印刷业创新大会期间，演绎"一本图书的智能制造"真实场景，推进印刷制造智能化。

②印刷装备。北人智能制造和全资子公司陕西北人，聚焦"面向出版、面向包装"两个重点方向，推动企业向绿色智能整体解决方案提供商转型。高斯（中国）2012 年研制成功全球首台融合数字技术与胶印技术的紧凑型报纸印刷机，2016 年研制成功亚洲首台可变尺寸胶印包装组合印刷机。

③印后设备。天津长荣、深圳精密达等龙头企业不断提高我国印后设备技术水平、国际竞争力明显提升，产品 50% 以上出口国际市场。2019 年 4 月，长荣股份全资子公司卢森堡 SPV 成为海德堡单一最大股东，持有海德堡 8.46% 股份。

④印刷器材。乐凯、华光等龙头企业已成为全球胶印版材最大生产企业。2019 年 8 月，伊士曼柯达公司宣布，与乐凯华光达成协议，在中国建立战略合作关系。

从 20 世纪 80 年代开始，印刷工业总产值两位数增长持续了 30 多年。2012 年印刷工业总产值为 9510 亿元，比上年增长 9.6%，增长速度首次回落到一位数，但仍高于国民经济 7.8% 的增长速度。2013 年我国印刷工业总产值首次突破 1 万亿元，整体规模居全球第二位。2017 年我国印刷工业总产值为 1.2 万亿元，同比增长了 4.6%。2019 年我国印刷工业总产值突破 1.3 万亿元。

四、中国主要地区印刷产业发展

1. 北京印刷产业发展

（1）北京印刷产业发展概况

中华人民共和国成立前，北京地区仅有大小印刷企业（包含小作坊）280 家，从业人员 2900 多人，生产设备简陋、技术落后，只能承印一些社会零散印品，全市印刷业的年生产能力仅为 30 万～40 万令纸。

中华人民共和国成立后，党和政府对发展首都印刷业给予了极大的关怀和扶持，接管了旧政权的印刷企业，如北京新华印刷厂前身的正中书局、北平印刷厂等，在资金十分紧缺的情况下，投资新建了一批印刷厂。1953—1965 年，国家投入 1 亿多元资金发展北京印刷产业。如对中华人民共和国成立初期组建的新华印刷厂、外文印刷厂等进行重点改扩建；新建一批专业书刊印刷厂；对私营小企业进行社会主义改造和归并调整，组建成新的大中型企业；引进先进技术和设备，提高印刷业的整体技术水平和生产能力，到 1965 年，北京已发展成为全国重要的印刷基地之一，印刷生产能力和产量已占全国的 25%～30%，印刷企业数量达 110 余家。

20 世纪 80 年代末和 90 年代初，伴随改革开放的春风，北京的印刷企业如雨后春笋般涌现出来，除北京市属印刷企业外，乡镇印刷企业也异军突起，各大部委、院校以及合资、独资、民营和股份制印刷企业等应运而生。到 1998 年，北京地区的印刷企业发展到 1800 多家，其中书刊定点生产印刷厂达 550 余家，北京印刷业进入发展黄金时期。

近年来，北京的印刷产业围绕服务首都核心功能重新定位，在国家供给侧结构性改革、环保治理、北京疏解整治促提升和京津冀协同发展的政策引导下，不断进行产业结构调整和转型升级。截至 2020 年，北京地区印刷企业 1400 多家，从业人员超过 5 万人，资产总值近 500 亿元，销售收入超过 300 亿元。

（2）北京印刷产业发展特色

明确出版物印刷方向。改革开放之后，北京地区恢复和新成立了一大批出版社，出版社企业 239 家，占国家总数的 40.85%。随着国家经济、文化发展，科学、文学、历史等各门类的图书、杂志数量迅速增长，出版图书总量达 21.7 万多个品种，图书总数占全国总数的 42.49%；总印张达 294.3 亿印张，总码洋达 695.7 亿元。北京的首都地位和出版社集结的现实，为北京印刷企业在出版物印刷领域的发展提供了机遇和条件，大量党和国家重要文件、重大主题出版物、重要报纸刊物、中小学教科书和少儿读物以及出版社图书的印制任务成就了北京印刷企业的发展特色。

精品印刷成为产品主旋律。北京拥有 500 余家出版物印刷企业，年承印图书近 10 万种，多色彩色印刷总量近 1 万对开色令，约为单色印刷量的 4 倍。近年来，北京印刷企业在技术研发、设备引进等方面加大投入，以印刷精品图书、优质期刊为主要业务增长点，已步入工艺领先、质量上乘的高端彩色精品印刷时代。北京盛通印刷股份有限公司多次获得国家大奖，北京雅昌艺术印刷有限公司多次获得美国印刷大奖、班尼金奖。精品印刷已成为出版印刷的主旋律。

安全印务得到快速发展。解放前及中华人民共和国成立初期，我国邮票的印制主要是在北京印钞厂。北平解放后，部队进城接管了"国民党中央印制厂北平厂"，将其改名为"中国人民印刷厂"，20 世纪 80 年代更名为"北京印钞厂"。改革开放以后，除北京邮票厂、北京印钞厂外，一大批具备印刷发票、彩票、证卡的安全印务企业得到快速发展，如北京中融安全印刷公司、北京印刷集团有限责任公司印刷二厂、北京东港安全印刷有限公司、北京金保联印刷有限公司等。满足了首都金融、商业和经济快速发展需要。

印刷技术融入文创领域。文化创意产业是满足人们精神文化娱乐需求的新兴产业，是精神消费与娱乐经济融合发展的新载体，艺术品复制正是其中之一，高仿印刷成为艺术品复制的重要手段。多年来，北京印刷业根据自身文化积淀和科技支持，早已将高仿真印刷复制作为重点发展的印刷领域。北京雅昌艺术印刷有限公司、北京圣彩虹制版印刷技术有限公司、北京图文天地制版印刷有限公司、北京东方宝笈文化传播有限公司等一批印刷企业，无论是技术水平还是业务规模都已达到国内领先和国际知名的水平，为首都文化创意产业的发展增添了夺目的光彩。

个性化印刷成为新亮点。随着印刷技术的发展，个性化按需印刷服务宣传文化领域已成为新的亮点。如服务国家大型会议的文件材料、党和国家会议选票、奥运宣传品、申遗文件以及大阅兵、"一带一路"国际会议等重大活动请柬等的个性化印刷品的印刷，北京印刷企业通过数字印刷系统、色彩管理技术、RFID 技术等，将优美设计、个性化优质印刷、防伪技术等融入个性化印刷产品中，为国家文化宣传提供了丰富多彩、精美的印刷产品。

绿色发展取得新成果。北京印刷业应用先进的科学技术，不断淘汰落后的产能，绿色发展的意识不断增强。在"十二五"与"十三五"期间，北京印刷业实施绿色印刷、践行清洁生产，在深化改革中北京印刷业坚持结构调整、转型升级的方向。在宣传绿色印刷理念、企业参与绿色印刷资质认证、推出绿色印刷产品以及加强印刷品环保质量监督检测、完善制度机制、树立绿色印刷工程品牌形象、贯通绿色印刷产业链条、选择绿色材料供应商、实施绿色印刷工程等方面取得丰硕成果，青少年读物全部实现了绿色化印刷。

技术设备向高精尖发展。20 世纪 90 年代中期，北京地区就率先实现"六化"，即排字照排化、书刊印刷胶印化、书刊装订联动化、彩色制版电子化、彩色印刷多色化、产品印刷自动化。多年来，北京印刷企业以高端技术为引领，不断向智能化、高精尖方向发展。近年来，北京印刷企业大量引进计算机直接制版系统（CTP）、多色单张纸胶印机、商业卷筒纸胶印机、数字印刷机，无线胶订生产线、精装书籍生产线；大量采用集中供墨、自动上版、自动清洗、冲版水回收再利用等先进技术；不断推广集中供气、集中润版液循环系统等节能环保技术；生产设备的自动化水平和技术先进程度处于国内领先地位。

提质增效谋求创新发展。北京印刷企业在发展中注重提质增效，不断转变生产经营模式谋求创新发展。多年来，北京印刷企业不断提高企业的管理水平，完善了质量、环境、职业健康、信息安全等多项管理体系，进行了绿色产品、清洁生产等一系列认证。通过合资合作，整合企业优势资源，转变经营机制，使企业获得稳定发展的空间；通过融合发展，延伸企业产业链，转变营销模式，拓展增长空间，为企业提供更加广阔的发展空间；通过加大研发力度、开发特色产品，实现企业高收益。

技术培训提高员工水平。北京印刷业坚持开展社会主义核心价值观教育，培养出爱岗敬业、团结上进的职业精神和一支能打硬仗的职工队伍。通过技术培训和职业技能竞赛提升员工的技术水平和人员素质。北京印刷协会组织和开展北京市两年一届的印刷职业技能比赛，已连续举办了 18 届，历时 36 年，为北京印刷行业培养了数以万计的技能人才，有力地促进了北京地区印刷技术工人的成长。1990 年前已对应培训对象总数的 50% 人员进行了技术培训，有 95 人取得了高级技师资格，750 人取得了技师资格，2600 人取得了高级工资格，7000 多人取得了中级工资格和初级工资格，有力地提高了职工的技能水平。

2. 广东印刷产业发展

（1）广东印刷产业发展概况

广东印刷业开端于中华人民共和国成立后建立的南方印刷一厂、南方印刷二厂、新华印刷厂、广东人民印刷厂等企业，随后又相继组建和成立了一批国营、集体所有制印刷厂。中华人民共和国成立后3年时间内，广东就取得印刷图书近400种，总印数1.55亿册，印刷期刊50多种，总印数1000多万份的傲人成绩。

20世纪50年代中后期，广东重新组建几百家印刷企业，各市（县）都有一家以上的印刷企业，中等以上城市则有多家具有一定规模和可印制不同产品的印刷企业，业务从单一的凸印发展到胶印、凹印等产品，印刷企业分布更加合理，也开始形成专业化分工。

20世纪60年代，广东印刷企业步入印刷机械化操作阶段，企业注重更新换代，以较好的印刷机械替换了原有的陈旧设备。60年代中期，广东书刊、报纸印刷优于包装装潢印刷，在印刷设备、技术、产品质量水平方面与香港不相上下。

20世纪70年代是广东印刷业发展的关键时期，改革开放让先进的技术设备、丰富的市场经验和现代化的管理理念得以进入广东，同时国家实行的大幅降低进口关税等开放政策，吸引了港商在广东投资。1978年深圳市印刷制品厂（深圳嘉年印刷厂）成为广东批准设立的第一家中港合资印刷企业。1984年深圳旭日印刷有限公司成为广东批准设立的第一家中港合资书刊印刷企业。中港合资的发展模式，让香港印刷企业看到了发展机遇，纷纷转向内地，把厂房设备搬迁到深圳、东莞、广州、中山等珠江三角洲城市。1994年9月，第一家港商独资的书刊印刷企业——东莞金杯印刷有限公司开业，预示着广东印刷业在利用港资的政策上更加开放。

改革开放让广东印刷业在20年内得以迅速发展。截至1999年年底的数据显示，全省共有各类印刷企业10873家，是中华人民共和国成立初期的135倍，改革开放（1978年）前的10.8倍，1987年的5.1倍；固定资产净值约470亿元，工业销售产值约530亿元，从业人员39.43万人。

21世纪广东印刷业规模扩大蓬勃发展，截至2008年6月，全省共有各类印刷企业18449家，其中出版物印刷企业570家，包装装潢印刷品印刷企业11215家。"三资"印刷企业1100家。2007年，广东印刷业总产值达1200亿元，印刷产业的资产总额达1531亿元，行业从业人员82万人。截至2017年，广东共有各类印刷企业19584家，从业人员76.98万人，19家印刷复制企业入选全国印刷复制示范企业名单，占全国总数近1/5，在沪、深两市上市印刷企业7家，2017年中国印刷包装企业100强中，珠三角地区有15家。

（2）广东印刷产业发展特色

践行绿色发展理念。"绿色印刷"不仅是保护环境的需要，也是提高企业竞争力的需要，更是企业走可持续发展道路的需要。截至2018年年初，广东获得国家环保部"中国环境标志产品"认证企业77家。绿色印刷的实施，不仅可以提供更加安全环保的产品，还进一步推动绿色印刷工艺、原材料及自动化、智能化设备的研发与创新，从而全方位推进企业的升级转型和工业化、信息化两化融合的进程，提升市场竞争力。

注重"数字印刷＋互联网"转型。印刷企业的发展正在与移动互联网、云计算、大数据、物联网、智能化制造等"互联网＋"的 5 个关键技术衔接。通过"互联网＋"技术，印刷企业与客户的交互方式变得更加方便和快捷；印刷电商的出现更带来了新的商业模式。虎彩印艺股份有限公司开启的"数字印刷＋互联网"转型战略，开辟了个性化影像印刷、图书按需出版、个性化包装的新业务。

"智能化"作为行业生产突破口。智能制造中的"制造"并不仅仅包括生产制造环节的智能化，还包括制造业价值链各个环节的智能化，通过全方位地改变现有印刷企业的生产状况，将带来印刷业的革命性变革。华新彩印在后道糊盒生产线上安装智能自动包装物流机器人，实现了自动开箱、自动套袋、自动输送全流程的自动控制，实现节省人力、降低成本、提升产能的目标。

跨界融合带来发展潜力。将传统印刷产业植入更多、更高、更新的信息技术，将互联网与印刷产业有机结合，以"互联网＋"的技术模式和业务创新助推印刷产业创新，不仅带动了产业转型升级，也催生了印刷业积极发展新的增长点。将印刷技术与 IT 技术、数字技术、新材料、跨媒体传播等技术深度融合，使印刷企业从传统的被动服务模式转变为主动产品销售模式，跨界融合带来了企业的新发展。雅昌（文化）集团公司由传统的印刷集团转型为以"为人民艺术服务，艺术为人民服务"为宗旨的文化集团公司，围绕艺术服务打造产业链，不只是做印刷工厂，而是建立一个以艺术图书为核心的艺术教育中心、艺术综合服务平台。

以标准化建设推进企业发展。印刷标准化是现代印刷企业持续发展的原动力，不仅在成本控制、生产效率、产品质量以及安全生产等方面发挥着举足轻重的作用，还可以使企业不断提高和强化市场竞争力，实现企业的发展战略目标，推进企业的长足发展。2012 年，国家标委会批准三个印刷分技术委员会成立，其中两个分技术委员会秘书处落户广东；鹤山雅图仕印刷有限公司主导起草的《绿色印刷标准体系表》是中国绿色印刷标准化工作发展的蓝图和指导性文件，为中国印刷行业未来绿色印刷标准制修订的规划和计划提供了依据，为绿色印刷和相关绿色环保低碳技术的发展及推广应用奠定了基础。

粤港澳联合带来发展与合作机会。广东印刷业具备外向型发展的鲜明特点，"三资"印刷企业较多，引进先进印刷技术设备较快，开拓国际印刷市场能力较强。建设粤港澳大湾区能够更好地开发市场和资源，探索经济的规则优势，在国家"一带一路"开放中发挥重要的平台作用，其辐射半径更将延展至沿线国家，成为联通"一带一路"的重要门户。粤港澳印刷企业建立更紧密的经济关系，能更好地发挥港澳面向国际市场的窗口作用。2004 年，国家新闻出版总署确定将大珠三角地区（包括中国香港、中国澳门）建成外向型印刷中心，纳入把中国建设成为全球重要印刷基地的发展目标中。

3. 浙江印刷产业发展

（1）浙江印刷产业发展概况

古时的浙江曾一度是全国出版中心、印刷业的龙头省份，还是我国雕版印书的发祥地之一。时至近代，随着西方印刷技术传入，中国传统印刷面临挑战，浙江的印刷业优势也丧失殆尽。

中华人民共和国成立以来，浙江的印刷业逐步得到恢复和发展，印刷以民营经济和中小型企业为多。

改革开放以后，浙江从苍南金乡印刷"铝制标牌、塑片制品、塑膜卡片、涤纶商标"四小商品开始，印刷包装企业遍地开花，为浙江市场大省的建设和经济社会发展提供了有力支撑。浙江印刷产业形成了企业大中小并举、工艺门类齐全、多种经济成分互补的新格局。无论是印刷产业规模、资产总量、盈利收入、印刷企业数量还是行业就业人数均居全国第二位，总体实力与规模走在全国前列。

截至 2017 年年底，浙江拥有各类印刷企业 15254 家，其中出版物印刷企业 480 家，包装装潢印刷企业 9790 家，其他印刷品企业 4523 家，排版、制版、装订专项企业 411 家，专营数字印刷企业 50 家，港投资印刷企业 86 家。印刷企业资产总额 1816.55 亿元，销售收入 1357.06 亿元，对外贸易加工额 63.85 亿元，从业人员 43 余万人。

（2）浙江印刷产业发展特色

形成印刷产业区块优势。产业区块依附于地方经济结构特征，形成各自特色，增强了产业集聚效应，壮大产供销相互配套、技术相互协作、产品相互补充的产业链，推动了产业的迅猛发展。形成了以杭州为中心的出版物印刷和包装装潢印刷为特色的浙北产业区块；以宁波为中心的包装装潢印刷为特色的浙东产业区块；以温州苍南食品包装、商标印刷、印刷机械为特色的浙南产业区块；以金华、义乌的服装和袜业等小商品包装为特色的浙中印刷产业区块。

骨干企业发挥示范引领作用。骨干企业发展特色鲜明、业绩突出，成为推动印刷产业转变发展的骨干力量。在前 16 届中国印刷包装企业百强榜中，有 29 家浙江企业上榜，其中上榜 10 次以上的企业有 10 家，上榜 5 次的企业有 5 家。在全国 100 家"国家印刷示范企业"中，共有 12 家印刷企业荣获"国家印刷示范企业"称号，数量上浙江省居全国第三位。2017 年，这 12 家国家示范企业资产总额 95.66 亿元、工业总产值 83.70 亿元，销售收入 84.20 亿元，研发投入 1.71 亿元，持有授权专利数量 341 项，充分发挥了骨干示范企业的引领示范作用。

以"三化"推进行业转型升级。在印刷产业规模持续壮大、产业结构逐步优化的过程中，印刷的智能化、数字化、绿色化发展与应用，加快和推动了产业升级和转型发展，助力整体规模效益同步增长。数字印前、色彩管理、远程打样、油墨预置等印前新技术，超大幅面、10 色以上、4+4 双面、高速商业轮转印刷等各类胶印、柔印设备，以及全自动烫金模切、高速智能联线勒口胶订线等印后设备被广泛应用。"互联网＋印刷"与"印刷＋互联网"逐渐融合，使得数字印刷和印刷数字化新技术得到广泛应用。大力推行绿色印刷理念，截至 2018 年年底，浙江省共有 84 家印刷企业通过绿色印刷认证，从 2014 年春季学期开始实现中小学教科书 100% 绿色印刷。

知识和技术助力印刷高质量发展。注重高技能人才培养，通过技术培训、技能竞赛、等级鉴定等方式培养印刷技能人才，助力印刷产业的快速发展。每年定期举办平版印刷工、计算机排版工、电子图像处理工等工种的技能等级培训，有近千名从业人员通过不同等级的考核鉴定，获得浙江省人力资源和社会保障厅颁发的高级工、中级工、初级工等职业资格证书。完成平版印刷工（初级工、中级工、高级工、技师）、平版制版工（技师）技能鉴定题库的开发。组织省内印刷行业职业技能大赛，为全国印刷行业职业技能大赛选拔参赛选手，全省共有 661 名选手参赛，136 名选手参加了全国决赛。形成了一支卓越精良、技术全面、等级分明的高层次印刷操作技工队伍。

五、中国印刷产业发展趋势

1. 创新发展

加强印刷技术装备、原辅材料和系统解决方案的科技研发与产业化应用。推广绿色节能环保印刷技术、工艺、装备和材料。推动数字印刷技术在按需出版、按需印刷等领域的创新、应用与普及。鼓励印刷技术与新一代信息技术加快融合发展。支持纳米印刷等各类新材料和新技术的研发和应用，推动印刷电子、3D 打印、光子晶体制备等其他印刷战略新兴产业的发展。加快建立政产学研用一体的创新机制，支持各地建设创新研发中心，推动科技创新成果产业化应用，着力培养印刷人才队伍。

2. 绿色环保

完善绿色印刷实施机制，积极融入国家绿色产品认证工作，发展市场化检测认证。加快绿色印刷标准体系建设，按照"源头削减和过程控制是重点、兼顾末端治理"的思路推动 VOCs（挥发性有机物）治理。实施"绿色印刷推广工程"，推动企业降成本、节能耗、减排放，制定绿色原辅材料产品目录，鼓励使用绿色材料和工艺，推动产业链协同发展。推动印刷与出版等上游环节对接，扩大绿色印刷产品范围和市场，形成市场倒逼机制，提高企业的积极性和主动性。组织绿色印刷宣传周，广泛宣传绿色理念，支持绿色印刷对接交流活动。

3. 融合发展

提高印刷业的科技含量和服务属性比重，加深与信息技术、装备制造和新型材料等的融合，实施产品结构战略升级，由被动加工向主动服务转变。鼓励出版物印刷向按需印刷、数据管理、发行物流、书籍设计和提供综合解决方案等延伸，支持传统印刷向文化艺术、创意设计、品牌咨询、VR（虚拟现实）、AR（增强现实）等领域发展。加强印刷业与高端制造、信息电子等行业的联系，推动印刷技术应用于可穿戴设备、柔性显示器、光伏产品等领域。鼓励印刷企业利用多层次资本市场，实现转型升级和跨越式发展。

4. 特色发展

实施示范企业提升计划，搭建示范企业展示交流、技术创新、对接融资的服务平台，积极向有关部门推荐示范企业在规模发展、融合转型和"走出去"等方面的重大项目。鼓励示范企业利用资本市场，实现集约发展，打造若干家具有国际影响力的服务品牌和龙头企业。实施"中小特色印刷企业扶持计划"，建设产业特色发展扶持平台，支持中小特色印刷企业向专、精、特、新方向发展，培育产业发展新动力。推动印刷产业基地（园区）建设，充分发挥基地（园区）的规模效应，带动和引领产业集约发展。

5. 网络化智能化发展

推广 MIS（管理信息系统）、ERP（企业资源规划）等信息化管理手段，提升企业精细管理水平。推动印刷与射频标签、物联网的结合，以出版物智能印刷为突破口，培育若干"智慧印厂示范项目"，加快智慧印厂建设。推动出版物印刷向按需印刷、个性印刷、多媒体融合转型，推动包装印刷向创意设计、个性定制、环保应用转型，支持胶印、网印、柔印等印刷方式与数字技术融合发展。加强与互联网、云计算、大数据的融合，扶持培育 3～5 家具有影响力的互联网印刷平台。

第三章
中国印刷产业链

中国印刷最初被称为手工业产业，工业化革命后进入工业产业。由于印刷普遍被认为是客户提出印刷需求，印刷厂完成印刷加工，回馈印刷品和获取加工费，所以印刷一直被定义为加工产业。随着印刷产业的不断形成和扩张，印刷企业正在从加工业向服务业延伸，逐步形成自身的印刷产业链。

一、产业链

1. 产业链的定义

产业链是产业经济学中的一个概念，是各个产业部门之间基于一定的技术经济关联，并依据特定的逻辑关系和时空布局关系客观形成的链条式关联关系形态。产业链是一个包含价值链、企业链、供需链和空间链四个维度的概念。这四个维度在相互对接的均衡过程中形成了产业链，这种"对接机制"是产业链形成的内模式，作为一种客观规律，它像一只"无形之手"调控着产业链的形成。

产业链的本质是用于描述一个具有某种内在联系的企业群结构，它是一个相对宏观的概念，存在两维属性：结构属性和价值属性。产业链中大量存在上下游关系和相互价值的交换，上游环节向下游环节输送产品或服务，下游环节向上游环节反馈信息。

2. 产业链的内涵

产业链是对产业部门之间基于技术经济联系而表现出的环环相扣的关联关系的形象描述。区域产业链将产业链的研究深入区域产业系统内部，分析各产业部门之间的链条式关联关系，探讨城乡之间、区域之间产业的分工合作、互补互动、协调运行等问题。在经济实践中，不少地区也在进行产业链构建与延伸的积极尝试。产业链包括以下四个主要方面：

（1）产业链是产业层次的表达；
（2）产业链是产业关联程度的表达；
（3）产业链是资源加工深度的表达；

（4）产业链是满足需求程度的表达。

3. 产业链的类型

产业链分为狭义产业链和广义产业链。

狭义产业链是指从原材料一直到终端产品制造的各生产部门的完整链条，主要面向具体生产制造环节。

广义产业链则是指在面向生产的狭义产业链基础上尽可能地向上下游拓展延伸。产业链向上游延伸一般使得产业链进入基础产业环节和技术研发环节，向下游拓展则进入市场拓展环节。

产业链的实质就是不同产业的企业之间的关联，而这种产业关联的实质则是各产业中的企业之间的供给与需求的关系。

4. 产业链的演变

随着技术的发展，生产程度的提高，生产过程划分为一系列有关联的生产环节。分工与交易的复杂化，使得在经济中通过什么样的形式联结不同的分工与交易活动成为日益突出的问题。企业组织结构随分工的发展而呈递增式地增加。因此，搜寻一种企业组织结构，以节省交易费用并进一步促进分工的潜力，相对于生产中的潜力会大大增加。企业难以应付越来越复杂的分工与交易活动，不得不依靠企业间的相互关联，这种搜寻最佳企业组织结构的动力与实践，成为产业链形成的条件。

如图3-1所示，产业链的形成首先是由社会分工引起的，在交易机制的作用下，不断引起产业链组织的深化。图中，C1、C2、C3表示社会分工的程度，C3＞C2＞C1表示社会分工程度的不断加深；A1、A2、A3表示市场交易的程度，A3＞A2＞A1表示市场交易程度的不断加深；B1、B2、B3表示产业链的发展程度，B3＞B2＞B1表示产业链条的不断延伸和产业链形式的日益复杂化。三个坐标相交的原点O，表示既无社会分工也无市场交易，更无产业链产生的初始状态。

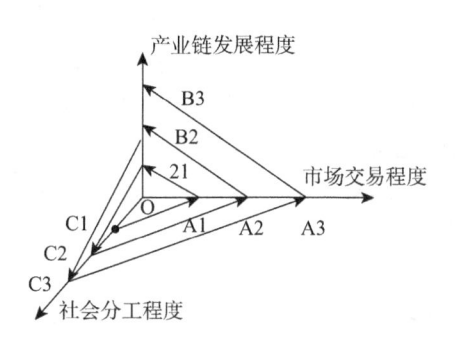

图 3-1 产业链

从C1点开始，而不是从坐标原点开始，意味着社会分工是市场交易的起点，也是产业链产生的起点，社会分工C1的存在促进了市场交易程度A1的产生，在A1作用下，需要B1的产业链形式与它对接，B1这种产业链形式的产生又促进了社会分工的进一步发展。于是，社会分工就从C1演化到C2。相应地，在C2的作用下，市场交易程度从A1发展到A2，A2又促进了产业链形式从B1发展到B2。接着，按照同样的原理，B2 促使 C2 发展到 C3，C3 又促使 A2 发展到 A3，A3 又促使产业链从 B2 发展到 B3……如此周而复始，使产业链不断发展。

产业链形成的原因在于产业价值的实现和创造，产业链是产业价值实现和增值的根本途径。任何产品只有通过最终消费才能实现，否则所有中间产品的生产就不能实现。同时，产业链也体现了产业价值的分割。随着产业链的发展，产业价值由在不同部门间的分割转变为在不同产业链节点上的分割，产业链也是为了创造产业价值最大化，它的本质是体现"1+1＞2"的价值增值效应，这种增值往往来自产业链的乘数效应。它是指产业链中的某一个节点的效益发生变化时，会导致产业链中的其他关联产业相应地发生倍增效应。产业链价值创造的内在要求是：生产效率≥内部企业生产效率之和（称为协作乘数效应）；同时，交易成本≤内部企业间的交易成本之和（称为分工网络效应）。企业间的关系也能够创造价值，价值链创造的价值取决于该链中企业间的投资。不同企业间的关系将影响它们的投资，并进而影响被创造的价值。通过鼓励企业做出只有在关系持续情况下才有意义的投资，关系就可以创造出价值来。

5. 产业链的特点

（1）完整性

产业链是相关产业活动的集，其构成单元是若干具有相关关系的经济活动集合，即产业环或者具体的产业部门；而产业环（产业部门）又是若干从事相同经济活动的企业群体。从事相似或相同经济活动的企业为实现自身利益最大化，必然努力探寻自身经济活动的优区位。在这种"循优推移"过程中，一方面，产业环（产业部门）的微观构成单位——企业，为了获取集聚经济效益，逐步聚集到适合其发育成长的优区位，即原先分布于各区域的同类企业在优区位实现"企业扎堆"；另一方面，各个产业环（产业部门），为了获取地域产业分工效益，具有不同经济特点和追求各自的优区位而在空间上趋于分散。这样，产业链系统内企业和部门循优推移的空间经济结果是，产业链的各环节分别布局或配置到适合其经济活动特征的特定地点。正因如此，当经济区划尺度较大时，比如是大经济地带、大经济区、省域或者流域经济区时，或者说大到几乎囊括产业链的所有环节的地域空间时，产业链表现出明显的完整性；当经济区划尺度较小时，比如仅是市域、县域或者说是产业集中发展区时，其地域范围一般难于包括产业链的各环节，这对于某一经济区域而言可能形成了特色产业，但是产业链却表现出明显的断续性。

（2）层次性

产业链是产业环逐级累加的有机统一体，某一链环的累加是对上一环节追加的劳动力投入、资金投入、技术投入，以获取附加价值的过程，链环越是下移，其资金密集性、技术密集性越是明显；链环越是上行，其资源加工性、劳动密集性越是明显。由此，欠发达区域与发达区域的类型划分，往往是依据其在劳动地域分工格局中的专业化分工角色。一般而言，欠发达地区更多地从事资源开采、劳动密集的经济活动，其技术含量、资金含量相对较低，其附加价值率也相对较低；发达地区更多地从事深加工、精加工和精细加工经济活动，其技术含量、资金含量相对较高，其附加价值率也相对较高。因此，区域类型与产业链的层次之间产生了内在的关联关系，欠发达区域一般拥有产业链的上游链环，其下游链环一般则布局在发达区域。

（3）指向性

优区位指向引导产业环或者集中或者分散地布局在不同的经济区位，表现为产业环具有明显的空间指向性。这种空间指向性主要表现为如下方面：第一，资源禀赋指向性，产业环基于对优区位的追求，势必在某种程度上依赖区域的资源禀赋，而后者的空间非集中性引起追逐资源禀赋的产业环的空间分散性；第二，劳动地域分工指向性，劳动地域分工使得各区域具有了自身的专业化生产方向，产业链对专业化分工效益的追求便造成了产业环的空间分散性；第三，区域传统经济活动指向性，区域传统经济活动通常是区域特定资源禀赋和区域经济特色的体现，经济活动的路径依赖性和惯性，使得区域在产业链分工中具有深深的烙印。

6. 产业链的整合

整合的本质是对分离状态的现状进行调整、组合和一体化。产业链整合是对产业链进行调整和协同的过程。对产业链整合的分析可以分别从宏观、产业和微观的视角进行。产业链整合是产业链环节中的某个主导企业通过调整、优化相关企业关系使其协同行动，提高整个产业链的运作效能，最终提升企业竞争优势的过程。

7. 产业链的整合模式

以整合企业在产业链上所处的位置划分可分为横向整合、纵向整合以及混合整合三种类型。横向整合是指通过对产业链上相同类型企业的约束，来提高企业的集中度，扩大市场势力，增加对市场价格的控制力，从而获得垄断利润。纵向整合是指产业链上的企业通过对上下游企业施加纵向约束，使之接受一体化或准一体化的合约，通过产量或价格控制，实现纵向的产业利润最大化。混合整合又称为斜向整合，是指对与本产业紧密相关的企业进行一体化或是约束，它既包括了横向整合又包括了纵向整合，是两者的结合。

以整合是否涉及股权的转让可分为股权的并购、拆分以及战略联盟。股权并购是股权并购型产业链整合，是指产业链上的主导企业通过股权并购或控股的方式，对产业链上关键环节的企业实施控制，以构筑通畅、稳定和完整的产业链的整合模式。拆分是指原来包括多个产业链环节的企业，将其中的一个或多个环节从企业中剥离出去，变企业分工为市场分工，以提高企业的核心竞争力和专业化水平。战略联盟型产业链整合是指主导企业与产业链上关键企业结成战略联盟，以达到提高整个产业链及企业自身竞争力的目的。

8. 产业链的作用

（1）有利于企业成本的降低。

（2）有利于新企业的出现。

（3）有利于企业创新氛围的形成。

（4）有利于打造"区位品牌"。

（5）有利于区域经济的发展。

二、印刷产业链

1. 印刷产业链组成

印刷业最初的产业链仅仅是企业内部的生产分工，逐步形成印前、印刷、印后产业链；由于印刷生产必要的生产资料，与纸张、油墨、耗材等印刷原材料企业逐步联系紧密，形成了来自印刷材料供给的上游；由于来自印刷客户的接活和印刷客户的交货，又出现了上游的出版社等印刷客户。此时，印刷企业还是链条很短的产业链。随着印刷市场的快速发展，印刷企业的规模扩大，以及印刷产品的种类增多，印刷生产的加工链逐渐延长。如印刷企业及时增加了印刷市场部或营销部，后提升为营销公司；将原有的印刷品仓储、发行、运输部门，逐步提升为仓储公司、物流公司或发行公司。

印刷企业对企业发展定位的深入理解，对产业链的作用理解，特别是市场的扩大，以及从加工型向服务型的转型，逐步开始建立起印刷产业发展的产业链类型，如图 3-2 所示。

印前——印刷——印后

市场——印前——印刷——印后——发行

营销——印前——印刷——印后——发行——物流

营销——设计——印前——印刷——印后——发行——物流——售后

图 3-2　印刷产业链类型

除上述产业链类型外，还辅之以纸张营销公司、油墨营销公司、印版营销公司、耗材营销公司、印刷品创意设计公司、文化创意公司、技术研发公司、设备营销公司等，形成了印刷生产到印刷服务的线性产业链到网状发散型产业链的结构。

2. 印刷产业链扩展

随着印刷产业链的扩张，逐步开始与其他生产、服务产业链产生交集，逐步开始与各种类型产业链发生融合，主要有以下产业链。

（1）新闻出版产业链

以书籍、教材、期刊、报纸等出版物为主要产品，印刷企业承担技术校对、印刷排版、印刷生产、书籍存储、运输发行等环节，主要与出版社、杂志社、期刊社和媒介公司上游企业和书店、物流公司、书商等下游企业，以及纸张、油墨、设备、印版、耗材等供应商组成产业链。

（2）文化创意产业链

以各种类型宣传印刷品、广告、票证等文化、商业印刷品为主要产品，印刷企业负责客户沟通、设计定稿、排版印刷、包装运输、按需送货等环节，以设计公司、创意公司、文化公司、美术公司等上游企业和各种客户、贸易公司、展览商、视觉媒体供应商（网站、电视台、信息平台等）等下游企业，以及纸张、油墨、设备、印版、耗材等供应商组成产业链。

（3）绿色包装产业链

以食品、礼品、化妆品、服装、日用品、电器、玩具、粮食、蔬果包装印刷为主要产品，印刷企业承担包装设计、排版印刷、产品包装、运输发送等环节，主要与产品生产商、设计公司、经销商等上游企业和包装分销商、运输企业、贸易公司、商城超市等下游企业，以及纸张、纸板、油墨、涂料、设备、印版、薄膜、耗材等供应商组成产业链。

（4）防伪印刷产业链

以各种票证、证券、证卡防伪印刷和贵重礼品、奢侈品包装印刷为主要产品，印刷企业承担防伪设计、技术引进、排版印刷、防伪包装、安全运输等环节，以防伪客户、防伪专业设计公司、设计公司、彩票公司、博彩公司和经销商等上游企业和包装公司、文化创意公司、运输贸易公司等下游企业，以及防伪纸张、防伪纸板、防伪油墨、防伪涂料、特种设备、印版、薄膜、耗材等供应商组成产业链。

三、印刷产业链支撑

1. 胶印版材

近几年全球胶印版材市场（含 CTP 版和 PS 版）整体呈下滑趋势，每年消耗量在 6.2 亿平方米左右，主要生产商为柯达、富士、爱克发、华光等，以中高端 CTP 版为主，占全球大部分市场份额，其中 CTP 版用量占胶印版材市场总量的 85%。南美、南亚和东欧等地区仍对 PS 版有小量需求，预计未来 3～5 年内，全球 PS 版消耗量将小幅下降，最终保持相对稳定的趋势，而 CTP 版会保持小幅增长。

我国胶印版材制造业逆势增长，2019 年，国内胶印版材总产量为 4.72 亿平方米，同比增长 1.14%；总销量为 4.79 亿平方米，同比增长 4.04%。其中，热敏 CTP 版销量为 34167 万平方米，同比增长 9.17%，占据市场约 70% 的份额；UV-CTP 版销量为 10755 万平方米，同比下降 2.17%；PS 版销量为 2518 万平方米，同比下降 38%；光敏 CTP 版销量为 2516 万平方米，同比增长 66.19%。

我国胶印版材制造业产销量连续多年位居世界第一，2019 年更是创下历年新高。产品品种涵盖目前市场所需的热敏 / 紫激光 CTP 版、CTcP 版、PS 版，企业生产装备技术水平可满足当前印刷业绿色发展对免处理、免冲洗、双涂层环保友好型版材的需求。年产量超过 1000 万平方米或接近 1000 万平方米的胶印版材生产企业有 16 家，其年产量占全国胶印版材年产总量 80% 以上的份额，其中，乐凯华光以突破 1 亿平方米的产销量名列行业榜首。统计数据显示，行业生产规模更为集中，行业集中度进一步提高。

全国目前有 5 家再生单张版生产线，产品品种包括常规版、UV-CTP 版、热敏版，2019 年产销量约 400 万平方米，合计总量约 2400 万平方米。

据海关统计数据，2019 年中国胶印版材出口量为 20043.26 万平方米，同比增长 11.67%。其中 PS 版出口量为 5391.64 万平方米，同比增长 4.78%；CTP 版出口量为14651.62万平方米,同比增长14.44%;柔版出口量为32.14万平方米,同比下降3.11%。

2019年,中国胶印版材出口额为52553.64万美元,同比增长1.95%。其中PS版出口额为11919.27万美元,同比下降5.86%;CTP版出口额为40634.36万美元,同比增长4.49%;柔版出口额为2120.78万美元,同比增长36.6%。目前,我国已经结束了胶印版材依赖进口的局面,同时,国产CTP版跃升为主流出口版型。

随着全球胶印版材生产制造格局向中国本土倾斜的调整,我国胶印版材生产能力将会继续增加,这将导致国内市场竞争更加激烈,主流品牌版材的性能差异化已不再明显,行业链的利润空间缩小。同时受数网化和环保需求的影响,胶印版材未来发展方向是数字化和绿色环保;产品技术则向高精度、免处理、耐UV油墨、个性化需求发展。

2. 印刷纸张

据中国造纸协会统计数据,2014—2017年,我国纸及纸板产量整体呈震荡上行趋势,增速保持在低位运行,规模以上造纸企业主营业务收入稳步提升。2017年,我国纸及纸板生产量首次突破11000万吨,创历史新高。2018年,随着我国造纸行业落后产能淘汰工作的持续深入,以及受原材料价格波动影响,我国规模以上造纸企业主营业务收入有所下滑;2019年,我国纸及纸板生产量有所回升,累计产量为10765万吨,同比增长3.16%;消费量为10704万吨,较上年增长2.54%;人均年消费量为75千克;全国规模以上造纸企业主营业务收入为7650亿元。

我国纸及纸板生产主要集中在广东、山东、浙江及江苏等沿海省份。据中国造纸协会统计数据,2019年,广东省的纸及纸板生产量为1864万吨,占全国总产量的17.31%,排名第一;山东和浙江紧随其后,纸及纸板生产量分别为1830万吨和1429万吨,占全国总产量的比重分别为16.99%和13.27%。2019—2020年排名前30的重点造纸企业生产情况见表3-1。

表3-1 2019—2020年排名前30的重点造纸企业生产情况

序号	单位名称	产量/万吨 2019年	产量/万吨 2020年	同比增长率/%
1	玖龙纸业(控股)有限公司	1502.00	1615.00	7.52
2	理文造纸有限公司	593.10	630.21	6.26
3	山东晨鸣纸业集团股份有限公司	501.00	577.00	15.17
4	山东太阳控股集团有限公司	499.40	547.77	9.69
5	山鹰国际控股股份公司	473.59	493.23	4.15
6	华泰集团有限公司	307.70	314.10	2.08
7	山东博汇集团有限公司	235.26	306.91	30.46
8	中国纸业投资有限公司	256.00	270.00	5.47

续表

序号	单位名称	产量/万吨 2019年	产量/万吨 2020年	同比增长率/%
9	宁波中华纸业有限公司（含宁波亚洲浆纸业有限公司）	261.86	262.60	0.28
10	江苏荣成环保科技股份有限公司	253.00	233.00	-7.91
11	福建联盛纸业	203.00	230.00	13.30
12	金东纸业（江苏）股份有限公司	199.07	190.00	-4.56
13	金红叶纸业集团有限公司	192.00	177.00	-7.81
14	亚太森博中国控股有限公司	156.40	163.40	4.48
15	海南金海浆纸业有限公司	151.39	148.48	-1.92
16	东莞建晖纸业有限公司	147.22	148.00	0.53
17	山东世纪阳光纸业集团有限公司	125.95	146.13	16.02
18	浙江景兴纸业股份有限公司	143.71	134.86	-6.16
19	广西金桂浆纸业有限公司	135.00	134.03	-0.72
20	武汉金凤凰纸业有限公司	136.39	132.45	-2.89
21	维达国际控股有限公司	125.00	125.00	0.00
22	恒安国际集团有限公司	121.00	109.40	-9.59
23	东莞金洲纸业有限公司	154.09	107.35	-30.33
24	新乡新亚纸业集团股份有限公司	82.86	101.25	22.19
25	东莞金田纸业有限公司	61.67	95.41	54.71
26	芬欧汇川（中国）有限公司	89.50	92.00	2.79
27	河南省龙源纸业股份有限公司	78.97	82.98	5.08
28	永丰余造纸（扬州）有限公司	77.80	79.00	1.54
29	东莞顺裕纸业有限公司	55.95	68.60	22.61
30	大河纸业有限公司	63.01	62.73	-0.44

纸及纸板主要产品生产和消费情况如下。

（1）新闻纸

2020年，新闻纸生产量110万吨，较上年减少26.67%；消费量175万吨，较上年减少10.26%。2011—2020年生产量年均增长率-13.12%，消费量年均增长率-8.49%。

（2）未涂布印刷书写纸

2020年，未涂布印刷书写纸生产量1730万吨，较上年减少2.81%；消费量1783万吨，较上年增长1.94%。2011—2020年生产量年均增长率为零，消费量年均增长率0.62%。

(3) 涂布印刷纸

2020年，涂布印刷纸生产量640万吨，较上年减少5.88%；消费量571万吨，较上年增长5.35%。2011—2020年，生产量年均增长率-1.38%，消费量年均增长率-0.53%。

(4) 白纸板

2020年，白纸板生产量1490万吨，较上年增长5.67%；消费量1373万吨，较上年增长7.52%。2011—2020年，生产量年均增长率1.19%，消费量年均增长率0.42%。

(5) 箱纸板

2020年，箱纸板生产量2440万吨，较上年增长11.42%；消费量2837万吨，较上年增长18.06%。2011—2020年，生产量年均增长率2.29%，消费量年均增长率3.55%。

(6) 特种纸及纸板

2020年，特种纸及纸板生产量405万吨，较上年增长6.58%；消费量330万吨，较上年增长6.80%。2011—2020年，生产量年均增长率7.57%，消费量年均增长率7.03%。

3. 印刷油墨

(1) 油墨行业

油墨是印刷的基本要素之一，按印版版型划分，油墨主要可分为凸版油墨、平版油墨、凹版油墨和网孔版油墨四大类，其中凸版油墨主要应用于书刊、报纸、单据、画册等的印刷；平版油墨和凹版油墨分别适用于平版印刷和凹版印刷；网孔版油墨适用于各类网孔版印刷的各种承印物。四种主要油墨特征及适用情况见表3-2。

表3-2 四种主要油墨特征及适用情况

油墨	主要特征	细分品类	适用范围
凸版油墨	印刷版面着墨部分凸出于非着墨部分	铅印油墨、铜版油墨、凸版轮转油墨、柔性凸版油墨等	用以印刷书刊、报纸、画册、单据、账簿等
平版油墨	各部分基本上处于一个平面，图文处亲油，非图文处亲水，利用油水相斥的原理进行印刷	卷筒纸胶印油墨、平版胶印油墨、无水胶印油墨、印铁油墨、石印油墨、珂罗版油墨等	适用于平版印刷
凹版油墨	印刷时凹入于版面的图文部分上墨，将非图文部分的墨擦去或刮净，然后进行印刷	雕刻凹版油墨和照相凹版油墨	适用于凹版印刷
网孔版油墨	通过印版的网孔漏印到承印表面进行印刷	誊写油墨和丝网版油墨	适用于各种网孔版印刷的各种承印物

油墨的制造是一个复杂的化工过程，涉及力学、光学、彩色学和表面化学等各类学科。从产业链来看，油墨上游主要原料包括树脂连接料、填充剂、稀释剂、增滑剂、颜料和染料等，其中颜料决定了油墨的颜色和着色力，约占油墨成本构成的15%

左右。油墨下游主要应用于出版物印刷和包装物印刷,如书刊印刷、报纸印刷和食品包装印刷等,此外,近年来在建筑装饰材料等方面也有一定的应用。油墨行业产业链如图 3-3 所示。

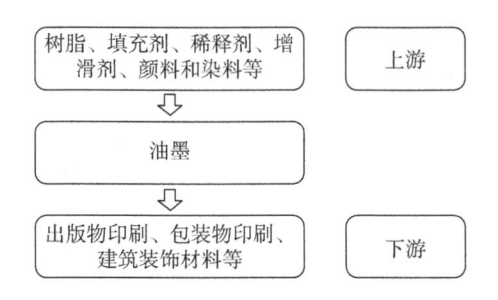

图 3-3 油墨行业产业链

(2) 油墨行业发展现状

我国油墨产业的发展最早可追溯到 20 世纪初。改革开放以来,国内油墨市场得到快速发展,油墨广泛应用于纸张、金属、玻璃、塑料等多种媒介印刷。近年来,受环保治理工作的进一步推进影响,部分化工原料价格上涨,我国油墨行业发展增速逐步趋缓,2017 年中国油墨行业实现销售收入 409.43 亿元,同比增长 2.6%。2012—2017 年中国油墨行业销售收入情况如图 3-4 所示。

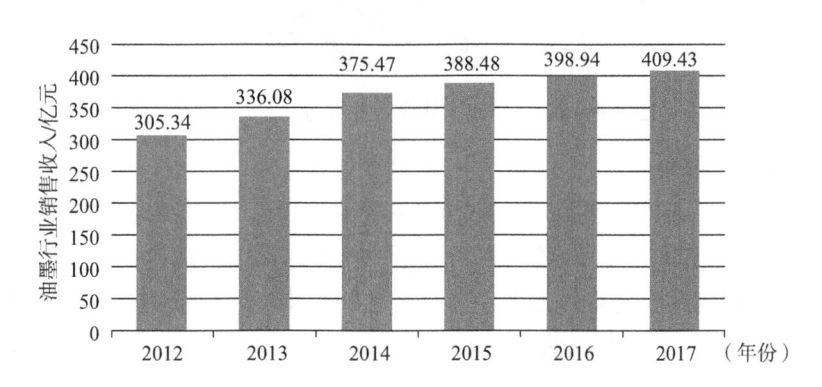

图 3-4 2012—2017 年中国油墨行业销售收入

目前中国已经成为全球第二大油墨生产国,从 2012—2018 年中国油墨生产情况(图 3-5)可见,我国油墨生产水平整体保持稳中略升的发展态势,2018 年中国油墨产量达 76.8 万吨,同比 2017 年增长 3.5%。

从产品结构来看,凹版油墨和平版油墨是目前我国油墨行业产量最大的两个细分品类,近年来,随着人们生活条件的改善,对产品包装要求逐渐提高,印刷市场结构和需求发生变化,凹版印刷油墨开始崭露头角,产量占比也逐步提升,2018 年凹版油墨产量占比达 42.5%,如图 3-6 所示。

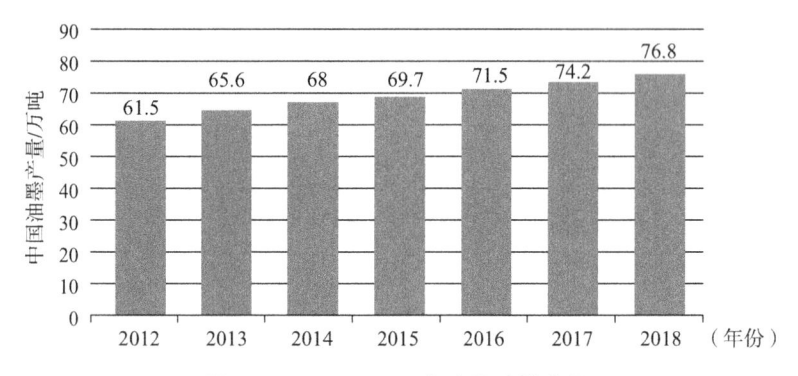

图 3-5　2012—2018 年中国油墨产量

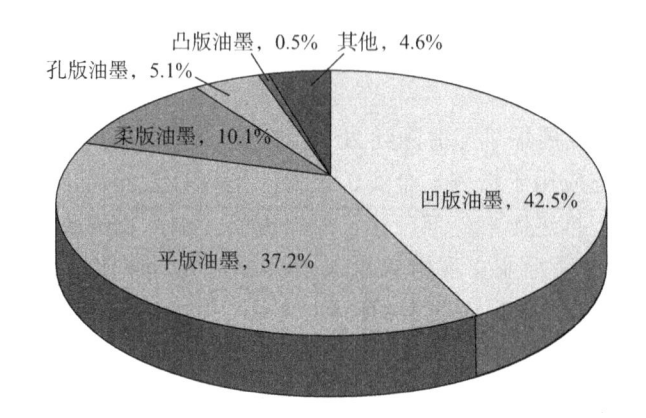

图 3-6　2018 年中国油墨行业细分产品产量占比

（3）主要生产企业

我国油墨行业最初主要以小规模的单机生产为主，近年来随着发展的需要，企业不断提高自身技术水平，增强核心竞争力，行业逐步朝着规模化、工业化的方向迈进。从 2018 年中国油墨行业产量及销售量排名情况来看，洋紫荆、迪爱生和杭华油墨稳居行业前 3 名，其中洋紫荆油墨有限公司 2018 年产量和销售量均位居行业第一，连续 10 年排名榜首，如表 3-3 所示。

表3-3　2018年中国油墨行业产量及销售量前十大企业

排名	产量前十大企业	销售量前十大企业
1	洋紫荆油墨有限公司	洋紫荆油墨有限公司
2	迪爱生投资有限公司	迪爱生投资有限公司
3	杭华油墨股份有限公司	杭华油墨股份有限公司
4	天津东洋油墨有限公司	天津东洋油墨有限公司
5	广东天龙油墨集团股份有限公司	盛威科（上海）油墨有限公司
6	新东方油墨有限公司	苏州科斯伍德油墨股份有限公司

续表

排名	产量前十大企业	销售量前十大企业
7	珠海市乐通化工股份有限公司	新东方油墨有限公司
8	苏州科斯伍德油墨股份有限公司	广东天龙油墨集团股份有限公司
9	迪爱生（太原）油墨有限公司	珠海市乐通化工股份有限公司
10	浙江永在油墨有限公司	深圳市深赛尔股份有限公司

（4）油墨行业发展趋势

①UV油墨快速发展

UV油墨是一种在紫外线的照射下，利用不同波长的紫外光能量使墨膜迅速干燥的油墨，21世纪初UV油墨得到快速发展，经过几十年的自主研发，如今的UV油墨国内品牌大户，不仅能够满足内需而且跃进国际市场，应用范围越来越广，已经逐渐扩展到日常生活的各个方面。在环保法规日趋严苛的形势下，UV油墨技术因具有环保、节能、高效的特点，逐渐大行其道。

②水性油墨进一步推广

水性油墨采用水作为油墨的连接料，印刷性能好，不含挥发性有机溶剂，是环境友好型油墨的典型代表，受到了各方的青睐。水性油墨优势明显：不污染环境，降低印刷品表面残留毒物，节约成本等。目前，水性油墨主要应用于食品、药品和婴幼儿用品包装等印刷产品，其应用范围还待进一步扩大。

③数字印刷油墨成为新亮点

目前数字印刷已成为国内外包装和广告印制领域一种新的发展潮流，国内也进口了相当数量的数字印刷机。为了使数字印刷机既适应高速印刷的要求，又能达到良好的印刷质量，数字印刷油墨相当重要。但是国内开发和生产的数字印刷油墨产品还寥寥无几，如天津油墨公司和其他一些公司虽然早已研制喷印油墨，但至今尚未投入生产。因此，数字印刷油墨仍是一个待研究领域。

四、印刷产业链发展

1. 印刷产业链创新

新闻出版产业链是最早成形的印刷产业链，也是最为成熟的印刷产业链。但是，随着数字出版和网络发行的兴起，产业链的结构和组成企业都在发生着巨大的变化。新闻出版的采编不再仅仅限于报社、出版社等传统上游企业，还增加了网站、文化公司等新型企业。源于实体书店的发行体系也出现二级书商、电商等下游企业，原有的邮局单一发行也多元化引进了快递公司、物流公司等新型企业，新闻出版产业链的结构变化使得印刷产业链随之而变，一些与印刷企业密切相关的新型企业应运而生。

包装装潢印刷产业链和商业印刷产业链由于从建立之初就起步于市场经济，产业链发展进程十分迅速，市场经济的驱动力远远大于计划经济的驱动力，使得包装装潢印刷产业链和商业印刷产业链很快成型，并且呈现出百花齐放、百舸争流的可喜局面，各种类型的企业融入印刷产业链。

（1）创意设计公司

结合印刷企业生产能力，发挥印刷企业新材料、新设备、新工艺的特色，设计适合印刷加工、满足客户需求、生产更高增值的印刷产品，如立体书、智能包装、防伪包装等印刷品。

（2）绿色环保设计公司

根据客户需求和社会绿色环保要求，设计绿色环保印刷材料、印刷设备和印刷工艺，使得印刷品不仅生产过程对员工、环境影响最小，而且流通、销售和回收的环保效果最好，如绿色印刷教材、降克重包装、可回收包装等印刷品。

（3）集采物流公司

满足印刷原材料、耗材、半成品、成品的统一集采和运输，建立大型存储仓库和车队，智能化调度物资流，降低流通成本。

（4）宣传营销公司

建立针对上下游企业的宣传公司，开展针对性强的有效营销宣传活动，建立企业品牌形象，扩大企业市场范围和占有率。

（5）金融资产公司

利用印刷企业城区房地产优势、流动资金优势等，充分发挥资产、资金流动增值作用，主动设计和应用投资、借贷、抵押等金融手段，最大限度地发挥资产资金作用，抵御和防止企业的金融危机，最大限度地保证企业增值保值。

（6）技术研发公司

利用已有产品的市场优势，加大技术研发投入，持续创新印刷品，改进印刷生产工艺，建立自有知识产权积累，开发全新的印刷市场，使企业从加工型转向服务型和技术型，奠定企业可持续发展的基础。

2. 印刷产业链发展方向

（1）提升产业文化内涵转向文化创意型。

（2）推动产业自然延伸转向业态创新型。

（3）加强科技工艺创新转向技术引领型。

（4）兼并重组打造龙头转向规模效益型。

（5）深耕细作特色领域转向精品特色型。

（6）重点发展数字印刷转向都市商务型。

五、印刷产业链发展案例

通过分析印刷上市公司年报可以发现，榜上有名的公司业绩增长的背后都有一个共同的特征，即通过外延并购实现上下游产业链的整合。通过外延并购整合产业链，企业不仅可以扩大市场占有率，提高自身竞争力，还可以因规模优势降低成本，从而提升利润空间。

1. 外延式并购推动产业链整合

上海绿新是国内最早从事真空镀铝纸生产的企业之一。真空镀铝纸作为一种绿色环保型包装材料，其终端客户为卷烟生产企业和一些高端社会产品生产企业。上海绿新的产品主要应用于烟标印刷领域，公司多数终端客户主要为烟草行业中的大型烟草集团。所以，对于上海绿新，烟标印刷行业是公司的直接下游产业。

据上海绿新披露非公开发行股票预案显示，公司拟向不超过 10 名特定对象发行股票。募集资金总额不超过 7.3 亿元，主要用于收购 60% 的云南省玉溪印刷公司股权、56% 的曲靖福牌彩印公司股权、26% 的大理美登印务公司股权、15% 的福建泰兴特纸公司股权。

通过此次收购延伸下游的烟标印刷企业，上海绿新打开了烟草第一大省云南市场，并且收购的玉溪印刷、曲靖福牌、大理美登三家公司在烟标印刷领域均有多年经营历史。主要配套红塔集团和红云红河集团两大国内烟草龙头的烟标印刷，生产的烟标产品主要用于玉溪、红塔山、红梅、红河、云烟等国内知名烟草品牌。

2. 并购实现业绩华丽增长

早在 2011 年，上海绿新就已经收购了不少优质企业，实现了规模的扩张。例如，在 2011 年至 2012 年间，收购了包括优思吉德、江阴特锐达、浙江德美、深圳金升彩等企业。

上海绿新之所以选择进军烟标行业，是因为与真空镀铝纸相比，烟标印刷行业更接近于公司产品的最终客户烟草生产企业，对客户需求更加敏感。进入烟标印刷行业后，公司将实现产业链延伸，完成在市场、技术、设计、生产规模方面协同效应的战略发展，可以更早获知市场需求变化，更有利于公司的产品创新和提高公司的核心竞争力。

而上海绿新 2012 年收购 85% 的福建泰兴的股权，为其进军下游烟标印刷行业积累了不少经验。福建泰兴除生产、销售真空镀铝纸产品外，也从事烟标印刷研发、生产及销售业务。2012 年的这次收购之后，福建泰兴显示出了优质的经营实力和稳定的盈利能力。例如，在 2013 年为上海绿新贡献利润占比 33.4%。

另外，上海绿新本次收购的 3 家企业近年来业绩表现也都比较好。以 2013 年为例，云南玉溪印刷和大理美登的净利率在 22% 以上，曲靖福牌彩印和福建泰兴的净利率在 16% 以上。而有意思的是，以真空镀铝纸为主营的上海绿新，同期净利率只在 13% 左右。所以，此次收购的这些优质企业势必会再次为上海绿新业绩报表添色不少。

3. 外延式并购成产业发展趋势

事实上，收购对于上市公司来说早已不再鲜见。纵观印刷企业近年来发展态势，不难发现，对于财大气粗的上市公司来说，要进军一个新市场，选择收购是其最便捷且又见效的模式。

例如，2013 年美盈森并购深圳市金之彩文化创意有限公司，成功进军文化创意产业。劲嘉股份的崛起走的也是典型的"外延式并购"道路，依靠并购和行业整合来形成新的业绩增长点，这一直是劲嘉股份多年来发展的秘诀。

劲嘉股份自 2007 年上市以来，便一直在进行并购扩张。2008 年收购了天外绿包、中丰田、安徽安泰等的股权，2013 年收购重庆宏声印务、中丰田光电科技的股权。其中天外绿包、安徽安泰已实现绝对控股。

另一行业龙头东风股份，也是通过走并购路线，实现其规模效益的高速增长。2011 年收购东风裕隆汽车销售 49% 的股权，2012 年收购深圳凯文印刷 100% 的股权，2013 年以 3 亿元收购同行陕西金叶，2014 年以 1.7 亿元收购陆良福牌彩印。

通过印刷行业龙头的实战经验不难看出，企业要做大做强，通过"外延式并购"，整合上下游产业链是行业发展的趋势之一。

第四章
印刷产业技术发展

印刷产业离不开印刷生产，印刷生产离不开印刷技术。印刷技术是在基础科学的基础上，结合印刷工艺而诞生的应用技术。印刷技术是从古代技艺演变、现代技术发明、未来技术创新平台上不断发展而来，当成为全产业普遍通用的技术之时，就是成熟的印刷产业技术，并且必将不断发展。

一、古代印刷技术发展

1. 印刷术的基础
（1）文字的出现

早期，人们为了记载事件、传播经验和知识，创造了早期的文字符号，并寻求记载这些字符的媒介。由于受当时生产手段的限制，人们只能用自然物体来记载文字符号。例如，把文字刻、写在岩壁、树叶、兽骨、石块、树皮等自然材料上。

（2）印章的使用

秦朝时开始使用印章，当时的印章一般只有几个字，表示姓名、官职或机构。印文均刻成反体，有阴文、阳文之别。在纸出现之前，公文或书信都写在简牍上，写好之后，用绳扎好，在结扎处放黏性泥封结，将印章盖在泥上，称为泥封。泥封就是在泥上印刷，这是当时保密的一种手段。纸张出现之后，泥封演变为纸封，在几张公文纸的接缝处或公文纸袋的封口处盖印。据记载，在北齐时（550—577年）有人把用于公文纸盖印的印章做得很大，很像一块小小的雕刻版了。

（3）碑石拓印

刻石的发明历史很早，今陕西省凤翔区发现的石鼓是公元前8世纪春秋时秦国的石刻。东汉以后，石碑盛行，汉灵帝四年（175年）蔡邕建议朝廷，在太学门前竖立《诗经》《尚书》《周易》《礼记》《春秋》《公羊传》《论语》七部儒家经典的石碑，共20.9万字，分刻于46块石碑上，每碑容5000字，正反面皆刻字。成为当时读书人的经典，很多人争相抄写。魏晋时期，有人趁看管不严或无人看管时，用纸将经文拓印下来，自用或出售，使其广为流传。碑石拓印技术对雕版印刷技术发明起到了重要作用。

（4）印染技术

印染是在木板上刻出花纹图案，用染料印在布上。中国的印花版有凸纹版和镂空版两种，1972年湖南长沙马王堆一号汉墓（公元前165年左右）出土的两件印花纱是用凸纹版印，在敦煌石室中有唐代凸版和镂空版纸印的佛像。印章、拓印和印染技术的融合，产生了影响世界的雕版印刷技术。

2. 印刷术的支撑

（1）纸张的发明

世界上最早的纸出现于中国的西汉时期。中国甘肃省天水放马滩汉墓出土的西汉（公元前206—23年）早期的纸，是现已发现的最早的纸。此外敦煌马圈湾烽燧遗址和敦煌甜水井汉悬泉邮驿遗址等地都出土过西汉的古纸。但这些纸都比较粗糙，质量较差，不能用于书写。

东汉时期（105年），蔡伦总结西汉以来的造纸技术并加以改进，开创了以树皮、破布、麻头、渔网为原料，并以沤、捣、抄一套工艺技术，造出了达到书写实用水平的植物纤维纸，称为"蔡侯纸"。用这种方法造的纸，原料容易得到，可以大量制造，纸质轻价格又便宜，能满足多数人的需要，所以这种造纸方法被传承了下来。

纸的发明结束了古代简牍繁复的复制历史，大大地促进了文化的传播与发展，并为印刷的产生创造了条件。

（2）水墨的出现

水墨是由中国人发明的，无论是仰韶文化时期的彩陶纹饰，还是甲骨文、竹简、木牍及帛书等，都留有墨的痕迹。周宣王时期，一位名叫邢夷的画师，将小河边偶然捡起的一块松炭捣研成末，用糯米粥之类的东西调和成半固体的糊状，加入锅灰后加以揉捏，做成长条状在太阳下晒干。使用时加水研磨，就可以用来写字或绘画。邢夷把这个墨条取名为"黑土"，后把"黑土"合为单字"墨"，史称"邢夷墨"，这就是最早的人造墨。

汉代开始采用松烟制墨。南北朝时的制墨技术进步很快，人造炭黑（松烟）已淘汰了石墨，耗墨量大的碑碣拓印也刺激了墨的生产。到了唐代，雕版印刷风行促进了墨的生产，从唐代懿宗咸通九年（868年）雕版印刷的《金刚经》插图上就可以看到当时制墨的水平。唐代以后的各个朝代，墨的生产与印刷相伴相行。

3. 古代印刷技术

（1）雕版印刷

雕版印刷术是中国古人的重要发明，对世界印刷做出了巨大贡献。经历了由印章、墨拓石碑和印染，雕版印刷的发明水到渠成。雕版印刷的版料选用纹质细密坚实的木材（如枣木、梨木等），锯成木板，粘贴上抄写工整的书稿，薄而近乎透明的稿纸正面和木板相贴，字就成了反体，笔画清晰可辨。雕刻工人用刻刀把版面没有字迹的部分削去，就成了字体凸出的阳文。印刷时候，在凸起的字体上涂上水墨，把纸覆在它的上面轻轻拂拭，字迹留在纸上。

雕版印刷是最早在中国出现的印刷形式，大约在 7 世纪前期，世界上最早的雕版印刷术在唐朝（618—907 年）诞生了，现存最早的雕版印刷品是 868 年印刷的《金刚经》（现藏大英博物馆）。宋代（960—1279 年）雕版印刷已发展到全盛时代，971 年成都刻印全部 5048 卷的《大藏经》，雕版 13 万块，花费 12 年。雕版印刷中的雕刻版面需要大量的人工和材料，但雕版完成后一经开印，就显示出效率高、印刷量大的优越性，这也是为什么它在中国古代有巨大的生命力的重大原因。直到今天，我国西藏、甘肃等地的寺庙仍采用雕版印刷方式印刷佛经。

（2）活字印刷

活字印刷术是中国古代劳动人民经过长期实践和研究而发明的。与任何发明创造一样，印刷术的发明有它的社会需要、物质基础和技术条件。中国社会进步到北宋时期，由于经济的发展、商业的繁荣和文化的兴盛，需要迅速地、大量地传播信息，活字印刷术正是为解决这个社会需要而产生的。活字印刷术的发明体现了古代中国劳动人民的智慧，为书籍及时有效地传播提供了便利的条件，是印刷史上一次伟大的技术革命。

北宋时毕昇（970—1051 年）发明了泥活字，首创活字版印刷术。据沈括所著《梦溪笔谈》载：毕昇在宋代庆历年间，在胶泥片上刻字，一字一印，用火烧硬后，便成活字。排版前先在置有铁框的铁板上敷一层掺和纸灰的松脂蜡，活字依次排在上面，加热使蜡稍熔化，以平板压平字面，泥字即固着在铁板上，可以像雕版一样印刷。活字制版避免了雕版的不足，只要事先准备好足够的单个活字，就可随时拼版，大大地加快了制版时间，提高了印刷的效率。活字版印完后，可以拆版，活字可重复使用，且活字比雕版占有的空间小，容易存储和保管。毕昇的发明比欧洲早了 400 多年，是印刷史上一次伟大的发明。

（3）木活字与转轮排字架

继毕昇胶泥活字版后，印刷技术上的又一重大改进是木活字版的应用。木活字版多指用梨木、枣木或其他木质软硬适中、纹理较为细腻、易于刻制的木材做成的用于印刷的木质活字版。

木活字版为元代科学家王祯（1271—1368 年）首创，从技术角度看，王祯撰写的《农书》所记载的木活字印刷术已与现代的活字印刷术相差无几，后世使用的金属活字印刷术基本上是王祯木活字印刷范式的延续。

为了提高木活字印刷的排字效率，王祯还发明了以字就人的转轮排字架。这种排字架减轻了排字者的劳动强度，提高了排字效率。王祯说："以人寻字则难，以字就人则易，此转轮之法，不劳力而坐致。字数取讫，又可铺还韵内，两得便也。"元大德二年（1298 年），他用这种方法试印了一部 6 万多字的《旌德县志》，不到一个月的时间即印成 100 部。转轮排字架的发明，是排字技术的一项重大革新。

王祯曾把制作木活字的方法和拣字、排版、印刷的全部过程系统地记载下来，题名为"造活字印书法"，并绘制了"活字板韵轮（转轮排字架）图"，附刊于他的《农书》中，这是中国和世界印刷史上的珍贵文献。

（4）套色印刷

套色印刷是中国古代继雕版印刷、活字印刷后的重大技术突破。"饾版"印刷工艺的发明，开创了古代套色印刷的先河，不仅色彩绚丽、精美鲜艳，而且能够表现画面的深浅浓淡。"拱花"的应用使印刷品更为美观精致。对"饾版拱花"技术做出巨大贡献的是明代末期的胡正言。

所谓"饾版"印刷，就是按照彩色绘画原稿的用色情况，经过勾描和分版，将每一种颜色都分别雕一块版，然后再依照"由浅到深，由淡到浓"的原则，逐色套印，最后完成一件近似于原作的彩色印刷品。由于这种分色印版类似于"饤饾"，所以明代称这种印刷方式为"饾版"印刷，也称为彩色雕版印刷，清代中期以后，才称为木版水印。"拱花"就是在经过"饾版"套色以后，在柔软的宣纸表面压印出凸起的暗纹，让画面产生浅浮雕效果，类似凹凸版。"饾版拱花"使画面产生丰富且相对真实的视觉效果，技巧性极高。

二、现代印刷技术发展

1. 印前技术

（1）王选与汉字激光照排

1974年8月，由原电子工业部、原机械工业部、中国科学院、新华社、国家出版事业管理局（后来的新闻出版署）联合发起，国家计委批准设立了国家重点科技攻关项目"汉字信息处理系统工程"，简称"748工程"。

1976年夏，"748工程"技术总负责人王选在做了大量调查研究后，毅然决定采取数字存储方式，直接研制国外尚无商品的第四代激光照排系统。1979年7月，王选主持研制成功汉字精密系统的主体工程，从激光照排机上输出一张八开报纸底片。1979年11月，我国自行设计的计算机激光汉字编辑排版主体工程研制成功。1981年7月，王选主持研制的我国第一台计算机激光汉字照排系统原理性样机（华光）通过国家级鉴定。1983年，王选带领研发的第二代激光照排控制Ⅱ型TC83基本研制成功，并于1984年在新华社印刷厂投入试运行。1985年5月，使用汉字激光照排技术的华光Ⅱ型机通过国家鉴定。1987年5月，华光Ⅲ型机在经济日报社印出了世界上第一张整面输出的中文报纸。1989年，华光Ⅳ型机开始在国内新闻出版、印刷业推广普及。到1993年，国内99%的报社和95%以上的书刊印刷厂采用了国产照排系统，我国报业和印刷业掀起了一场"告别铅与火、迎来光与电"的技术革命。

（2）CTP技术的普及应用

计算机直接到印版（CTP）技术出现于20世纪80年代。90年代，设备制造厂商与印刷厂家密切配合，加速了这项技术的研究开发步伐，并在此期间达到了成熟和工业化应用的程度。在1995年德国Drupa印刷展览会上，展出了42种CTP系统。在1995—1997年，许多大型印刷公司使用了CTP系统，特别是报业印刷厂。从报纸印刷的时效性考虑，开始广泛采用CTP制版技术。但由于当时无论是版材还是设备多较为昂贵，限制了中小型企业的使用。1997年后，随着CTP制版技术的不断成熟，版材及设备价格的大幅度下降，在CTP技术带来的突出优势下，这项技术在印刷企业中得到快速的推广和普及。在北京，几乎所有出版物印刷企业均已采用CTP制版技术。

传统激光照排制版的流程是计算机排版、照排机输出制版胶片、胶片显影、胶片定影、胶片烘干、人工拼版、晒PS版、显影、修版、获得印版。传统制版工艺流程长；需要手工拼版、修版，对人员的技能要求高，质量不易保证；原材料消耗大，需要胶片、化学药剂等；设备投资大，需配备激光照排机、冲片机、晒版机、显影机和收版机等；环保性差，产生显影液、定影液、胶片等大量危废，需要使用大量冲版水。

CTP制版能够缩短印刷准备时间，充分提高印刷效率；加强了网点控制，有助于实现精品印刷；减少了制版环节，节时省力，加快交货周期；加强了工作流程管理，能够直接获取印版图像信息，可辅助印刷机墨色调节，减少废品率。同时，CTP制版提高环保性，冲版水可循环复用，免冲洗印版还大大减少了危废的产生。不仅如此，CTP制版系统的定位精度有助于保证彩色分色印版的图像位置精度，节省了印刷机上的套准调节时间。

2. 印刷技术

（1）胶印技术的发展

1949年，上海华夏印刷公司迁往北京并入北京新华印刷厂，当时只有两台美国制造的胶印机。1953年上海印刷学校招生，其中重要课程是印刷色彩与胶印工艺。20世纪50年代，上海安利机器厂（后改称中国扬子机器厂）先后制造了200多台对开手续纸胶印机，印刷企业也开始逐渐以国产手续纸胶印机取代石印机。60年代，印刷企业普遍进行了胶印设备技术改造，将手续纸胶印机改造为自动输纸印刷机；北京人民机器厂成为中国最大的一家生产胶印机的专业厂商，制造出第一台自动对开胶印机（1962年）和单张纸双色胶印机（1963年）；同时期还有上海人民机器厂生产胶印机；新建的湖南印刷机器厂（1969年）等也从事胶印机生产。70年代，我国已初步具备了自动输纸胶印机的制造能力，国内大、中型印刷厂基本上以国产胶印机为主。1974年北京人民机器厂接受了卷筒纸胶印机新产品的试制任务，成功研制了JJ401型卷筒纸胶印机。80年代末，报纸印刷企业开始推广以胶印印刷取代铅版印报。80年代，中国书刊、报纸印刷开始走上以胶印印刷为主的全盛时代；北京人民机器厂四色胶印机正式鉴定并开始成批生产，成为国产彩色胶印机的重要里程碑。90年代，以上海印包集团为代表的一大批印刷机械制造企业快速成长，如中景集团、江苏昌晟、河南新机、无锡宝南、威海印机、营口冠华、华光精工等。这些企业多年来一直致力于国产胶印机的研发与生产，为国内胶印技术的发展做出了贡献。

经过几十年的发展，我国在出版物印刷、商业印刷和部分包装印刷领域广泛使用胶印技术和设备，大量引进的海德堡、高宝、小森、罗兰等国外单张纸多色胶印机、卷筒纸报纸印刷机和商业印刷机，迅速提高了国内胶印印刷生产技术和产品质量。

(2) 柔印技术的发展

我国的柔性版印刷从 20 世纪 70 年代后期开始起步。当时的机型为普通的层叠式柔性版印刷机，厂商主要来自我国的香港和台湾，如友谊、威威、一铭等，这些设备结构简单，只能印刷马夹袋、服装塑料包装袋、牛奶包装袋、冰棍包装纸等质量要求不高的产品。后来，上海，江苏无锡、如皋，浙江海宁，广东大沥、中山、深圳、汕头，广西玉林，山东威海等地的机械制造企业纷纷仿制，不仅印刷界开始应用柔性版印刷技术，塑料、石油行业也相继开始应用柔性版印刷技术。

20 世纪 80 年代初期，香港友谊公司在中国内地投资建厂，后成为广州科思高柔印设备有限公司。我国又从德国、意大利引进了近 10 台高档宽幅卫星式柔性版印刷机，主要分布在北京、上海等地，如上海人民印刷一厂、广东佛山塑料六厂、浙江杭州防潮纸厂、沈阳塑料三厂等。1989 年 6 月，上海第三印刷机械厂制造出我国第一台卫星式柔性版印刷机。

1995 年以后，柔性版印刷在中国得到了长足的发展，国内引进了 300 多台机组式柔性版印刷机，其中雅佳发、麦安迪、A 牌、先锋、捷拉斯等柔性版印刷机的市场保有量较高，引进了 20 多台卫星式柔性版印刷机。1996 年，陕西北人印刷机械有限责任公司试制成功国内首台卫星式柔性版印刷机。1998 年，西安黑牛机械有限公司研制成功第一台国产机组式柔性版印刷机。之后，山西太行印刷机械有限责任公司、上海紫光机械有限公司、北人富士印刷机械有限公司、青州意高发包装机械有限公司、广东科思高柔印设备有限公司、多威龙公司等 10 多家机械制造企业相继开始生产机组式柔性版印刷机，打破了原来进口柔印机一统天下的格局，形成了进口设备与国产设备同台竞争的局面。

进入 21 世纪后，柔性版印刷设备的安装量不断增加，2004 年增加 50 台，2005 年增加 80 台（其中国产机 60 多台）。层叠式柔性版印刷机在全国已安装了 2500～3000 台。

几十年中，柔性版印刷在软包装、瓦楞纸箱等包装印刷领域得到广泛认可和发展，柔性版印刷所具有的多工序连线生产、适印材料广、成本低、环保性好等优势，使其在未来的印刷市场中发展前景可期。

(3) 凹印技术的发展

20 世纪 50—60 年代，我国先后在北京、上海等大城市建立了凹版印刷企业，主要用于《人民画报》等出版物印刷。60 年代，凹印技术在玻璃纸、聚丙烯薄膜等材料上印刷得到了应用和普及，软包装凹印技术得到快速发展。

20 世纪 70 年代，我国开始研制和生产软包装凹印机，但是机型只限于低速的卫星式和一回转机型。80 年代，我国开始进口凹印设备，1982 年从意大利引进了第一台机组式凹印机，后来又先后从瑞士、意大利、法国、德国、日本、韩国、澳大利亚、美国等国家和地区引进了数百条凹印生产线；国产凹印机的迅速崛起，以及功能不断完善，自动化程度不断提高，实现了满足内需到扩大出口的喜人变化。

1997 年，陕西北人印刷机械有限责任公司推出了我国首台机组式凹印机 AZJ601050H，填补了国产中高档机组式凹印机的空白。2003 年，陕西北人印刷机械有限责任公司、中山松德包装机械有限公司先后推出了速度达 300 米／分的电子轴传动高速凹印机，达到国外同类产品的技术水平。陕西北人印刷机械有限责任公司、中山松德包装机械有限公司、西安航天华阳印刷包装设备有限公司、宁波欣达印刷机器有限公司等国产凹印机制造业龙头企业生产的部分凹印设备，其性能已经接近或达到国外同类产品的水平。

改革开放以来，国内的凹印企业迅速成长。以烟包、药盒、酒标印刷为主的凹印企业达 300 多家，木纹纸和装饰材料凹印企业 260 多家，有价证券（如钞票、邮票）和彩票凹印企业 20 多家；具有一定规模的软包装彩印企业超过 1 万家，其中年销售额在 3 亿元以上的企业有 25 家，销售额在 1 亿元以上的企业有 68 家，而小型的软包装彩印企业（包括家庭作坊式）则不计其数。

从整个行业看，软包装凹印企业主要集中在广东、浙江、江苏、河南、河北、上海等省市；装饰纸和壁纸凹印企业主要分布在广东、浙江、江苏和福建等省份；烟包凹印以云南、广东、山东等省份为主。纸包装凹印领域有上海烟草包装印刷有限公司、深圳劲嘉集团、汕头东风印务有限公司、浙江爱迪尔包装股份有限公司、云南侨通包装印刷有限公司、湖南常德金鹏凹印有限公司、湖南金沙利彩印公司、上海凹凸彩印总公司、云南通印股份有限公司、重庆宏声印务有限责任公司等业绩显著；软包装凹印领域中的上海紫江彩印包装有限公司、黄山永新股份有限公司、浙江诚信包装材料有限公司、北京德宝商三包装印刷有限公司、河南金誉实业有限公司、上海人民塑料印刷厂、河北天龙彩印有限公司等也表现突出。

几十年来，凹版印刷以其印刷色彩、阶调能够更好地呈现印刷质量，适合非吸收性材料印刷，具备防伪、大批量印刷等特点，在包装、商业印刷领域得到了广泛应用。

（4）数字印刷技术的发展

20 世纪 90 年代末期，数字印刷亮相德国 Drupa 展会后，静电式数字印刷就成为企业进行个性化印刷的首选设备。国内的数字影像行业、出版社、图书馆、博物馆等也开始纷纷采购这类设备，作为个性化和短版印刷品的印刷。2008 年后，喷墨成像数字印刷技术以其速度快、质量好的特点风靡全球印刷市场，国外知名数字印刷机制造商纷纷推出大量喷墨数字印刷机，国内方正等企业也着力研发，为市场提供不同应用领域的喷墨数字印刷机。

20 年来，我国数字印刷有了长足发展。2012 年，我国数字印刷总产值为 63 亿元，2016 年达到了 357.9 亿元。2013 年，数字印刷仅占印刷总产值的 1%，2017 年则达到 5%。截至 2018 年年底，我国数字印刷设备进口量为 328332 台，出口量为 342447 台。

近年来，数字印刷技术在国内得到广泛应用。商业印刷中，半数以上骨干印刷企业拥有数字印刷机；出版物印刷中，超过半数以上的骨干印刷企业拥有数字印刷机；包装与标签领域，约有 10% 的骨干印刷企业拥有数字印刷机；票据印刷领域已有上百家骨干企业的主要生产流程都配备了喷印系统，并有近一半企业拥有通用数字印刷机；机关文印系统、政府机构和企事业单位文印中心基本都在淘汰传统印刷设备，建立起数字印刷系统；图文快印市场的数千家数字印刷快印企业和门店，62%以上都购置安装了数字印刷设备。

一些印刷企业利用数字印刷技术打造出全新的印刷市场，如2016年年底天意有福引进柯尼卡美能达AccurioJet KM-1喷墨数字印刷机，将个性化影像向工业化应用推进；雅昌公司引进的小森Impremia IS29喷墨数字印刷机，已应用在高端影像输出领域；山西京考引进的柯尼卡美能达AccurioJet KM-1喷墨数字印刷机应用在了商业印刷领域；山东绿爱将HP Indigo 20000静电数字印刷机用于印刷个性化糖果包装；湖南新向维利用HP Indigo 20000静电数字印刷机开拓定制包装印刷市场。

3. 印后技术

21世纪初期是中国印刷业发生深刻变化的年代，正是继"自动照排、电子分色、高速胶印、装订联动"16字方针后，酝酿提出并积极贯彻"印前数字、网络化，印刷多色、高效化，印后多样、自动化，器材高质、系列化"28字方针的时期。此间，印后加工技术经历了较大变化。

（1）设备的发展

中华人民共和国成立初期，印后装订专业除有少数手动扳把切书机、手动烫金机、手动磨刀机以外，其他所有工序都是手工操作完成。20世纪50年代中期，我国小作坊式的私营工厂全部合并，形成公私合营的大生产企业，印后设备从手工向小型单机发展，纯手工操作转向使用脚踏操作，单头订书机、手动三面切书机等小型单机设备引入生产。60年代到70年代中后期，当时全国范围印制毛主席著作这一单一品种，需求量巨大，小型单机已不能适应生产需要，因此开始从小型单机向大型单机和联动生产线发展，使用如折页机、配页机、锁线机、包本机、三面切书机等单机和骑马订联动生产线、平订联动生产线和精装联动生产线等多种类型装订设备，这些设备均为我国自行制造。80年代后期，我国实行改革开放政策，印后加工开始由单机、联动并举向高水平的多样自动化进军，这一时期我国开始引进国外先进设备，同时大力发展本国印后设备制造业，在短短10多年中就形成了数十个印后设备制造基地，设备品种达30多个，型号近200种，为印后加工技术的发展创造了有利条件。目前，印后加工技术表现为向多样化、自动化、智能化和数字化方向发展，广泛使用包括骑马订联动生产线、无线胶订联动生产线、精装书加工联动生产线、配锁联动生产线、本册印装联动生产线、票据印装联动生产线、文件加工联动生产线等联动加工设备，印后加工质量和效率大大提高。

（2）技术与材料的发展

改革开放以后，我国继承了优秀的传统工艺，并结合国外先进工艺加以改进，不仅继承和改革了历史留存的传统装订方法，还与国外先进工艺融为一体，除常用的平装、骑马订装、精装外，又涌现了空背平装、立体书装订、古洋结合装法、露血图案工艺封面镂空、纯金箔烫印和滚金口、对开门与盒式书函、豪华精装等新的装订工艺加工方法。

在书籍的装订材料方面，形成了多品种、多式样、高档次和环保化趋势，不断在黏结材料、封面材料等方面加以改进和创新。

(3) 印后加工自动化

作为印刷业不可或缺环节的印后加工在"印后多样、自动化"上发展迅速。28字方针对实现"印后多样、自动化"的要求是："广泛采用自动化、连续化的设备和手段，逐步改变以手工加工、半机械化生产的落后状况，从根本上提高最终产品的质量和生产效率，并力争达到国外先进国家的一般水平。"现在，在我国骨干印刷企业中，这些目标不仅已经达到，而且有所超越，印后加工水准可以说已经达到发达国家的中上水平。

如果说印刷业的投资者在相当一段时间里比较重视对盈利能力较强的印刷设备的投资与改造，而轻视或忽视了对印后设备的机械化、自动化改造的话，那么在21世纪初期，这一局面有了明显改观。大型书刊印刷企业对印后的投入力度不断加大，以最终实现成书的大型无线胶装线为例，自上海中华印刷有限公司出资近2000万元率先于全国同类企业引进瑞士马天尼公司产潮流型胶装线及精装线以后，德国澳伦贝格、柯尔布斯等大型胶装线一台接一台地进入内地的书刊印刷企业，一改历史上以手工、以小型圆盘包封设备为生产主体的状况。马天尼公司生产的胶装线进入内地市场的总量不下百条，这在以前是不可想象的。与此同时，为图书成书做配套的意大利阿斯塔公司、瑞士马天尼公司生产的锁线机，德国产的MBO、STALE和日本产的SHOEI折页机，德国产的波拉切纸机及德国的海德堡公司、瑞士马天尼公司生产的骑马钉装订线，在更多的工厂可以见到。这些设备的引进与使用大大提升了国内出版物的质量。

在海外印后设备大举进入中国市场的同时，国产印后设备的生产及销售也是春风得意。上海印刷包装机械公司下属的紫光公司生产的PURLUX骑马钉联动线、圆盘包面机、排书机，紫宏公司制造的折页机在国内书刊印刷企业中声名显赫，一度出现用户争购的热闹场面。现在走进专做印后加工的小型装订厂，很少没有折页机、圆盘包面机等基本生产设备的，历史上以手工作业为主的状况已经完全被颠覆。在一些大型的书刊印刷企业，除了这些基本的装订设备外，复膜、过油、UV上光、大面积烫金、图案模切、轧凹凸、塑封，甚至滚金边、倒圆角、打孔等辅助装帧设备都一应俱全，可以保证满足顾客提出的各种加工要求。

近10年来，书刊印刷企业一步一个脚印走上了印后加工自动化、联动线生产的道路，而包装印刷企业在印后多样化、自动化上做得更好。高档香烟的外包装在工艺应用上无所不用其极，烫金、凹凸、防伪应有尽有。在制盒成型工段，国际顶级的BOBST模切机、制盒机大量应用于生产，早已不是稀罕之物。承接药品包装、酒类包装、化妆品包装的印刷企业因为产品的附加值高、批量大，更是广泛使用先进的印后加工设备，形成自动化、联动线生产的比重很高。

我国印刷业在不太长的时间内就完成了印后加工设备本质上的提升，根本的动力在于市场的要求。20世纪90年代，图书装帧的严重滞后一度成为质量问题的焦点。各地新闻出版主管机构严令专业装订厂必须配备折页机及其他相应的装订机械加工设备。加之劳动力价格的逐年上升，使得大量使用人力以降低生产成本成为历史。面对越来越短的交货周期，只能依靠改进生产装备，向设备要效率，在提高质量上下功夫，才能参与更为激烈的市场竞争。因此，印后加工走上多样、自动化的过程，严格意义上讲是市场整合的结果，是一种必然。

印后多样、自动化的要求能在相对较短的周期内得以实现的另一个重要原因是国内印后机械制造厂为印后加工企业提供了物美价廉的设备。随着国内机械制造行业的重新整合，进入印后加工领域的专业机械厂商越来越多，新加盟的民营印后设备制造厂众多，竞争促进了行业整体水准的提高，促使产品价格逐步走低，所有企业都可以根据生产规模与实际需要从市场上采购到不同档次、不同价格的加工设备。

印后多样、自动化的要求能在相对较短的周期内得以实现，还因为中国印刷业已经更多地融入了国际印刷市场。在中国加入世界贸易组织（WTO）以后，生产出口产品的企业越来越多，产品出口对包装业提出了新的要求也赋予了新的机遇，海外的印刷产品委托国内印刷企业加工的越来越多，不少印后加工企业舍本取利，用自动化设备的投入，制作出更精美的产品，去赢得更大的市场份额。

三、印刷产业新技术

1. 色彩管理技术

在印刷生产工艺中，所有硬件设备（扫描仪、显示器、打印机、激光照排机、印刷机和其他输出设备）的解释和定义颜色的方式都不尽相同，在不同类型设备之间颜色信息的转换容易出现差错，无法保证系统之间交换文件的色彩保持一致。色彩管理的主要任务是解决图像在各种色彩空间上的数据转换问题，使图像的色彩在整个制作过程中失真最小。

色彩管理（Color Control）就是通过对所有设备间的差别进行管理、补偿和控制，以得到精确的可预测的色彩，保证在整个印刷系统中色彩传递的一致性。色彩管理的实质是在整个桌面出版系统中对色彩传递进行精确的控制与管理，达到完美的色彩复制效果。色彩管理能够使色彩再现与所使用的设备无关，即相同的色彩数据，用任何系统输入、输出，都会获得相同的色彩效果。色彩管理是选一个与设备无关的颜色参考空间，通过对整个系统的各个设备进行特征化描述，最后在各个设备的色空间中建立确定的对应关系。

色彩管理系统将色彩管理、控制技术和相应的软硬件成熟地结合起来，大大简化了彩色复制的难度，让技术不高或经验不足的使用者更容易、更准确、更迅速地实现高精度的色彩匹配。

2. 数字打样技术

数字打样（Digital Proofing）是把彩色桌面系统制作的页面（或印张）不经过任何形式的模拟手段，而是以电子文件的形式，通过数字打印机（喷墨、激光或其他方式）输出样张，以检查印前工序的图像页面质量，为印刷工序提供参考样张，并为用户提供可以签字付印的依据。

数字打样分为软打样和硬打样。硬打样采用数字打印机，软打样在显示屏上仿真印刷品显示效果的非纸质打样方法，直观方便，没有材料损耗，可异地送审。

数字打样是通过复杂的色彩管理软件，使输出的样张能再现与之配套的印刷样张，包括纸张、油墨和印刷适性等多方面的匹配和相似。先进的数字打样质量已经可以达到许多种印刷设备制作出样张的同样的精细程度。当印刷行业越来越多采用数字化CTP的工作流程时，数字打样系统可以与模拟系统相匹敌，完全模拟半色调网点的印刷效果。

数字打样的全数字系统特点是完全数字化控制，速度快，成本低，质量稳定，同时节省时间、材料和工作量，以及在工艺中的设计、打样和制版步骤中，可使用同样精确的数字信息。

3. 计算机直接制版技术

计算机直接制版（Computer to Plate，CTP）是指将计算机处理好的整版图文，通过计算机控制的激光直接输出到印版上曝光制版，去除了传统制版的分色胶片制片及印版晒版工艺。计算机直接制版技术在实现了数字化制版的同时，又保持了传统胶印印版的特性，既能满足高质量、高速度的要求，又能实现大幅面、大批量的印刷需求。

CTP制版技术依照不同工作原理、印版和制版设备，可以分为光敏制版技术、热敏制版技术和其他制版技术，各自都有突出的优点。

光敏印版制版是利用激光的集聚光束曝光光源，将计算机输出的图文信息通过物理或化学的方法转移到印版上。热敏印版制版是利用激光的集聚热作为成像热源，因此可以在黄光或滤除紫外线的日光下明室操作，其免冲洗印版成为人们期盼的更为环保的版材。喷墨型印版制版是通过喷墨的方式将特殊的亲墨纳米墨水直接打印至印版版基表面，从而实现图文的直接打印式"塑造"，在版基表面形成图文区（亲油）和非图文区（亲水）的差异，经固化后形成用于上机印刷的印版。

CTP制版具有四大优势：缩短印刷准备时间，充分提高印刷效率；加强网点控制，实现精品印刷；减少制版环节，节时省力，加快交货周期；加强工作流程管理。

4. 按需印刷技术

按需印刷（Printing on Demand，POD）是指按照用户的要求，依指定的地点和时间予以提供为目的，直接将所需资料的文件数据进行数码印刷、装订。POD是一种满足客户需求的印刷服务模式。

计算机排版与数码印刷联机处理，随时修改；数码打印可以异地完成纸质可视印刷样张；无版印刷无须批量重复印制，实现可见即可得；数码印刷可实现异地连锁快速、即时、随机生产；数码印刷联机装订实现同一产品多种装订形式；客户数据库联机实现可变数据打印发送；以更好的客户服务获得委托印刷服务费。

按需印刷应用于彩票、发票、支票、门票等有价证券，等级证书、资格证书，身份证、工作证、军官证等证件，宣传单、促销单等商业宣传品，广告、招贴等宣传品和信笺、信封、名片等印刷。

5. 高保真印刷技术

高保真印刷（Hi-Fi Printing）采用六色或七色印刷，使印刷色域范围比常规的四色印刷扩大 30% 以上，大大提高印刷品表现鲜艳明亮颜色的能力，印刷颜色阶调更加准确，表现出更多颜色深浅的变化，使印刷品的颜色更加丰富真实。亮度调整接近视觉明度，不但使印刷品暗调的色彩变化更加明显，而且印刷图像的立体感也增强。

高保真分色技术是高保真印刷的基础，也是高保真印刷技术的核心，是印刷质量的关键保证。由于高保真印刷采用多于四色的油墨来复制原稿，因此常规的四色分色方法已经不适合。采用高保真印刷工艺后，将对原稿进行超四色的多色分色。具体色数根据原稿的具体情况确定，不同油墨厂家的油墨产品特性值不同，由此建立的分色系统也有所差异。分色软件可以根据产品和印刷的需要建立不同的分色系统，已有六分色、七分色甚至更多的分色系统。

高保真印刷可支持企业实现彩色图像个性化效果的复制，还可以支持设计师实现印刷品的色彩防伪功能，帮助出版物或包装印刷品防止假冒。因此，高保真印刷不但可以实现优质优价，提高产品价值，还可以通过增加印刷品功能，进一步提高印刷品的附加值和利润率。但采用高保真印刷会使生产成本有所增加，对印刷生产工艺的技术要求也更高。

6. 组合印刷技术

组合印刷（Hybrid Printing）是指一条生产线上采用两种或两种以上不同的印刷工艺或印后加工方式进行生产，从而实现最佳的印刷效果和最经济的印刷生产。如在印刷中混合使用柔印、丝印、凸印、胶印工艺等多种印刷工艺，常见的组合印刷包括丝印、柔印、凸印和热烫印机组等。常用的组合印刷方式有：柔印+丝印+喷墨、丝印+凹印+凸印+后加工、柔印+凹印、柔印+胶印、柔印+丝印+凸印等。如柔印、胶印和丝印组合的标签印刷机，柔印用来完成实地或渐变多色印刷和涂布，胶印完成加网图像印刷，丝印用于标签上的相关色标或是文字印刷。如柔印/胶印、喷墨、丝印组合票据印刷机，柔印/胶印印刷文字和图案，喷墨进行可变数据印刷，丝印用于遮盖油墨印刷。

组合印刷能够实现不同印刷工艺效果的最优化，使印刷生产加工方便、节约成本、提高效率，还能满足防伪以及提高印刷品质量的要求，在票据、烟盒、酒盒等生产中广泛使用。

7. 数字印刷技术

数字印刷（Digital Printing）的基本原理是将原稿（图文数字信息）或数字媒体的数字信息，或从网络系统上接收的网络数字文件输出到计算机，在计算机上进行创意、修改、编排成为客户满意的数字化印刷版面信号，经 RIP 处理输出，成为相应的单色像素数字信号，传送至静电成像鼓上的激光控制器或喷墨控制器，在成像鼓表面或喷墨头形成隐形图文，由墨水或墨粉显影出图文，再转印到纸张等承印物上。

数字印刷与模拟印刷不同，它能够用数字技术组合印前、印刷和印后，是一个数字系统，非常适合短版印刷；数字印刷不同于数字化印刷，它不用印版，可以实现可变数据印刷，可以实现一张起印；数字印刷设备不同于数字打印机，它是一个工业化生产系统，在印刷速度、印刷质量（分辨率）、软件系统、设备价格等方面与数字打印机有天壤之别。

数字印刷根据其数字成像的物理或化学原理，可分为喷墨成像、静电照相成像、磁记录成像和热敏成像等。其中，喷墨成像技术和静电照相成像技术应用最多，是技术较为成熟、被广泛应用的数字印刷技术。

8. 功能印刷技术

功能印刷（Function of Printing）是指以直接或间接的方法，使功能性油墨转移至承印物上，而迅速大量复制的工艺技术。功能印刷质量并不涉及色彩产生的效果，而是涉及印刷品的物理或化学的性能。多指采用电子油墨、金属油墨、荧光油墨等，采用各种合适的印刷工艺进行的非可视功能印刷生产，如 RFID 智能卡的天线印刷、电子纸印刷、太阳能吸热屏印刷、电路板印刷等，取代原来的金属镶嵌、镀膜＋腐蚀的生产工艺，是近年来适应电子产品快速发展应运而生的新型印刷技术。

功能印刷技术主要是应用印刷技术的电子元器件和电子产品加工技术，实现了电子元器件的印刷方式制造生产，降低了电子加工成本，扩大了电子技术应用，同时也将印刷技术从可视领域扩展到功能应用领域，如 PCB 电路板印刷、OLED 有机发光二极管显示屏印刷、LCD、LED、RFID 智能卡天线印刷、太阳能电池板印刷、电子纸印刷、薄膜电池和传感器印刷等，被认为是以上电子产品低成本、柔性电子的解决方案。

9. 立体印刷技术

立体印刷（Three-dimensional Printing）是在平面多图像印刷品上复合凸透镜光栅，从而在二维平面上印刷图像呈现出三维立体图像的视觉效果。

新型的立体印刷新技术采用直接在光栅板背面印刷。首先，将数字摄影图像经过立体多像合成软件，制作出图像不同部分有前后视距，再采用计算机直接制版 CTP 技术和调频网点成像，获得精细印版，最后由高精度印刷设备在光栅板背面直接印制出立体图像。

立体印刷被应用于包装装潢产品、商业广告、科教卡通、明信片、贺年卡、防伪商标、吊牌、各类信用卡等，为印刷提供了创新的商机，更有多像立体画、动态立体画出现。

10. 喷墨印刷技术

喷墨印刷（Ink-Jet Printing）是将油墨以一定的速度从细微的喷嘴（直径一般在 30～50μm）喷射到承印物上，最后通过油墨与承印物的相互作用，使油墨在承印物上形成稳定影像。

喷墨印刷可以分为连续喷墨成像印刷和按需喷墨成像印刷。连续喷墨成像印刷又可分为连续喷墨、连续阵列喷墨、连续区域可调喷墨等；按需喷墨成像印刷可以分为热泡式按需喷墨、压电式按需喷墨等。

喷墨印刷是无版印刷（无须制版胶片、印版及设备），是按需印刷（只在需要的时候、位置印刷图文），也是非接触印刷（无须依靠印刷压力转移油墨）。喷墨印刷的优点包括：印刷网点精细（采用精细墨滴印刷），印刷质量好（数字信息直接控制图像生成、图像分辨率高），印刷效益好（印刷幅面大、印刷成本低），清洁环保绿色（大量采用 UV、水性、纳米油墨呈像），是一种有前景的印刷方式。

11. 防伪印刷技术

防伪印刷是为了达到防伪的目的而采取的，在一定范围内能准确鉴别真伪并不易被仿制和复制的技术。其中针对印刷品采用的防伪技术称为防伪印刷（Security Printing）技术，贯穿在印前、印刷、印后全流程中。

印前制作中，用安全防伪软件设计印刷图案，采用防止拷贝、复制的版纹设计防伪技术；在印刷工艺技术方面，可以用特殊设计的隔离墨斗，采用彩虹多色串印防伪技术；票面花纹的同一线条出现两种以上的颜色，采用多色接线防伪技术；印刷品正背印刷图案完全对准或者合成一个完整图案，采用双面对印防伪技术；货币或票据裁切后对边对接花纹组成完整图案，采用花纹对接防伪技术；利用胶印、凸印、凹印和丝印特点的组合印刷技术等。在印后技术中，可采用立体烫印防伪技术、激光全息定位烫印防伪技术、折光防伪技术等，以及一维条形码、二维码和数字水印等新型防伪印刷技术。

防伪印刷技术广泛应用在钞票、发票、烟包、酒标等印刷产品上。

12. 无水胶印技术

无水胶印（Waterless Offset Printing）是在平版上用斥墨的硅橡胶层作为印版空白部分，不再需要使用润版液保护非图像部分，并且需要采用特制油墨印刷的一种平印方式。

无水胶印技术去除了印刷过程中的水墨平衡控制，降低了印刷废品率，提高了生产效益；印版上不使用水，网点增大值减小，使印刷网点更锐利，能够达到更高线数和更大的反差；没有油墨乳化现象，使得印品墨色更加均匀、饱和度更高；提高印刷机的设备运转率和生产效率，能灵活应对小批量的生产；能适应更高套印精准度要求，满足低克重、大幅面、薄纸的印刷；不使用含有化学物质的润版液，生产过程更为绿色环保。

无水胶印技术要想得到快速推广，还需要跨越三道技术"门槛"，即专用印版、专用油墨及印刷设备的温度精准控制。

13. 无轴传动技术

无轴传动（Shaftless Drive）是指以相互独立的伺服电机驱动系统代替原有的机械长轴传动的传动方式，也被称为电子轴传动、虚拟电子轴传动、电子齿轮传动、独立驱动、无机械长轴传动等。

无轴传动系统是由中央控制台通过一定的控制方式对各个伺服模块进行同步控制，结合了同步驱动技术、电力电子学技术、计算机网络技术等的综合传动系统。无轴传动系统的各个传动轴在运动过程中不断接收电子主轴发送的数据，并将实时的运动参数反馈给机器控制器 PLC，再由控制器修正其运动参数返回给伺服电机，伺服电机的运动由软件程序控制。无轴传动系统的硬件主要由 PC 机、伺服电机、电机驱动器、运动控制器、执行机构等组成。

无轴传动系统具有简化机械结构、传动精度提高、配置灵活、使用便捷、操作方便、可实现远程诊断等优势。无轴传动系统的应用使得印刷机的设计更为简便，系统扩展更为容易，增强了机器的易操作性，降低了设备的维护成本。无轴传动系统已广泛应用在报纸卷筒纸胶印机、软包装凹印机、卡纸凹印机、柔性版印刷机、票据印刷机、单张纸胶印机等各类印刷设备上。

14. 3D 打印技术

3D 打印（3D Printing）是一种利用光固化和层叠加工技术的快速三维成型技术，它以数字模型文件为基础，运用粉末状金属或塑料高分子等可黏合材料，通过逐层打印的方式来构造复杂三维物体的方法。

3D 打印技术首先需要采用计算机立体建模，再用可塑树脂或可黏合材料等，采用喷墨成型技术，通过熔积成型打印生产出三维立体产品，是目前印刷从二维图像突破到三维立体产品的最新印刷技术。

3D 打印技术具有无模具制造，能直接从计算机图形数据中生成任何形状的零件，极大地缩短产品的研制周期，提高生产率和降低生产成本；可以制造出传统生产技术无法制造出的复杂内、外形零部件；采用加法成型，相比传统减法成型加工，打印出来的产品同样坚固但重量减轻60%；计算机虚拟成模、快速打印成型，类似数控加工，易于实现创意制造。可应用在模具、齿轮、凸轮、轴杆等机械构件；车模、建筑、玩具等各种模型制作；巧克力、蛋糕、糖果等食品成型和人体器官、血管、皮肤再造等生物制品制造的等领域。

15. 冷烫印技术

冷烫印（Koldfoil）技术是利用柔性版将 UV 胶水局部或满版刷印到纸带上，并与转移膜复合，再经过 UV 灯照射，黏合剂瞬间固化，再经过剥离，将转移膜上的激光层按照印版上的图案转移到纸带上，形成华丽的包装装潢效果。之所以称为冷烫印（冷转移），是因为它不需要对烫印版加热，有别于传统的热烫印。

与传统热烫印技术相比，冷烫印技术具有非常明显的优势，主要体现在：制版成本低（无须制作昂贵的金属烫印版）；烫印精度高（分辨率较高）；烫印图文面积大（冷烫箔幅宽大，与印刷机的幅宽相当，因此适合大面积图文的烫印）；适用基材范围更广（适用于烫印纸张、纸板等普通基材，对于受热易变形的薄膜材料等也能适用）；易于实现先烫后印（操作难度低，效率高，废品率低）；可实现连线生产，速度更快，效率更高。

16. 印刷智能化技术

印刷智能化（Printing Intelligentization）技术是指将印刷数字化技术与物联网、云计算、移动互联网、新一代信息化技术和先进的生产自动化技术深度融合，运用到印刷的业务管理、生产管理、印刷过程控制等整个经营活动中，以大幅提高生产服务效率、降低经营成本。

印刷智能化技术的优势有：消灭印刷工厂内部的信息孤岛（将印刷装备和软件系统应用统一格式文件进行信息交互，实现高效的生产协同）；整合业务管理信息流和生产技术信息流（整合企业的跨平台 ERP 系统和 PPF 文件两大信息流）；生产过程的信息智能处理和自动化控制（对海量数据进行实时反馈收集、数据的人工智能分析、自动形成精准的任务指令以及指令发布和自动控制生产）。

印刷智能化技术是印刷行业的努力方向，而印刷企业设备、生产流程、技术管理等的数字化、标准化、数据化则是实现印刷智能化的基础。

17. UV 印刷技术

UV 印刷（UV Printing）技术是指通过紫外光干燥来固化印刷品表面含有光敏剂的油墨，从而在印刷品表面形成一层极富光感和艺术效果的亮膜，印迹表面凸起，并具有弹性，能够较好地突出图文部分的细微层次和图文轮廓。

UV 印刷技术特点表现在：提高印刷质量（网点清晰、阶调再现好、墨色鲜艳光亮、印刷一致性高）；提高生产效率（通过光固化方式进行干燥，不需要热源、不含溶剂，墨层固化时间非常短）；工艺过程环保达标（UV 印刷的整个固化体系为无溶剂体系，不含 VOCs）；提高经济效益（UV 固化能耗低，生产运营成本降低）；印刷适性和耐抗性好（适合非吸收性表面的承印物，墨层具有较高的耐磨擦性能和耐化学性能）。

UV 油墨印刷领域主要有：非吸收性承印材料印刷（薄膜、镀铝纸、金银卡纸等）、金属承印材料印刷（如啤酒等两片罐、奶粉等三片罐）、商业票据印刷（如无碳复写纸、磁性油墨等）、包装装潢印刷（如烟盒、礼品盒等包装产品）。

在此领域的新型技术还有 UV-LED 技术，是指在紫外（UV）光谱区的发光二极管（LEDs）输出能量对油墨、黏合剂、涂布液和其他 UV 固化材料进行处理的技术。它是基于 LED 的半导体发射紫外光，通过 UV 光能量触发液体原材料聚合固化。UV-LED 固化技术消除了 UV 固化复杂的干燥冷却系统，可以应用于热敏基材；其光电转换效率高，可以节约 50%～70% 的电能；既不产生臭氧且不含金属汞，更加环保实用。

18. G7 印刷技术

G7（GRACOL 7）印刷技术是根据 GRACOL 7 标准而制定的一套新校准方法，其中的"G"代表需校正的灰色值，"7"代表在 ISO 12647—2 印刷标准中定义的 7 个基本色：Y、M、C、R、G、B 和 K。G7 印刷工艺是一种校正和控制 CMYK 图像处理的新方法，它取代了传统测量 CMYK 油墨梯尺的方法，只须测量两种灰度级，一个灰度级是仅用黑色油墨印刷得到的，另外一个灰度级是预先确定好比例的 CMY 叠印色。

G7 工艺的核心是无论使用何种承印物，都要求中间调灰的相对密度是 0.54，色度是（0-2），只要保证了中间调的密度和颜色，整个印刷品的阶调就能得到保证。另外，G7 工艺中增加了两个新的参数，分别来控制亮调和暗调。

G7 工艺的优势是通过曲线校正来产生一个与视觉一致的印刷外观。G7 工艺与所有新的印刷规范或者标准之间实现了印刷效果的"同貌"，任何基于 G7 的规范数据同其他基于G7工艺的数据都是共享的,从而达到了一个近似的灰度级视觉外观。这就意味着,虽然不可能让卷筒纸印刷机和单张纸印刷机印刷的产品效果一样,但是一个基于G7工艺的CMYK文件,可以在不同复制系统上的灰平衡和反差基本保持一致。所以,通过G7工艺建立的CMYK文件可以应用于不同印刷系统,或者说基于G7工艺建立起来的系统间传递数据是不需要考虑原文件来源的。

第五章
印刷产业设备发展

印刷设备一直被认为只是印刷生产的工具，但正是这个工具，能够提高印刷质量、印刷生产效率，使印刷真正成为产业，助推印刷生产，给印刷插上飞翔的翅膀。印刷产业发展的历史从来离不开印刷设备的发展，印刷设备的更新换代印证了印刷产业的历史变迁。

一、印刷设备的变迁与发展

1.印前设备

（1）铅字排版设备

中华人民共和国成立初期，中国印刷技术水平处于落后状态，印刷业仍然使用延续了几百年的铅排印刷技术。使用铅字铸版、排版，生产工序复杂，工艺流程长，还会造成铅污染。当时生产的铸字机都是单字自动铸字机，主要有 ZD-201 型、ZD-301 型、ZD-401 型铸字机。1977 年，上海新华印刷厂、陕西咸阳铸字机械厂和上海印刷技术研究所联合试制出 ZZP-101 型中文自动铸字机，并在上海新华印刷厂使用。图 5-1 为国产铸字机。

图 5-1　国产铸字机

随着印前技术的发展,铅字排版技术与设备于 20 世纪 80 年代末 90 年代初彻底退出了历史舞台。

（2）制版照相机

20 世纪 60 年代,我国开始使用照相制版技术。1961 年 8 月,上海劳动仪表厂试制成功国内第一台 HUZ-1A 型手动式照相排字机,标志着中文排版工艺由冷排工艺替代了传统的熔铅铸字的热排工艺。1962 年,江苏泰兴机器厂生产出木结构手动对开卧式制版照相机,并在 1963 年将木结构照相机改为金属结构。1969 年 6 月,上海中华印刷厂和复旦大学等单位共同研制出 ZZPJ-701 型照相排字机。同年,北京新华印刷厂、清华大学等单位研制出北京Ⅰ型、北京Ⅱ型照相排字机。1972 年由北京新华印刷厂、清华大学等单位合作研制成功第二代照相排字机。70 年代初,重庆印刷机械厂试制成功了 ZX201 型对开卧式照相机,并在 1977 年研制出 QFC 型强光源立式分色放大机,1978 年实现批量生产,主要用于透射原稿的分色放大复制。1977 年 10 月,上海印刷器材制造厂研制出 ZJD2 对开吊式自动对焦照相机,用于凹印、凸印工艺的照相分色、放大、缩小、加网等工作。1977 年 12 月,北京邮票厂和清华大学仪器系共同研制出的自动连续照相机通过鉴定并正式投产使用。图 5-2 为制版用卧式照相机。

图 5-2 制版用卧式照相机

随着科学技术的不断发展,20 世纪 80 年代末,照相制版技术与设备也逐渐销声匿迹。

（3）激光照排机

1974 年 8 月,我国开始研制激光照排机制造技术,即"748 工程"。1976 年,王选教授带领的攻关组跳过日本和欧美使用的第二代和第三代照排机,直接研制国外尚无产品的第四代激光照排系统。1981 年 7 月,华光Ⅰ型激光照排机通过国家鉴定;

1984年，华光Ⅱ型系统在新华社印刷厂试用；1985年，华光Ⅲ型激光照排机研制成功，并于1986年在各大报社印刷厂使用；1988年，华光Ⅳ型激光照排机批量生产，随后推出了华光Ⅴ型；1992年，方正、华光彩色报纸编排系统用于出版彩色印刷报纸，1993年华光Ⅵ型照排机问世。图5-3为激光照排原理图。

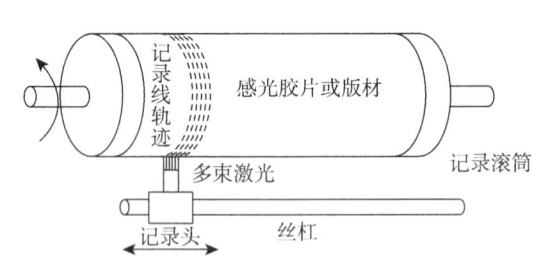

图 5-3　激光照排原理

此后，从华光Ⅳ型、Ⅴ型、Ⅵ型逐渐发展到方正91型、93型、整版传输等，从此中国激光照排进入了一个新的发展阶段。

（4）电子分色机

①电分机

从20世纪60年代开始，彩色制版开始采用电分机。1964年，北京新华印刷厂和北京外文印刷厂从联邦德国引进C187型电分机；1973年，北京新华印刷厂引进德国DC300型电分机。90代初，已有80%以上的北京印刷厂使用电子扫描技术，使用的电分机绝大多数是从德国、日本、英国等国进口设备，如德国海尔的DC300、DC299；日本网屏的SG601、SG701；英国的M450、M550、M656等电分机。

我国从1973年开始研制电分机，1977年第一代国产电分机研制成功，如北京生产的DFS-1型、上海生产的DFS-A型电分机；1979年研制出PDF-771型第二代国产电分机；1982年研制出PDF-802型第三代国产电分机；随后，研制出PDF-802G型第四代国产电分机。从1983年开始，研制的PDF-823J型电分机已是微型计算机控制的电分机。1985年，北京科学仪器厂引进德国海尔公司C399ER型电分机制造技术，进行进口部件组装。此后，中国印刷科学技术研究所自行研制的PDF-823A普及型电分机也在西北光学仪器厂试制成功。图5-4为电子分色机。

②扫描仪

20世纪80年代，我国的彩色印前系统多采用滚筒式扫描仪进行分色，其设备主要是从网屏、海德堡、富士胶片等公司购买。1989年，平台式扫描仪进入中国市场。1992年清华紫光集团推出世界第一台具有硬件图像压缩功能的彩色平台系列扫描仪——紫光（TH）系列扫描仪。1996年又推出了紫光Uniscan扫描仪，1997年建立了扫描仪国产化生产基地。2000年8月18日，北大方正正式进军国内扫描仪市场，成为国内第二家扫描仪生产厂商，同时推出了F6180和F8180两款扫描仪。2001年，清华紫光集团的紫光Uniscan2400U扫描仪大幅降价，使扫描仪应用得到了迅速普及。此时，UniscanC2880的光学分辨率已可达4800dpi。近年来，国产平台式扫描仪已基本占据市场主导地位，无论产品销量、质量和技术均已达到世界先进水平。图 5-5 为平台式扫描仪。

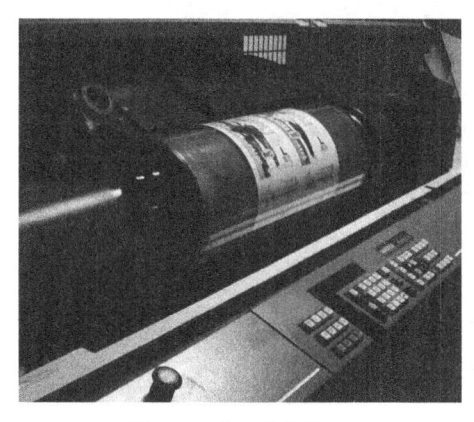

图 5-4　电子分色机

图 5-5　平台式扫描仪

（5）桌面出版系统

1986 年，桌面出版系统出现，它是由 Aldus 公司的 PageMaker 1.0 软件、MacPlus 计算机和 LaserWrite 台式激光打印机，以及 Adobe 公司的 PostScript 操作语言相结合的产物。

1991 年，国内成功开发出北大方正彩色电子出版系统。1992 年，"方正彩色电子出版系统"发行彩色版成功。1994 年年初，潍坊华光集团公司推出华光Ⅵ型电子出版系统。1994 年 4 月，中外合资卓夫尖端电脑科技有限公司和加拿大顶尖科技有限公司联合推出了中文彩色桌面出版系统——尖端系统，该系统采用世界上第一套单字节中文处理技术，是与西方软件技术完全兼容的全开放式系统。1994 年，北京国际电子出版展览会（BIEP）上展出了中文彩色桌面出版系统——尖端系统，以及希迪彩色出版系统——CTD 彩色出版系统。1995 年，北大方正同北京新华印刷厂合作开发彩色桌面出版系统，标志着图像处理已由电子分色阶段进入完全以微型计算机为主机的文图兼容处理的新阶段。1998 年，清华紫光集团推出彩色电子出版系统——UniPress。2000 年，北大方正推出了基于 Internet 的全数字化报业生产流程管理系统、电子图书出版系统、印前领域全数字化工作流程系统。

桌面出版系统的发展，使印前技术不再局限于印刷厂生产中，开始进入出版社，从而有力地推动了印前的数字化进程。

（6）CTP 设备

1995 年的德国 Drupa 展会首次大规模展示了 CTP 制版技术。2001 年，我国第一台 CTP 制版设备在沈阳市博集科技研究所研制成功，随后有多家厂商启动 CTP 制版设备的研制，如保利特、方正电子、深圳大族、科雷、豹驰、中印周晋、乐凯二胶等。2006 年，杭州科雷公司试制成功第一台 CTP 制版设备。2007 年，科雷推出了具有自主知识产权的雷霸热敏 CTP 设备；龙马推出了第一台 CTdP 制版设备；中印周晋科技推出了畅享 800M/A 型热敏 CTP 制版设备；豹驰开始生产 Leopard800 热敏 CTP 系统，方正推出雕龙紫激光 CTP 制版设备。图 5-6 为科雷 CTP 制版机。

图 5-6　科雷 CTP 制版机

目前，CTP 技术已全面取代传统制版技术，在出版物印刷、包装印刷及商业印刷中都已得到广泛应用。

2. 印刷设备

（1）柔性版印刷设备

柔性版印刷属于凸印的范畴，是在最古老的铅版凸印基础上，把硬质的铅版改为柔性的橡胶版或树脂版来进行印刷。柔性版印刷于 1905 年诞生，至今已经有 110 多年的历史。最初柔性版印刷是采用橡皮凸版和苯胺油墨印刷，故称为苯胺印刷。1952 年 10 月 22 日，在第四届国际包装大会上通过决议，将苯胺印刷更名为柔性版印刷。

我国的柔性版印刷起步较晚。20 世纪 70 年代，我国使用层叠式柔性版印刷机进行生产，主要印刷色块、线条、文字和粗网线图像。80 年代初，我国从德国、意大利引进卫星式柔性版印刷机，1989 年和 1996 年上海第三印刷机械厂和陕西北人印刷机械有限公司分别开始试制卫星式柔性版印刷机，但均没有批量投产。直到 2007 年，西安航天华阳印刷包装设备有限公司将其试制成功并批量投产。1979 年，上海外贸印刷厂引进美国麦安迪机组式柔性版印刷机，1998 年，国内开始开发机组式柔性版印刷机，西安黑牛机械有限公司开发并生产出这种机型。目前，我国虽然也进口部分高速度、高精度的柔性版印刷机，但国内已经能够自主生产层叠式、卫星式和机组式柔性版印刷机的所有类型，不仅能够满足国内市场需求，还有能力供给海外市场。2018 年，我国柔性版印刷机出口了 1249 台。多年来，国内柔性版印刷机主要用于包装印刷和标签印刷领域。近年来，北人智能、上海高斯、青州意高发等企业已经开始研发书刊用柔性版印刷机。图 5-7 为机组式柔性版印刷机。

（2）平版胶印设备

平版胶印设备是平版印刷中最重要的设备。平版胶印设备发明于 1904 年，虽然只有 100 多年的历史，但它已经成为印刷生产中最为重要的工艺设备。

20 世纪 50 年代，我国开始生产少量手续纸胶印机，印刷机速度仅有 2500 张/小时。50 年代末到 60 年代初，开始将手工给纸改为自动给纸，印刷机速度提高到 4000

图 5-7　机组式柔性版印刷机

张/小时。1963 年和 1974 年，北京人民机器厂分别研制成功我国第一台自动对开双色胶印机和第一台水平 B-B 式卷筒纸四色胶印机；1974 年，上海人民机器厂生产出彩色报纸卷筒纸胶印机；1981 年和 1986 年，北京人民机器厂又开发出我国第一台单张纸对开双面单色胶印机和我国第一台单张纸四色胶印机；1989 年，上海人民机器厂也开始生产单张纸四色胶印机。随着我国胶印机制造水平的不断提高，对开单张纸四色胶印机的印刷速度也不断刷新，从 15000 张/小时提高到 18000 张/小时；能够生产各种不同印刷幅面的胶印机，从八开、四开、对开到全张，甚至是超大幅面（如纸张最大幅宽为 1620mm）的完整系列单张纸多色胶印机；不仅能够完成高质量印刷，还能够联线多种工艺和机组，可以增加专色、UV 上光、烘干、冷烫印、打码等专用机组。卷筒纸胶印机的制造能力也不断提升，报纸卷筒纸印刷机的印刷速度从最初的 25000 对开张/小时，发展到今天的 75000 对开张/小时；无轴驱动、自动上版、自动接纸等技术在书刊、报纸和商业卷筒纸胶印机上普遍应用，大大节省了生产时间，降低了废品率。图 5-8 为国产单张纸双面胶印机。

尽管从中华人民共和国成立初期到现在，我国的平版胶印设备制造技术已经有了长足进步，但几十年中，特别是改革开放以来，中国经济、文化的快速发展，对平版胶印产品的需求极大，国产胶印机的制造水平还无法完全满足印刷企业的需求，高端胶印设备制造水平与国外还存在差距。1998—2017 年的 20 年间，我国进口了 22709 台胶印机，仅 2018 年进口的单张纸四色及以上胶印机就有 1088 台。

（3）凹版印刷设备

凹版印刷技术分雕刻凹印和照相凹印。雕刻凹版产生于 15 世纪中叶，由意大利人发明。直到 19 世纪初，欧洲人才开始用雕刻凹版印刷名画。机械雕刻凹印机于 1908 年传入我国，最早引进的是美国的"万能雕刻机"全套设备及打样机和试印机等，用

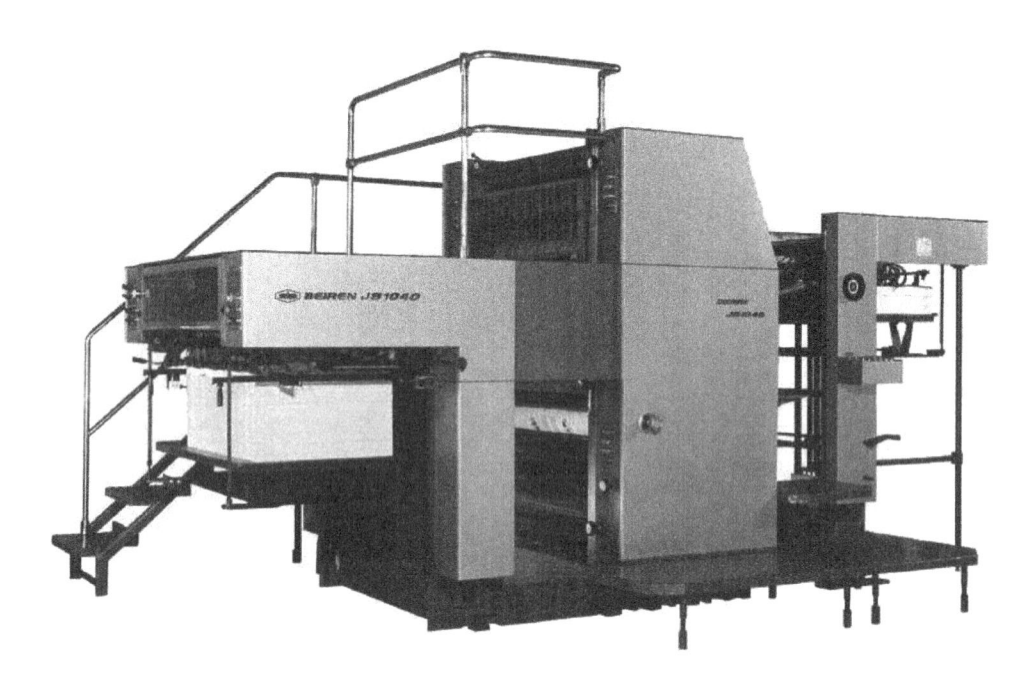

图 5-8　国产单张纸双面胶印机

于印刷一元、五元、十元、百元四种大清银行钞券。1923 年，商务印书馆引进了国外的轮转凹版印刷机；1925 年，商务印书馆又购买了国外的彩色照相凹印设备。

20 世纪 70 年代，我国开始自行研制和生产凹版印刷设备；1974 年，北京人民机器厂研制成功我国第一台机组式纸张凹版印刷机；1997 年，陕西北人印刷机械有限公司研制成功我国第一台机组式软包装用凹版印刷机；2003 年，陕西北人印刷机械有限公司、中山松德包装机械有限公司先后推出了速度达 300 m/min 的无轴传动凹版印刷机，标志着我国凹版印刷设备的制造水平有了较大的提高。图 5-9 为陕西北人凹版印刷机。

图 5-9　陕西北人凹版印刷机

目前，尽管国内印刷企业也会引进一些国外高端凹版印刷机，但实际上，我国已经能够生产各种档次的凹版印刷机并批量供应市场，产品综合技术水平已经接近或达到世界先进水平，基本可以满足国内需求并有部分出口。

（4）数字印刷设备

1938年，美国一位专利律师Chester F. Carlson进行"静电图像"研究，发明了电子照相（静电印刷）技术，并申请了专利。1949年，施乐推出世界上第一台商用复印机Model A。1973年，全球第一台Xerox 6500普通纸彩色复印机面世。1976年，IBM公司推出第一台商用激光打印机Model 3700。20世纪80—90年代，数字印刷设备在印刷领域逐步发展起来。

①喷墨数字印刷机

1987年，惠普开发了热发泡喷墨打印技术，并将HP Thinkjet设备投放市场，喷墨印刷开始得到发展。同期，佳能推出BJ80热发泡喷墨打印机。1987年惠普推出了第一台HP Paintjet彩色喷墨打印机。

20世纪90年代，我国使用的喷墨印刷机主要依靠进口。90年代中后期开始研制国产喷墨印刷设备，最早开发的喷墨数字印刷设备是大幅面喷墨打印机（喷绘机）。1998年，深圳市润天智图像技术有限公司研制成功彩神Flora-3204喷绘机；2003年，研制成功UV平板喷绘机；后又推出F1-180UV平卷通用型宽幅喷绘机。1993年，沈阳飞行船数码喷印设备有限公司进入喷绘制作市场，生产了飞图同步双面喷绘机、盘龙异步双面高精喷绘机、天工UV平面喷绘机、滚筒式多功能数字印刷机和高速滚筒数字印花机。2005年，方正电子开始研发喷墨印刷机；2008年，正式发布方正桀鹰H300和方正桀鹰L1000喷墨印刷机；2009年，方正桀鹰C4200宽幅彩色喷墨数字印刷机面市；2019年，方正桀鹰智能喷墨生产线和基于"云服务与喷墨技术"的数字出版印刷整体解决方案正式发布。此外，无锡宝南推出卷筒纸喷墨数字书刊印刷机；天津长荣、大恒图像等企业推出单张纸数字喷墨印刷机；还有一些企业推出数字标签印刷机。苏州锐发打印技术有限公司发布了工业级热发泡喷墨打印头，并开始产业化生产。图5-10为方正桀鹰喷墨数字印刷机。

图5-10 方正桀鹰喷墨数字印刷机

经过多年的努力，我国的喷墨印刷设备生产取得了重大进展。目前我国生产的喷墨设备主要有喷墨印刷机（商业、出版、包装印刷）、大幅面喷墨打印机（广告、灯箱打印）、办公用喷墨打印机、喷墨印花机（布匹印花）、喷墨制版机（CTP）和 3D 打印机等。

②静电成像数字印刷机

在世界范围内，静电成像数字印刷设备是使用较早、技术较为成熟的数字印刷设备，具有印刷质量较好、稳定可靠、使用较为广泛等优点，但同时也存在印刷幅面较小、印刷速度不够高、彩色图像印刷分辨率不易提高和色彩再现不理想等问题。目前，我国应用的静电成像数字印刷机全部依靠进口，没有国内生产厂商研发。

3. 印后设备

（1）切纸机

20 世纪 80 年代初期，切纸机基本上都是上海切纸机械厂（申威达前身）生产的飞达牌 DQ103、DQ202 等机械式切纸机。到了 80 年代中期，上海切纸机械厂研发出 QZ104、QZ205 等液压切纸机。1984 年，上海申威达公司研制出了 QZK920 型微机程控切纸机，1986—1988 年，先后研制成功 QZK1150 型、QZK1300 型和 QZK1550 型微机程控切纸机，这一机型已成为国际一流的切纸机产品。近几年，德阳利通印刷机械有限公司、国望机械集团有限公司和国威科技有限公司在切纸机生产领域都取得了飞速发展。图 5-11 为上海申威达切纸机。

图 5-11　上海申威达切纸机

（2）折页机

20 世纪 50 年代初期，我国使用的折页机主要是从当时东德引进的。50—70 年代，我国主要生产刀式折页机，其产品主要有全张刀式折页机 ZY101、ZY104 和对开刀式折页机 ZYH660。90 年代初期，开始进入二次开发；到 90 年代中期，进入自主研发时期。直至今天，折页机的品种不断增多，有各种规格（如 780、670、660、490）、不同折页工艺（如混合式、全栅式等）、各种功能（如平行折、交叉折、风琴折、单联、双联等）、不同速度（如 160m/min、180m/min）的各种性能折页机。其生产厂家也不断增多，如长印、新印（香港巨天）、玉印、上海紫宏、北人力顺、胜利伟业、长沙奥托等。2005—2008 年，国产折页机的生产和销售达到顶峰，我国的折页机生产厂家多达十几家，国产折页机已经占据了国内折页机市场份额的 90% 以上。同时，国产折页机在技术上也迎来突破。湖南新邵印刷机器有限公司生产的 ZYH660C 混合式折页机获得国家专利。上海紫宏机械有限公司的折页机系列获得了美国 FMRC 国际认证机构颁发的 ISO 9001 国际质量体系认证证书。近几年，随着国内折页机市场的持续低迷和二手进口折页机的不断涌入，国产折页机面临着巨大压力和挑战。图 5-12 为国产折页机。

图 5-12　国产折页机

（3）配页机

我国在 20 世纪 50 年代初期从当时的东德引进了几台配页机，主要是钳式（对钳夹）、单叼（速度在 55～60 转/min），以上两种在贮帖时均采用人工贮帖。60 年代末到 70 年代中期，我国开始自己生产辊式单叼配页机，如上海订书机械厂（上海紫光机械有限公司前身）生产的 PY02 辊式配页机，四川宜宾印刷机械厂也生产机械辊式配页机（也称排书机）。2001 年，黄晶印刷机械公司（北人与日本 TSK 合资公司）推出 TH 系列自动高速配页粘页机。21 世纪初期，我国配页机得到了快速发展，上海紫光、深圳精密达、北人 TSK 等都推出了带有加速装置、计算机厚度检测、光电错帖检测的先进配页机。图 5-13 为书刊配页机。

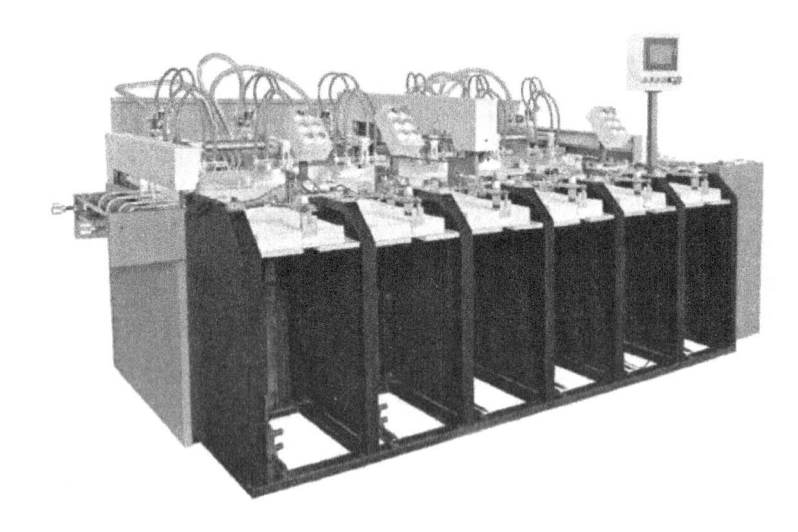

图 5-13　书刊配页机

（4）骑马装订联动线

国内从 20 世纪 60 年代就开始研究骑马订联动机，如上海订书机械厂研制的 PDQ-O2 型骑马联动装订机。由于我国骑马装订联动线的市场需求量大，在初期十几年中吸引了 10 多家企业进行投资、生产，2013 年达到发展顶峰，国产骑马装订联动线成为国内骑马装订联动线市场的主力军。上海紫光机械有限公司生产的 NOVA12 骑马装订联动线、深圳精密达机械有限公司生产的 Rose-12000 型骑马订联动线，安徽华印机电股份有限公司生产的 Stitchhero SH300 骑马装订联动机等，生产速度都已经达到 12000 本 / 小时，自动化控制水平及加工幅面等技术参数与国际一线品牌的差距越来越小。图 5-14 所示为骑马订书机。

图 5-14　骑马订书机

（5）胶装联动线

20世纪60年代中后期，我国还是采用半机械方式进行书册无线胶订加工。70年代中期，我国自己制造了胶订联动线，如北京人民机器厂的DJ01平装胶订联动机、商丘印刷机械厂的PRD-02型平装无线胶订联动机等。80年代中后期开始，为了满足印刷企业的生产需求，我国引进了一定数量的胶订单机和联动生产线。与此同时，我国开始大批量生产制造胶订单机和联动生产线。目前，国内有近20家企业生产单机、半线和整条胶装联动线。国内最早涉足胶装联动线生产的企业是上海紫光，其生产的ZXJD450/25平装胶订联动线是为平装书籍的装订而开发的大型印后装订设备。2003年前后，北人集团公司采用OEM的方式，与日本TSK株式会社进行合作，推出了TM20自动高速无线胶订机、北人-TSK全电脑高速胶订联动线。2015年年底，平湖英厚机械有限公司和德国沃伦贝格公司牵手，开发了星际13000高速胶订联动线。深圳精密达公司生产的Cambridge（剑桥）-12000胶装联动线已接近甚至达到了国际先进水平。图5-15为精密达胶装联动线。

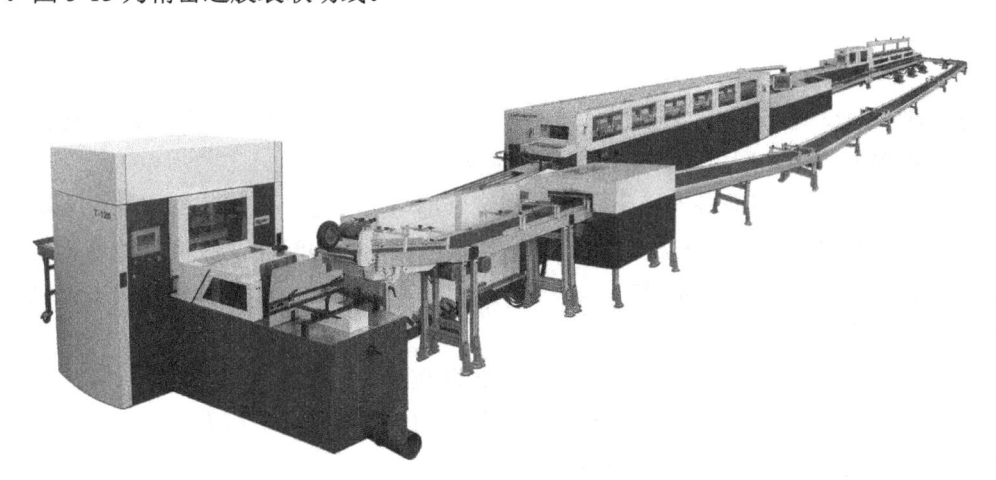

图 5-15　精密达胶装联动线

二、中国印刷设备制造业发展

1. 近代中国印刷机械制造业

19世纪初，尤其是鸦片战争之后，西方近代印刷技术较为迅速地传入中国，西方传教士在中国建立了为数众多的印刷机构，大量印刷机械设备也随之进入中国。大量印刷机械的使用，急需机械维修业的配合与支持，造就了一批印刷机械修造厂的诞生。

中国最早创建的印刷机械厂是1895年在上海建立的李涌昌机器厂。到1912年前，又有贻来牟铁工厂、公义昌机器厂、曹兴昌机器厂等7家从事印刷机修配业务的机械厂面世。其中，除贻来牟铁工厂于1907年建于北京外，其余6家均设在上海。这些印刷机械厂规模虽小，但却是中国印刷设备及器材工业的发端，为中国近代印刷设备器材工业的形成和发展奠定了最初的基础。

从1912年中华民国建立起，到1937年日本大规模侵华和中国人民抗日战争全面爆发的20多年间，也是中国近代印刷业加速崛起的时期。上海、北京、广州、青岛、长沙、长春等地相继建立起一批印刷机械厂，中国近代印刷设备器材工业得到了初步的发展。到1937年，全国各地建立的印刷机械厂已达30余家。这些印刷机械厂虽多数规模较小，但也有一些具备了较好的印刷机械生产能力，如隶属于商务印书馆的上海华东机器制造厂、魏聚成机器厂、顺昌机器厂、姚公记机器厂、明精机器厂等，当时已经能够生产出速度达1800张/小时的铅版印刷机，以及三面刀切书机、订书机、浇版机、铸字机等用于制版、印刷和装订及辅助印刷的机械30多种。

2. 计划经济下的发展

从中华人民共和国成立初期到改革开放以前，我国印刷设备制造业以计划经济为主，其发展目标是满足国内印刷需要，主要面向出版物印刷。如果按照印刷设备的发展特点，可以将计划经济的30年时间划分为三个主要发展阶段。

（1）第一个发展阶段

这一时期是从1949—1956年。中华人民共和国成立时，全国仅有65家小的印刷设备制造企业，人员仅有318人，年产印刷机械47吨。中华人民共和国成立初期阶段，主要是对中国印刷机械行业进行社会主义改造。

1949年上海市将上海人民印刷厂机械维修部与上海造币厂机修部合并，名称为上海人民印刷厂铁工分厂，职工63人，生产印刷机械附件和配件，1954年改名为上海人民铁工厂，生产二回转凸版印刷机。1958年上海人民铁工厂与公私合营的中钢机器二厂合并，成立了上海人民机器厂。

1952年北京市将22家铁加工工厂合并为北京市人民机器总厂，职工874人，生产平台印刷机、手摇铸字机、裁纸机、订书机等。1953年，北京市人民机器总厂由第一机械工业部管理，改名为北京人民机器厂。

1956年公私合营，私有小型印刷机械企业被大量合并，成立了一批公私合营的印刷机械企业。上海市几十家私营小厂组合成立了中钢机器二厂、和丰涌印刷机材料制造厂、建业义华机器厂、扬子江机器厂、万年机器厂、谦信机器厂、瑞泰机器厂、德昌机器厂等公私合营企业；哈尔滨市8家私营小厂组建了公私合营哈尔滨市印刷机械修造厂；长春市18家私营小厂合并组成了公私合营长春市新光印刷机械厂。

这一发展阶段，中国印刷机械得到了很大的发展，1956年中国年产印刷机械903吨，已是1949年的19倍。

（2）第二个发展阶段

这一时期是从1956—1966年。经过社会主义改造后，印刷机械制造业得到了快速发展，以仿制为主要研发模式的印刷机械产品有了较好的生产能力。

1952年，上海私营精成机械厂试制出全国第一台LB401（RP-64）型卷筒纸报版轮转印刷机，同年试制成功了500吨压纸型机及制版辅机。1957年，公私合营中钢机器二厂试制出了SL201型书刊卷筒纸印刷机。1956—1966年，北京人民机器厂试制成功 TZ202 型对开平台印刷机、TE102 型全张自动二回转平台印刷机、TP1101 型全张单面轮转印刷机、LB404 型报版轮转印刷机、ZY102 型刀式折页机、QS-01 型三面切书机、J2201 型对开双色胶印机。1958—1966 年，上海人民机器厂试制成功了 LB203 型报版轮转印刷机、LB2405 型双层两组报版轮转印刷机、LB4405 双层四组报版轮转印刷机、W1101 型全张凹版印刷机及 7 种辅机。

在这一阶段，我国印刷机械得到了快速发展。1949—1965 年，全国生产印刷机械 25062 吨，标志着中国印刷机械设计和制造从无到有，为后来的发展打下了基础。

（3）第三个发展阶段

这一时期是从 1966—1976 年。大量出版物印刷的需要，促使与印刷产品相关的印刷机械制造工业得到了很大的发展。

1967 年，第一机械工业部决定投资新建咸阳铸字机械厂、陕西印刷机器厂、湖南印刷机器厂 3 个新的印刷设备制造厂。1968 年，决定投资改建扩建太行印刷机械厂、平凉印刷机械厂、宜宾印刷机械厂、商丘印刷机械厂、新邵印刷机械厂、重庆印刷机械厂、北京人民机器厂（铸造车间）7 个印刷机械厂。在这期间，各地也自行转产筹建了一批印刷机械制造厂。

这一时期，上海人民机器厂试制成功了 LB205 微型报版轮转机；北京人民机器厂试制成功了 J2106（J2108A）型对开单色胶印机、DJ01 型平装书胶订联动机、AJ401 型卷筒纸四色单面凹印机；太行印刷机械厂研制出 4050 晾纸机；营口印刷设备厂研制出 WF405 无粉腐蚀机、STP801 型树脂版涂布曝光机、SC401 树脂版冲洗机、ST401 树脂版涂布机；上海第一印刷机械厂研制出 TE105 全张自动二回转平台印刷机、TY401 型四开一回转平台印刷机、TY4201 型四开双色平台印刷机；陕西印刷机器厂研制出 BX741 型单面四色双面双色塑料薄膜印刷机；上海订书机械厂研制出 PDQ-02 型骑马联动订书机；上海第三印刷机械厂研制出 5SWJ 型 5 色凹版邮票轮转印刷机；威海印刷机械厂研制出 TZ202-A-1 型对开停回转印刷机；宜宾印刷机械厂研制出 PY440E 型辊式配页机；淄博印刷机械厂研制出 ZX103A 型全张吊式照相机；上海切纸机械厂研制出 QZ104 型液压切纸机、QZ-02 型三面切书机；长春印刷机械厂研制出 QZH1-1A 型全张切纸机、ZX201 型对开高速折页机、PY03 型双层辊式配页机；哈尔滨印刷机械厂研制出 TZ401 型四开停回转印刷机、TZ201 型对开停回转印刷机；郴州印刷机械厂试制成功了 ZD201 型单字自动铸字机等。

截至 1975 年年底，全国印刷机械制造厂发展到 50 家，职工 24000 多人，为中国印刷行业提供印刷机械 62694 台，重量达 114049 吨。

这一时期是印刷机械研发的高峰期，对包括电子分色机、自动照相排字机、电子刻版机、自动铸字机等印前设备，双面四色卷筒纸胶印轮转机、彩色报纸胶印卷筒纸印刷机等印刷设备，全自动切纸机等一系列装订、整饰印后加工设备，密度计等重要测试仪器进行了技术改造，取得了一系列成果。如上海订书机械厂 JKZ-01 型书籍精装自动线；上海人民机器厂彩色报纸胶印轮转机；北京人民机器厂双面四色卷筒胶印轮转机及 LP1103 型薄凸版轮转印刷机；湖南印刷机器厂 TLB2402 型立式彩色胶印轮转机及 BF01 型报纸堆积分发机，商丘印刷机械厂 PRD-02 型平装无线热熔胶订联动机及 DPT-01 型订包烫联动机，北京仪器厂电子分色机样机，重庆印刷机械厂 QFC 型立式分色放大机，上海印刷器材厂 CX2 型对开胶片冲洗机，淄博印刷机械厂 YX101 型预感光版显影机，新邵印刷机械厂塑料线锁线折页机，长春印刷机械厂 BT201 型双联包烫机，广州金星仪器厂透射、反射彩色密度计，机械部通用机械研究所光机式自动照排机，上海劳动仪表厂手动照排机等。这些产品填补了我国印刷机械产品的空白，通过产品研发培育了技术力量，为我国印刷机械制造工业打下了研究开发的基础。

中华人民共和国成立后的 30 年，中国印刷机械制造工业基本上实现了以铅印为主要特征的近代印刷工业所需要的机械装备的自我制造。尽管这一时期主要以仿制为主，自主知识产权的产品和技术还不充分，但却建立起了完整的印刷工业制造体系，为以后的发展奠定了雄厚基础。

3. 改革开放后的发展

改革开放以后，中国由计划经济转向市场经济，印刷工业遵循优胜劣汰的市场规律，以适应市场需求为目标，不断改进、提高产品的性能和质量，拓展国内外产品市场，印刷设备制造业在迅猛发展的同时也经历了重大的变革。按照印刷设备发展的特点，这一时期中国印刷设备制造业的发展可分为四个关键节点。

（1）"16 字"方针指导下的设备发展

1982 年 8 月，为实现"振兴印刷工业的任务"，中央宣传部和原国家经济委员会指派范慕韩同志组建国家经委印刷技术装备协调小组并任组长。协调小组由原国家经济委员会、机械部、原电子工业部、化学工业部、轻工业部、文化部、中国科学院等部门的领导组成。协调小组组织各部门研究制订发展我国印刷技术装备"六五"后三年、"七五"规划，提出以"自动照排、电子分色、胶印印刷、装订联动"等关键技术为目标，按照系统工程的原则解决印刷工艺所需设备和器材的品种、质量水平和成套问题。在修订"七五"计划时，最终形成了"激光照排，电子分色，胶印印刷，装订联动"的"16 字"发展方针。

在"16 字"方针指导下，我国实现了"汉字信息处理技术"的突破和汉字激光照排机的研制成功。通过大量引进国外先进的电子分色机和国内自主研制的电子分色机，使印前系统向数字化技术迈进了一大步。同时，随着国内胶印设备技术的不断进步，大量单色、双色、双面单张纸胶印机及卷筒纸胶印机不断推向市场，到 20 世纪 80 年代后期，北京人民机器厂、上海人民机器厂研制的国产单张纸四色胶印机使印刷胶印化的目标得以实现。而印后装订设备在此前也主要是以单机为主，80 年代中后期开始，为了满足生产需求，我国引进了一定数量的胶订联动生产线，并开始研发国产胶订单机和联动生产线，只是这一阶段，大量印刷企业的装订设备仍使用大量单机，一些特殊工序甚至只能用人工完成。

"16 字"发展方针对于我国印刷装备的技术改造具有极强的指导性和实用性，为我国印刷业彻底淘汰铅排、铅印，全面普及照排胶印，并向高速、优质、数字化、自动化方向发展指明了路径。

（2）第二次印刷技术革命的影响

1992年，王选教授领导研制的汉字激光照排系统取得成功，随后CCD计算机数字化分色得到推广应用，实现了图像、文字统一的计算机组版，给出了全数字化的版面文件。这一成功在中国引发了第二次印刷技术革命，实现了排版数字化，为印刷全过程数字化创造了前提条件。伴随着铅字的废除，印刷行业告别了"铅与火"，铸字机、铸排机、纸型机相继消失，电子分色机、自动及半自动照相排字机、程控制版照相机等也逐渐退出历史舞台。技术改变世界，第二次印刷技术革命也改变了印刷行业的格局，印刷厂的排版车间不断萎缩并逐渐消失，与铅字、照相排字有关技术的装备制造厂，如咸阳铸字机厂、吉林光学仪器厂、重庆印刷机械厂、无锡照相排字机厂、上海印刷器材制造厂、上海光学机械厂、泰兴仪器厂、北京仪器厂等，不得不关闭或转产。

激光照排系统引发的印刷技术革命还远未结束，随着印前制版的数字化，数字化系统控制下自动完成印刷及印后过程的数字印刷设备的出现，数字化应用正在由印前领域扩展到印刷的全过程。

（3）"28字"方针带来印刷设备革命

1998年3月，原国家经济贸易委员会技改司下文委托中国印刷及设备器材工业协会研究论证印刷专项产品结构调整方向及重点，为了保证课题研究的顺利进行，协会秘书处研究了实施计划，决定成立课题领导小组。4月21—23日，中国印刷及设备器材工业协会在京召开了全国印刷专项课题论证会。会议认为，为了确定我国印刷工业"九五"后三年至2010年的发展方向和重点，提出一个概括性强、方向明确而又切实可行的指导方针是十分必要的。经过认真反复的讨论和比较，最后确定了28个字的指导方针，即"印前数字、网络化，印刷多色、高效化，印后精美、自动化，器材高质、系列化"。在"28字"方针的指引下，印前、印刷、印后及器材方面得到快速而科学的发展，不仅有力地推动了我国印刷设备及器材工业的发展，而且对整个印刷业的技术进步起到了重大的引导作用。

印前数字化、网络化。计算机和互联网技术发展到今天，网络化已经体现在印刷的整个流程，如印刷业务通过网络以及数字化工作流程进行印刷，印刷厂通过网络向印刷客户提供全面服务。网络系统使生产全过程实现资源共享，大大提高了生产效率。印前数字网络化的重要标志是计算机直接制版（CTP）技术的全面推广应用。1995年中国香港引进第一台计算机直接制版机（CTP），1998年中国内地引进第一台CTP。21世纪初中国开始自行研制CTP设备，到2004年前后中国推出的国产CTP设备已基本满足国内市场需求。而近年，国产CTP设备的技术已与国际最高水平不相上下，印刷企业配备的国产CTP设备数量已超过进口设备，国产CTP设备已经进入国际市场。

印刷多色、高效化。20世纪80—90年代，印刷企业大量采购多色印刷机以提高印刷产品质量，以胶印机为例，多色卷筒纸新闻印刷机的使用，使国内彩色报纸得以普及；单张纸多色胶印机的应用，提升了印刷品的档次。这一时期，为了快速实现彩色印刷，我国大量进口了海德堡、罗兰、高宝、小森、三菱等品牌的单张纸、卷筒纸多色胶印机，仅 2009 年就进口胶印机 932 台，金额达 69026 万美元，快速提升了国内印刷产品的质量。同时，我国自主生产的单张纸四色胶印设备及彩报印刷设备的技术也不断成熟，市场占有量不断提升，不仅国内使用，同时也出口海外市场，如 2009 年出口海外胶印设备达 1358 台。在印刷设备高效化方面，印刷机速度不断提高，以单张纸胶印机为例，这一时期单张纸胶印机的印刷速度从 10000～12000 张/小时提升至 15000 张/小时甚至更高。不仅如此，如油墨遥控控制系统、自动上版等一系列印刷机自动化程度的提高，也大大促进了印刷设备的高效化。

印后精美、自动化。在印后加工方面，装订和整饰的技术进步同步。大量印后整饰技术和设备的使用，满足了印刷产品的美观需求，如上光、模切、烫金等工艺的广泛应用，特别是与印刷设备联机完成的整饰工艺，不仅能够达到产品的整饰效果，而且生产效率高，废品率大大降低。在装订加工中，骑马订、平装、精装生产线的推广和使用，大大提高了生产效率和产品质量，如马天尼、柯尔布斯等平装、精装生产线的引进，上海紫光机械有限公司、深圳精密达机械有限公司生产的国产骑马订、胶订生产线的使用。

器材高质、系列化。这一时期，高质量与环保性更加受到重视。我国纸和纸板的生产高速增长；重点发展水基油墨、植物油基胶印油墨等；国产印刷 PS 版质量不断提高，在满足国内市场的同时，增加了出口；热敏 CTP 和紫激光 CTP 版材已形成批量生产能力。

（4）"35 字"方针指引未来印刷设备发展

2016 年 11 月，中国印刷及设备器材工业协会举行业之力组织编撰的《中国印刷产业技术发展路线图（2016—2025）》正式发布，提出"印制方式多样化、生产过程绿色化、技术支撑网络化、装备制造智能化、服务产业专业化"的"35 字"战略指引方针。"35 字"方针在印刷行业已经告别"铅与火"，走过"光与电"，迎来"数与网"的时代背景下，为我国印刷业在"双向挤压"态势下的创新发展提供了战略指引。"35 字"方针中对未来印刷设备发展的指引如下。

印制方式多样化。未来的印制方式是多样化的，因为需求是多样化的。数字印刷将会与其他印刷方式并存。正因如此，支撑各种印刷工艺的印刷设备也将持续并存。

生产过程绿色化。社会的需求指导印刷过程向绿色化发展。环保的需求必然会引导印刷设备满足更加环保的印刷工艺，因此，印刷设备的发展必将遵循生产绿色化的要求。

技术支撑网络化。网络将成为印刷企业生产的技术支撑，而印刷设备也需要借助网络实现印刷数据（印前、印刷和印后）的共享、远程印刷质量的确认、印刷设备的远程维护等。由此可见，网络化也是未来印刷设备的重要支撑。

装备制造智能化。"中国制造 2025"的本质是工业信息化的智能化，在此背景下的印刷装备制造，需要通过更加科学的设计理念和方法，使未来的印刷装备满足对印刷质量的闭环控制，使印刷流程中各环节的生产设备有机地连接在一起，并且具备数据共享和资源优化。

智能化将成为未来印刷设备的发展指引，但智能化不仅仅指印刷机械的操作，还涉及印刷机所用原材料的智能化供给；印刷机自身的智能控制与自我监控、自我维护、自我修复的智能控制系统；印刷品质量的智能检测与处理；与智能生产管理系统相对接的终端控制系统和智能环保排放或处理系统等。

三、典型印刷设备制造商及设备

1. 印前设备

CTP 设备集光学技术、电子技术、彩色数字图像技术、计算机软硬件、精密仪器及版材技术、自动化技术、网络技术等新技术于一体。CTP 制版设备的广泛应用，标志着印前技术向数字化的全面推进。

（1）杭州科雷

杭州科雷机电工业有限公司创立于 2000 年，公司总部位于浙江省杭州市萧山区，是目前中国著名的 CTP 设备生产企业。具备热敏 CTP、UV-CTP、紫激光 CTP 和超大幅面 CTP 的生产能力。2008 年，科雷新研制出传统 PS 版直接制版机 UVCTP；2009 年雷霸热敏 CTP、UVCTP 面市；2010 年科雷 X 系列 UVCTP 发布；2011 年科雷推出中国第 1 台应用伺服直线扫描系统的超大幅面 CTP（VLF）。

杭州科雷公司主要提供面向胶印（如 72 系列、60 系列、46 系列、36 系列、26 系列）和柔印（如 HDI 高清数码柔印成像机）等 CTP 印前制版设备。

（2）方正印捷

北京方正印捷数码技术有限公司成立于 2004 年，公司总部在北京海淀区，是北京北大方正电子有限公司的全资子公司。拥有印前 CTP、数码印刷、喷墨印刷三大硬件产品线，以及面向印刷企业数字化升级的方正畅流混合数字化流程、方正睿彩色彩管理平台、方正电子胶片安全生产平台、方正 VDMP 电子监管码赋码、方正信息隐藏系统和面向印刷出版企业互联网转型的二维码防伪溯源系统、方正云舒数字印刷云平台、方正印捷网印电商平台、方正智能生产管理平台等软件平台和方案。

方正印捷公司主要提供方正雕龙紫激光 CTP（如方正雕龙 8500PlusCTP）、雕龙热敏 CTP（如雕龙 T8）、雕龙柔印 CTP、雕龙国产 CTP、雕龙超大幅面 CTP（如霹雳 16000 系列）等印刷设备。

2. 印刷设备

（1）柔性版印刷设备

柔性版印刷是一种印版较为柔软的凸版印刷机，可在塑料薄膜、瓦楞纸等材料表面印刷。在我国，柔性版印刷主要应用于包装印刷领域和商业印刷领域。按照承印材料类型，柔性版印刷机分为单张柔性版印刷机和卷材类柔性版印刷机。单张柔性版印刷机主要用于印刷瓦楞纸板，卷材类柔性版印刷机是柔印机的主流机型，分为窄幅柔印机、中幅柔印机和宽幅柔印机，主要印刷软包装、烟盒、商标、标签等。

①麦安迪（Mark Andy）

麦安迪公司是美国柔性版印刷设备制造商，是世界上较大的窄幅柔印设备制造商，总部设在美国圣路易斯，在法国、瑞士和英国均设有子公司。麦安迪已在世界各地安装了10000多条生产线。2001年，麦安迪并购窄幅柔印设备领先者康可（Comco），2004年其国际销售量的增长超过40%，2005年占中国市场销售份额的70%，2006年以RFID技术的成功创新解决方案荣获"FTA技术创新奖"。

麦安迪公司主要生产窄幅柔性版印刷机（如Mark Andy 2200、LP3000）、中幅柔性版印刷机（如Mark Andy XP5000）等。

②欧米特（Omet）

欧米特公司坐落于意大利莱可，距米兰市50公里，是1963年诞生于经济活跃的伦巴第大区的企业。20世纪60年代末，公司已经发展为自行研发生产标签印刷机和纸巾印刷机的专业制造商，是率先采用柔印技术和UV柔印方案的厂商之一，对后来的不干胶标签印刷和软包装印刷产生了巨大的影响。2000年后，欧米特公司推出真正意义上的无轴无齿轮传动的Varyflex柔性版印刷机，以及获得多项专业创新大奖、短纸路设计的窄幅柔印机X-FLEX。2003年，欧米特公司进入中国市场，在上海浦东高新工业园区设立了1200平方米的演示中心，并在江苏省吴江市进行投资，建立了生产制造基地。

欧米特公司主要生产窄幅柔性版印刷机（如Flexy-s、Flexy）、中幅柔性版印刷机（如Varyflexy）等。

③黑牛（Blackbull）

西安黑牛机械有限公司位于西安市户县，创建于1980年。公司专业从事包装印刷机械的开发、研究和制造，1996年开发出机组式柔版印刷机。公司主要产品包括机组式柔版印刷机、凹版印刷机、复合涂布机、模切机等，主要用于烟酒包装、商标印刷、纸张复合、扑克牌、鲜奶、果汁、医药包装印刷。

黑牛公司主要生产窄幅柔性版印刷机（如RY-300E）、中幅柔性版印刷机（如RY-460、RY-540D）和宽幅柔性版印刷机（如RY-1250、RY-1350、RY-1500）等。

（2）平版胶印设备

印刷市场上所指的平版印刷设备通常是指平版胶印印刷设备，可应用在出版物印刷、商业印刷和部分包装印刷领域。按照承印材料类型不同，通常分为单张纸平版印刷设备和卷筒纸平版印刷设备。单张纸平版印刷设备主要用于印刷书籍、宣传品、广告、纸盒等。卷筒纸平版印刷设备主要应用在报纸、书籍、期刊等印刷品印刷。

①海德堡（Heidelberg）

海德堡印刷机械股份公司是德国印刷设备制造商，国际著名印刷设备制造商，集团总部位于德国海德堡市。公司曾经生产单张纸胶印机、商业卷筒纸胶印机和数字印刷机。目前的产品从印前、印刷到印后领域，以及软件、服务、材料销售，是为客户提供印刷一体化解决方案的印刷供应商。

目前，海德堡公司提供的主要印刷设备包括全张幅面胶印机（如XL162）、对开幅面胶印机（如 SX102、CD102、XL106）、四开幅面胶印机（如 SM74、XL75）、八开幅面胶印机（如 GTO52、SM52）等。

海德堡单张纸胶印机最主要应用在出版物印刷领域和商业印刷领域。

②高宝（KBA）

高宝公司全称科尼希 & 鲍尔公司，是德国印刷设备制造商，国际著名印刷设备制造商，集团总部位于德国符兹堡。公司主要提供用于商业、书刊和包装印刷的单张纸胶印机、商业卷筒纸胶印和卷筒纸凹印机、新闻卷筒纸胶印机等。

目前，高宝公司提供的主要设备为单张纸全开胶印机（如 KBA RAPIDA 145）、单张纸对开胶印机（如 KBA 105、KBA 106）、商业卷筒纸胶印机（COMPACTA 215）、新闻卷筒纸胶印机（COMMANDER、COMET）等。

高宝单张纸胶印机主要应用在包装和商业印刷领域，凹印机主要应用在印钞领域。

③小森（Komori）

小森公司也称小森印刷机械株式会社，是日本印刷设备制造商，国际著名印刷设备制造商，公司总部位于日本筑波市。公司主要提供四开、对开单张纸胶印机、商业卷筒纸胶印机和开放型综合印刷系统。

目前，小森公司提供的主要设备为单张纸对开胶印机（如 L40、LS40、G40P）、多色双面印刷单张纸胶印机（如 L40 SP，4+4）、商业卷筒纸胶印机（如 SYSTEM 38S）等。

小森单张纸胶印机最主要应用在出版物印刷和商业印刷领域。

④曼罗兰（Manroland）

曼罗兰印刷设备公司是德国曼（MAN）集团旗下的印刷设备制造公司，后由安联接手，是国际著名印刷设备制造商，公司总部设在德国的奥芬巴赫（单张纸印刷机生产）和奥格斯堡（卷筒纸印刷机生产）。主要提供出版、商业及包装印刷用单张纸印刷设备和报纸印刷、宣传册等卷筒纸印刷设备，以及系列印刷材料、软件和流程管理系统。2011 年 11 月 25 日申请破产保护，2012 年 2 月单张纸印刷工厂由英国工程集团——兰利控股公司执掌，卷筒纸印刷机生产工厂被德国波塞尔集团收购。

目前，曼罗兰公司提供的主要设备为单张纸全开胶印机（如 R900XXL）、单张纸对开胶印机（如 R700-hiprint）、新闻卷筒纸印刷机（如 COLORMAN）、双幅卷筒纸商业印刷机（如 LITHOMAN）等。

曼罗兰单张纸胶印机最主要应用在包装和商业印刷领域。

⑤利优比新菱（RMGT）

利优比新菱印刷机株式会社是日本印刷设备制造商，国际著名印刷设备制造商。利优比（RYOBI）公司总部位于日本广岛县府中市，成立之初是三菱公司的外加工企业，称"菱备制作所"，主要生产四开及以下幅面胶印机。三菱公司（MITSUBISHI）也称三菱重工业株式会社，印刷机事业部总部位于日本三原。公司主要提供全系列单张纸胶印机、商业轮转机、新闻轮转机。2014 年 1 月，利优比与三菱重工合作，成立利优比新菱印刷机株式会社（利优比占 60%，三菱占 40% 股份）。

目前，利优比新菱公司提供的主要设备为单张纸对开胶印机（如 RMGT 10）、对开双面胶印机（如 RMGT 9）等。

利优比新菱单张纸胶印机最主要应用在出版物印刷和商业印刷领域。

⑥中罗（Luotaprint）

中罗印刷机械有限公司也称卓睿智能印刷机械有限公司，位于中国江苏省如皋市，是中国知名印刷机械制造企业，生产双面印刷胶印机、商业轮转印刷机。

目前，中罗公司主要生产单张纸双面胶印机（如 LT92W、LT104W）和商业卷筒纸胶印机（如 1050、Vision、VSOP）。

中罗单张纸胶印机最主要应用在出版物印刷和商业印刷领域。

⑦北人（Beiren）

北人智能装备科技有限公司是京城机电下属的全资国有企业，拥有子公司陕西北人印刷机械有限责任公司及北人伯乐氛（西安）环境技术有限公司。北人智能主要提供面向出版的印刷解决方案，生产书刊卷筒纸胶印机、报纸卷筒纸胶印机和相关智能辅机。

目前，北人公司主要生产卷筒纸书刊胶印机，如 BEIREN B598/B620/B890、BEIREN B508/B542/B787（A）；卷筒纸报纸胶印机，如 BEIREN 45A、BEIREN 40A（B）等。

北人卷筒纸胶印机最主要应用在出版物印刷和商业印刷领域。

（3）凹版印刷设备

凹版印刷是适合长版印刷、具备良好印刷品质和防伪能力的印刷方式，可在塑料薄膜、铝箔、纸张等材料上印刷，主要应用在包装印刷领域。按照承印材料类型，凹版印刷机分为单张凹版印刷机（简称单凹机）和卷材类凹版印刷机。单张凹版印刷机主要配合胶印机进行印刷品的上光、印金等加工生产，卷材类凹版印刷机是凹印机的主流机型，分为窄幅、中幅和宽幅凹印机，主要印刷软包装、烟盒等。

①赛鲁迪（Cerutti）

意大利赛鲁迪公司创建于 1920 年，总部位于意大利的卡萨雷。1949 年，赛鲁迪公司自主设计、制造和生产了第一台用于 PVC 材料印刷的卷筒纸凹版印刷机，并运往波兰。1950 年，建立了第一个印刷机制造厂。目前，赛鲁迪公司拥有员工 3000 多人，赛鲁迪的凹版印刷机占全世界凹版印刷机销售市场的 60%，在中国已有 3000 多条生产线。

赛鲁迪公司主要生产用于包装和商业印刷的凹版印刷机（如 R168、R945、R950）、用于软包装印刷的凹版印刷机（如 R960/2、R940、R980）等。

②陕西北人（SHAANXIBEIREN）

陕西北人印刷机械有限责任公司始建于 1967 年，是生产印刷包装装潢机械的大型企业。公司现有四大系列产品，分别为引进国外先进技术加工制造的 AZJ 系列机组式凹版印刷机、TAZJ 系列纸张用机组式凹版印刷机、自主研发的 TAZJ 系列 2500mm 宽幅纸张预印用机组式凹版印刷机、AZJ 系列领先型双收双放机组式凹版印刷机、适用于利乐包生产的机组式凹版印刷压痕打孔机，及其高速对接装置；引进吸收开发的 YCW 系列瓦楞纸板印刷开槽机，以及柔版、分切、复合等印前、印后配套设备。

陕西北人公司主要生产塑料凹印机（如 FR300、FR400ELS）、纸张凹版印刷机

（如 PRW250、PRT200、PRD260）等。

（4）数字印刷设备

数字印刷设备最大特点是可以实现可变数据印刷，适合短版印活的印刷，主要应用在出版物印刷、商业印刷和包装印刷领域。应用最广泛的数字印刷机按照工作原理主要分为激光成像数字印刷机和喷墨成像数字印刷机，主要产品为书籍、文件、门票、请柬、商标、标签等。

①施乐（Xerox）& 富士施乐（Fuji Xerox）

施乐公司是一家美国公司，最早以生产静电复印机而闻名。1995 年施乐（中国）有限公司成立。2000 年 12 月，美国施乐公司以 5.5 亿美元的价格将中国市场转让给富士施乐。2001 年 5 月，公司正式更名为富士施乐（中国）有限公司。

施乐公司提供生产型单张纸黑白静电数字印刷机（如 Nuvera 120/144/288/314 EA）、单张纸彩色静电数字印刷机（如 iGen3/4/150）、卷筒纸彩色喷墨数字印刷机（如 Compact）等；富士施乐公司推出了生产型单张纸黑白静电数字印刷机（如 D110/125/136）、单张纸彩色静电数字印刷机（如 Versant 2100、C800P/1000P、DC8000/8000AP）和卷筒纸彩色喷墨数字印刷机（如 FX 14000IJCCF）等。

②惠普 -Indigo（Hp indigo）

惠普是美国著名激光打印机生产商，1984 年推出第一台桌面激光打印机。Indigo 是一家以色列公司，1993 年推出世界上第一台彩色数字印刷机。2000 年，惠普和 Indigo 达成 OEM 和联合开发协议，2001 年惠普获得所有 Indigo 的发行股票，以 6.29 亿美元的价格购买了 Indigo 的在外股份。2002 年 5 月，惠普公司全面收购 Indigo 公司。

惠普 -Indigo 公司提供生产型单张纸彩色静电数字印刷机（如 HP Indigo R5500/7800、HP Indigo 10000/30000/12000）、卷筒纸彩色静电数字印刷机（如 HP Indigo WS6800/6600P、HP Indigo W7250/7200、HP Indigo 20000C/50000）等。

③柯达（Kodak）

柯达公司是一家具有 130 多年历史的美国著名胶片生产商。2000 年，德国 Drupa 展会上，柯达公司与海德堡联合推出彩色数字印刷机 NexPress 2100。2002 年，柯达收购 Encad 公司，生产宽幅喷墨打印机。2004 年，收购赛天使数字印刷，生产大幅面喷墨印刷机。同年收购海德堡数码部及旗下合资公司 NexPress 剩余的 50% 股份。2005 年，收购了旗下合资公司柯达保丽光印艺集团另外 50% 股份，同年又以 9.8 亿美元收购了全球最大印前设备供应商克里奥公司。2012 年，柯达公司申请破产保护，后自救成功。

柯达公司提供生产型单张纸彩色静电数字印刷机（如 NexPress ZX）、单张纸单色静电数字印刷机（如 Digimaster 9110、Digimaster EX/HD）、卷筒纸彩色喷墨数字印刷机（如 Prosper 6000C/6000P、VL4200/6000）等。

④佳能（Canon）& 奥西（Oce）

日本佳能公司成立于 1937 年，主要业务范围分布在以光学为核心的个人消费品、办公产品和工业产品领域，产品涉及照相机、摄像机、投影机、复印机、传真机、扫描仪、打印机、一体机、数字印刷机等。1997 年 3 月，佳能（中国）有限公司在北京成立，专业经营黑白数码印刷设备和彩色数码印刷设备。2010年3月，Canon（中国）正式收购荷兰奥西公司成为 Canon（中国）-Oce 公司，收购完成后，奥西将以佳能子公司的形式继续独立运作，总部依然位于荷兰 Venlo。

佳能公司提供生产型单张纸彩色静电数字印刷机（如 imagePRESS C7011/7010VP、imagePRESS C8000VP/C10000VP）、单张纸黑白磁成像数字印刷机（如 varioPRINT 110/120/135）；奥西提供生产型单张纸黑白静电数字印刷机（如 varioPRINT5160/5140/6200/6250）、卷筒纸彩色喷墨数字印刷机（如 JetStream 1000、1400、ColorStream 3500/3700/3900）、卷筒纸黑白喷墨数字印刷机（如 varioStream 7110/4200/4450/7450/8650）等。

⑤柯尼卡美能达（Konica Minolta）

柯尼卡公司最早是销售照相器材与石版印刷材料的公司，美能达株式会社是日本照相机制造公司。2003年，柯尼卡和美能达公司合并，成立柯尼卡美能达控股株式会社。2013年，改名为柯尼卡美能达株式会社，公司总部位于东京都千代田区。2003年后，推出生产型黑白和彩色数字印刷机。

柯美公司提供生产型单张纸彩色静电数字印刷机（如 bizhub PRESS C1070/8000/1100）、单张纸彩黑白静电数字印刷机（如 bizhub PRESS 1250/2250P、bizhub PRO 1050/1200）等。

3. 印后设备

印后工艺主要分为书籍的装订工艺和包装印刷产品的整饰工艺，对应印后工艺产生了一系列印后设备，同样也包括用于书籍装订的裁切、折页、配页、装订等，以及用于提高装潢产品质量和附加值的模切、烫金等整饰加工。

（1）上海申威达

沪港美合资的上海申威达机械有限公司总部位于上海浦东新区。上海申威达公司的前身是创建于1917年的上海切纸机械厂，公司主要生产切纸机械、塑料机械和包装机械三大类产品。切纸机械被列入当今世界五大切纸机制造商中，"飞达牌"切纸机在国内切纸机械行业中享有盛誉。

上海申威达公司主要生产切纸机（如 SQZXNZ 双数显切纸机、SQZK-SQZKN 微机程控切纸机、SQZKC 系列程控切纸机、QZX430C 双数显/全液压切纸机）、裁切生产线（如 SCX 裁切生产线）、复合机（如 FMQ920、FM1450-FM1300、FMW1250 全自动复合机）等。

（2）深圳精密达

深圳市精密达机械有限公司成立于1994年，公司总部在广东省深圳市福田区，是国内著名的生产印后装订设备的制造商。20世纪末，精密达研制出三/四个书夹的椭圆包本机。进入21世纪，相继开发出高效率、高智能的全自动胶装联动线 SUPERBINDER-6000 和 CHALLENGER-4000，并推出了全自动锁线机 DIAMOND-110、骑马订联动线 PEARLS-8000，成为中国无线胶订和锁线装订领域的著名企业。

精密达（JMD）公司主要为印刷市场提供无线胶装系列产品（如 5000 型）、骑马装订系列产品（如 STITRIM-380 骑订切联动线）、锁线装订系列产品（如 Supsew 半自动锁线机）、数码印后装订系列产品（如 Digital Robot 500C）、折页机系列产品（如 Superfold-780EB）等相关设备。

（3）天津长荣

天津长荣科技集团股份有限公司创立于 1995 年，公司总部位于天津市北辰区，2011 年在深圳创业板上市，是全球印刷装备制造设备提供商。公司产品线覆盖了从凹印机到喷码机、烫金机、模切机、激光模切机、糊盒机、检品机的七大系列 70 余款产品，能够为烟包、酒包、药包、食品包装、电子包装、日化包装等领域的客户提供从印刷到印后、从单张纸到卷筒纸、瓦楞纸的高精度、高速度、高自动化的专业化和个性化包装生产解决方案。

天津长荣公司为印后市场提供的主要产品为模切机（如 MK1060CSB、MK1060CS、MK1050C/CS）、烫金机（如 MK1060ST、MK920SS、MK2920FF 双机组烫金机）、糊盒机（如 Diana X 115、Diana Smart 55/80/115、MK1000QF）等。

（4）平湖英厚

平湖英厚机械有限公司创立于 1976 年，公司位于浙江嘉兴平湖市，是一家印后解决方案的集成供应商。主要生产胶装联动线、三面切书机、数码智能印后设备、沃伦贝格联动线、制袋机等系列产品，是国内印后包装机械主要生产基地之一。

平湖公司主要为市场提供胶装联动线（如开拓 7000、银河 8000e、星际 13000）、三面切书机（如 BOSSA 50e 数码三面切书机、JAZZ100e 全伺服三面切书机、QSZ 100s 伺服三面刀）、数码印后（如 EXPOLRE PUR 胶装机、DIGITALINE 数码锁线生产线）等相关设备。

四、印刷设备未来发展

印刷设备的未来发展将与社会的需求、新技术的发展相伴而生，当前技术领域的数字化、国家环保的要求和社会发展智能化的步伐都影响和带动着印刷设备的不断发展和进步。未来的印刷设备将不断向数字化、绿色化和智能化方向发展。

1. 数字化

数字印刷带来了印刷行业的巨大变化，满足了小批量印活的经济加工，实现了个性化印刷的生产需求，真正做到了按需印刷。数字化技术使这种可变数据印刷的想法成为现实，全数字化的工作流程也为未来的智能化创造了条件。数字化印刷的未来发展体现在印前—印刷—印后的一体化和数字化的多领域应用。

在数字印刷设备上集成数字化的印前系统是数字印刷的基本前提，印后数字化进程决定了印刷全流程数字化集成的成败，数字化是一体化的基础。当前的数字印刷主要集中在短版书刊、标签等个性化商业印刷品中，随着印刷生产数字化进程的不断推进和数字印刷相关技术的不断成熟，在更多领域采用数字化印刷技术是必然趋势。

2. 绿色化

国家环保政策的逐渐严格，要求印刷设备在生产过程中不断提高绿色化，主要体现在能够在设备使用工艺上满足绿色环保材料使用的要求以及设备制造和使用中所涉及的节能降耗环保理念。

印刷设备的制造基于环保材料使用的工艺，如满足能量固化油墨使用的 UV、LED UV 印刷、预涂膜无溶剂符合技术等，没有或减少 VOCs 排放。印刷设备的组成包含节能的设计理念，如采用高效烘干、余热回收、机械轻量化设计等，减少设备能源的消耗。优化印刷设备的设计，提升设备的自动化水平，提高印刷质量，减少废品率，实现降耗的目标。

3. 智能化

随着印刷业向高质量发展，智能化建设是印刷设备的主要目标之一。现阶段，印刷设备的智能化主要体现在拥有智能化功能的印刷设备和印刷企业中设备之间的工作协同。

印刷设备的智能化需要由具备智能化功能的各个功能模块组成，如智能印活转换技术、水墨平衡等印刷工艺参数智能匹配技术、印刷参数自动调节的智能控制技术等。解决当前印刷企业生产中独立设备、信息孤岛等问题，建立基于生产活件的多台设备智能联动，采用衔接设备进行设备勾连，采用网络进行数据共享，才是印刷智能化的未来。

第六章
印刷产业教育与媒介发展

在印刷产业的发展中，印刷教育和媒介起了非常重要的作用。教育是为了人才的培养，印刷教育源源不断地为行业输送人才，奠定了印刷产业的健康、可持续发展基础。印刷媒介的建立与发展，为印刷产业的规模化、市场化提供了美好的平台。印刷教育与媒介构成了完整的印刷产业，支撑起印刷产业的辉煌明天。

一、中国印刷教育的发展

1. 印刷教育的发展概貌

（1）发展探索期

我国现代印刷高等教育的起步可以追溯到20世纪初。1904年，清政府在北京成立了京师测绘学堂，开设了中国历史上第一个从事印刷教育的制版班和印刷班。

20世纪30年代中期，北京、上海相继创办印刷学校。如1933年，《世界日报》创始人成舍我在北平创立了新闻印刷专科学校；1934年，李石曾在上海投资创办上海图书学校。

（2）发展起步期

中华人民共和国成立以后，我国文化出版事业得到较快的发展，亟须培养出版印刷人才，成立了多个印刷出版学校。1953年，万启盈等筹建了上海印刷学校，即现在的上海出版印刷高等专科学校。20世纪五六十年代，我国开始派遣留学生出国学习，为印刷高等教育师资储备力量。1954年，出版系统共选派10人去苏联留学，有些人学成归国后就在文化部文化学院，即现在的北京印刷学院任教。

1958年，黄洛峰等人筹建了文化部文化学院，设置出版、印刷等本科专业。1959年4月，文化学院开办了第一期印刷研究班，学制一年，学员为全国各地印刷厂的厂长、车间主任和技术科科长。1960年4月，文化学院筹建印刷工艺系，招收五年制本科生。1961年，由于国民经济调整，文化学院停办，印刷工艺系并入中央工艺美术学院。

（3）发展机遇期

1978年高考制度恢复，许多有前瞻性的有识之士提出，我国需要一个独立的印刷类学院。于是在1978年，将中央工艺美术学院印刷工艺系独立出来成立了北京印刷学院。当时的北京印刷学院，加之设立有关印刷专业的武汉测绘学院、陕西机械学院，以及后升级为大专的上海印刷学校，形成了3所本科院校+1所专科学校的"3+1"人才培养格局。

"748工程"的启动对印刷人才的需求发生了巨大变化。20世纪八九十年代，我国印刷教育进入了繁荣阶段，人才培养体系进一步完善，培养层次得以提升，构建了从专科到本科、硕士的多层次印刷人才培养体系。

（4）发展扩张期

进入21世纪以来，印刷教育继续快速发展，2000—2002年，有11家综合性大学或理工类高校设立了印刷工程专业，在校生已有1万多人，且印刷人才的培养考虑到云计算、大数据、移动互联的渗透，以及市场对印刷媒体"大众化＋个性化＋跨媒体"多元化的需求，专业方向更加丰富。

（5）发展升级期

"十二五"到"十三五"期间，印刷技术的发展带来印刷高等教育中内容与技术、文化与科技的融合。印刷院校应用"新工科"思维，积极推进文化创意、艺术设计、数字媒体技术与印刷教育的融合与创新。

自改革开放以来，印刷教育院校从1980年的十多所增加到现在的几十所，还成立了中国印刷高等教育联盟。可以说，我国的印刷教育取得了显著成绩，为印刷业的发展提供了丰富的人才支撑。

2. 中国印刷教育的快速发展

（1）"3+1"印刷教育格局

①形成的原因

1978年，改革开放春风席卷中华大地，高考制度恢复，知识改变命运开始成为全社会共识，"实现四个现代化，为中华崛起而读书"成为一代青年为国家发展、为民族振兴、为社会进步的精神与情怀。这种大环境引发了爆发式的书刊报的需求，而缺乏先进的印刷设备、专业印刷人才以及新技术、新工艺、新材料的情况，持续成为制约印刷业发展、满足社会巨量文化需求，特别是书刊报阅读需求和学生学习课本需求的"瓶颈"，这为中国印刷发展，特别是印刷教育发展带来了空前的发展机遇。郑德埁、邹毓俊、董明达、徐志放等老一代印刷教育先驱，以国家需求为己任，以振兴印刷为情怀，不断攻坚克难，积极开创与打造中国印刷教育的新形态和新路径。

②"3+1"格局初定

尽管中华人民共和国成立和1956年高校院系调整后，国家在中央工艺美术学院、武汉测绘学院、陕西机械学院、上海印刷学校开设有印刷相关专业，初创确定了"3所本科院校+1所中专学校"的"3+1"格局，但隶属体系、服务目标及人才去向各不相同。

中央工艺美术学院印刷系于1978年独立出来成立了北京印刷学院，培养目标和人才主要面向满足书刊报印刷领域。1980年开始，借北京大兴县政府招待所办学，在历经近10年边建设边办学中，实现了从宿舍到教学楼，从食堂到专用图书馆，从临时实验室实习工厂到实习中心，从简易操场到体育馆的历史性变迁。

武汉测绘学院是1956年整合全国测绘精英组建而成，其地图制图系设有地图制印教研室，培养目标和人才主要面向地图、印钞、邮票等保密印刷和安全印刷领域。在学校拓展学科与专业面向的促进下，1984年开办了印刷技术专业。

陕西机械学院自20世纪80年代起开展印刷机械设计制造人才的培养，培养目标和人才主要面向印刷机械生产制造领域，奠定了国产印刷设备研发制造的人才基石。

上海印刷学校从20世纪50年代开始主要培养从事书刊印刷的中专技能型人才，培养人才集中在新华印刷厂系统，为先进印刷技术应用奠定了人才基础。

③形成专业特色

在历经20世纪60年代中期至70年代中期10年停滞之后，国家教育体系重挫，印刷教育师资奇缺，对国外印刷技术了解和交流很少。基于国家、行业对印刷人才的需求，各个学校发挥自身资源和服务目标的优势，独立形成了自己独有的专业特色。北京印刷学院重点服务书刊报印刷，既要学习凸版铅印，又要兼顾彩色胶印，形成了以文字印刷为主、图片印刷为辅的办学特点和专业特征；武汉测绘学院是国家重点大学，地图印刷为主形成了印刷技术工艺与质量控制的办学特点和专业特征；陕西机械学院重点培养印刷机械设计制造专业人才，兼顾印刷工艺，形成了以印刷机械设计、制造和应用为主的办学特点和专业特色；上海印刷学校重点服务新华印刷厂系统，主要学习书刊印刷的印刷工艺，特别是技能培养，形成了以解决实际问题为特点的办学模式。

改革开放后，国家派出大批人才赴国外学习。北京印刷学院外派方向主要是美国和日本，武汉测绘学院外派方向主要是欧洲和日本，陕西机械学院与德国斯图加特大学建立校级合作。一批批青年教师先后赴国外学习，为中国印刷教育打开了一个与世界先进印刷技术接轨的窗口，推动了学习与引进国外先进印刷技术的热潮。多年后，一批归国的学子先后成为印刷行业的骨干，成为站在潮头的一代先锋。

（2）印刷教育的成长与繁荣

①动因与成果

随着国家重心转移到经济建设的主战场和电子技术、计算机技术在印刷工业的渗透与应用，在"要想发，做印刷"巨大市场动力的推动下，中国印刷教育在大江南北、长城内外快速成长与繁荣。可以说，是印刷行业的发展壮大带动了印刷教育的繁荣。20世纪80年代后期，武汉测绘学院更名为武汉测绘科技大学、陕西机械学院更名为西安理工大学，并先后获得硕士学位授权点，为中国印刷教育培育了最早的硕士师资力量，奠定了中国印刷教育成长的师资力量基础。

在本科教育方面，株洲工学院（现湖南工业大学）联合中国包装总公司开办了以包装印刷为主体的印刷专业；无锡轻工学院（现江南大学）、大连轻工学院（现大连工业大学)、天津轻工学院(现天津科技大学)、西北轻工学院(现陕西科技大学)、山东轻工学院(现齐鲁工业大学)五大轻工类高校先后兴办印刷工程专业；南京林业大学为服务造纸开办了印刷工程专业；曲阜师范大学、杭州电子科技大学、浙江科技学院、内蒙古工业大学、哈尔滨商业大学也纷纷加入了印刷工程专业的办学行列。

在专科教育方面，以上海出版印刷高等专科学校、深圳职业技术学院、武汉信息职业技术学院、湖北职业技术学院、东莞理工学院、东莞职业技术学院、河南牧业高等专科学校为代表的一大批高职高专院校，先后开办了印刷技术及相关专业，解决了印刷产业长期的人才短缺和高速增长中的各层次人才需求，造就了一大批印刷企业的快速崛起和优秀人才的脱颖而出。

②印刷教育模式

随着电子技术、计算机技术和数字技术的快速发展，印刷产业也快速从"凸版铅印+照相排版"脱胎转型为"电子分色+激光照排"，实现了从"铅与火"到"光与电"的历史跨越，图文合一的"计算机直接……"(Computer to…)从根本上改变了印刷技术的面貌，开启了印刷数字化、印刷数字化生产流程、色彩管理、数字印刷、按需印刷的时代。中国印刷高等教育的办学模式、专业特色以及学术流派也悄然成型。

研究型大学模式。如武汉大学，凭借重点大学长期积累的优秀师资队伍、良好的科研环境与实力、高素质的学生队伍以及强大的办学资金支撑，逐步形成了理论引领、工程创新、技术协同的办学模式，积极开展对外学术交流合作，逐步从工程型教育向研究型教育转型。

教学研究型大学模式。如北京印刷学院、西安理工大学、天津科技大学等，先后获得印刷工程硕士学位授权点，通过学科体系的建设、师资队伍的培育、教学方法的完善，逐步建立了较完整的课程体系、实验实践体系和教材体系，并围绕工程论证来建立特色分明的工程型教育模式。

教学型大学模式。如曲阜师范大学、内蒙古工业大学等，通过积极面向市场摸索与寻找学生新出路，基于学校重视程度、办学地域环境、师资队伍、办学经费以及学生素质的制约，在教学体系、实验实践体系和社会资源体系、教学方式、对外交流方式和知识更新方式都优劣鲜明，师资力量有待提高，教学理论、方法和技能尚有较大差距，办学理念和人才培养目标正在定型过程中。

技能型大学模式。如上海出版印刷高等专科学校、深圳职业技术学院等，集聚与吸引了一大批专业教师和技能型人才，在"双师型"目标导引下，推进了理论与技能的结合，促进了技能与应用的融合，建立起了完善和高水平的实验实践平台，积极通过产学合作和协同创新，探索印刷产业链技能的塑造，打造和建设出了符合国家、行业发展需求的全新技能型人才培养新模式、新路径和新方法。

(3)印刷教育的转型与涅槃

①印刷教育的转型风潮

21世纪初始，云计算、大数据、移动互联网逐步渗透印刷产业，开始颠覆印刷业态与产业链架构，印刷媒体"大众化＋个性化＋跨媒体"多元化的需求兴起，建立数字网络平台，融入文化创意产业，形成"集中生产＋分布定制＋智能服务"的印刷生产与商业模式，凸显"Me-Commerce"个性定制与服务特征，实现业务平台全球化、印刷制造数字化、印刷服务网络化、产品表达融媒体化的新生态，激发出印刷产业创造云印刷和大数据服务的云时代。

这种大范围的印刷环境突变，以及全球金融危机带来的市场变化，从根本上改变了中国印刷教育满足"印刷加工或印刷制造"的需求态势、生产流程和产品链的架构。而且，新一代青年人的价值观也打破了先辈们先苦后甜的成长模式，让曾经风光的高收益印刷行业不再像IT业那样充满诱惑，让带有制造业特征的印刷专业风光不再。由此，引发了一些开设印刷专业的院校尝试自我更新，甚至彻底转型。

②印刷教育的涅槃之路

2010年后，AR、VR、AI技术正式登上了"融媒体"的现代舞台，带动印刷产业从"匠、机、电"的二维静态图文复制与传播时代向"数、云、智"的三维或多维动态图文音像编创、交互与体验方向发展，极大地增强了信息复制与传播的能效，丰富了印刷品的内容展现，提升了印刷品的交互与体验的炫酷，推动了碎片式浅层学习与系统式深度学习的融合，让更好体验、更快分享的"智慧印刷"聚变出文化至真、艺术至善、印刷至美的智慧时代全新未来。

这些新的印刷需求创造，不仅传承了印刷阅读识别需求和个性定制需求，还创新出印刷交互娱乐需求和先导体验需求，进而给印刷赋予了新的内涵与外延，更让印刷新生代真正感受到延绵数千年的印刷能够应用最新技术来自我革命、自我创造和自我涅槃的勇气，开始站在文化传承和信息传播的大视野下，重新审视集诸多高新技术于一体、博众多文化艺术于一身的印刷在历经涅槃苦难之后的新辉煌。一些开设印刷工程专业的高校应用"新工科"思维，积极推进文化创意和新媒体大视野与大平台下的学科与专业整合，开始颠覆性地重构印刷专业人才培养目标、知识结构及其课程体系。

3. 开设印刷工程的专业院校

经过几十年发展，我国形成了一批支撑和引领印刷行业技术发展、为印刷行业输送人才的专业院校，主要开设印刷工程专业的院校如下。

（1）北京印刷学院[①]

北京印刷学院以"传承弘扬印刷文明，创新发展出版文化"为办学使命，开启了中国出版印刷高等教育的先河。学校隶属于北京市，由北京市人民政府和国家新闻出版总署共建。前身是1958年中华人民共和国文化部建立的文化学院；1961年文化学院停办，其印刷工艺系并入中央工艺美术学院；1978年，经国务院批准，在中央工艺美术学院印刷工艺系的基础上组建北京印刷学院，由原国家出版事业管理局管理；2000年，学校划归北京市。经过60余年的建设和发展，学校现已成为在印刷与包装、出版与传播、设计与艺术三个领域具有明显优势和特色，工、文、艺、管协调发展，国内

---

① 资料来源：https://www.bigc.edu.cn/xxgk19/xxjj19/index.htm

唯一专门为出版传媒全产业链培养人才的全日制高水平特色型高等院校，被誉为印刷业界名校。

学校坚持立德树人，以"守正出新 笃志敏行"为校训，持续为国家传媒科技、传媒文化、传媒艺术、传媒管理人才培养提供北印方案。现有全日制本科生、研究生、留学生、继续教育学生近万人。拥有国家级一流本科专业建设点 7 个，国家级特色专业建设点 2 个，北京高校重点建设一流本科专业 2 个，北京市级一流专业建设点 6 个，北京市特色专业建设点 4 个，现有 11 个教学机构，27 个本科专业招生。

学校坚持扎根行业，全力打造出版印刷领域教育、研究重要平台，是国家出版印刷高级人才培养基地、国家绿色印刷包装产业协同创新基地、北京市文化创意产业人才培养基地；拥有国家级实验教学示范中心、国家级大学生校外实践教育基地。国家级博物馆中国印刷博物馆和中国版本图书馆（中央宣传部出版数据中心）坐落于校园内。

学校坚持人才强校，不断提升师资队伍建设水平。拥有一大批全国和北京市新闻出版行业领军人才、中国出版政府奖、毕昇印刷杰出成就奖获得者、北京市高创计划领军人才、北京市教学名师等为代表的行业领军人才团队和百余名行业高端人才组成的特聘兼职教授团队。

学校坚持创新驱动，着力推进科学研究。拥有 11 个省部级及以上重点实验室和研究基地。在印刷包装材料与装备技术研发、出版印刷传媒新技术应用及行业发展咨询等方面取得了系列成果，拥有印刷油墨、环保及智能包装材料与技术等方面多项自主知识产权并推广应用，引领出版印刷产业转型升级。

学校坚持首善意识，致力服务行业和北京发展。围绕"创意设计 艺工融合"的办学特色，形成了以北京绿色印刷包装产业技术研究院的科研成果转化平台为基础，大学科技园、文化创意产业园和大学生创新创业园相互支撑、融合发展的"一院三园"双创发展模式，形成"北印科创""北印文创"双亮点，建设产学研用一体化产业综合体。

学校坚持开放办学，大力加强对外交流合作。先后与美国、俄罗斯等 30 多个国家和地区的 50 余所大学和科研机构建立了校际合作与交流关系，校际间师生交流密切。近年来，学校积极开展留学生教育，年均招收 300 余名国际学生，为我国印刷包装企业走向"一带一路"沿线地区和国家提供人才支撑。

北京印刷学院是亚洲唯一以"印刷"冠名的高等院校，享有"印刷黄埔军校"美誉。印刷工程专业是学校奠基专业，办学历史 60 余年，培养了 4000 多名本科毕业生，对我国印刷包装、新闻出版业的发展贡献巨大。

印刷工程专业设在北京印刷学院的印刷与包装工程二级学院。

（2）武汉大学[①]

武汉大学是国家教育部直属重点综合性大学，是国家"985 工程"和"211 工程"重点建设高校，是国家首批"双一流"建设高校。

武汉大学的历史可以追溯到 1893 年清末湖广总督张之洞奏请清政府创办的自强学

---

① 资料来源：https://www.whu.edu.cn/xxgk/xxjj.htm

堂，历经传承演变，1928年定名为国立武汉大学，是近代中国第一批国立大学。1946年，学校已形成文、法、理、工、农、医六大学院并驾齐驱的办学格局。中华人民共和国成立后，武汉大学受到党和政府的高度重视。1958年，毛泽东主席亲临武汉大学视察。1993年，武汉大学百年校庆之际，江泽民等党和国家领导人题词祝贺。改革开放以来，武汉大学在国内高校中率先进行教育教学改革，各项事业蓬勃发展，整体实力明显上升。2000年，武汉大学与武汉水利电力大学、武汉测绘科技大学、湖北医科大学合并组建新的武汉大学，揭开了学校改革发展的崭新一页。合校20多年来，学校综合实力和核心竞争力不断提升。

武汉大学学科门类齐全、综合性强、特色明显，涵盖了哲、经、法、教育、文、史、理、工、农、医、管理、艺术12个学科门类。学校设有人文科学、社会科学、理学、工学、信息科学和医学六大学部34个学院（系）以及3所三级甲等附属医院。有127个本科专业，59个硕士学位授权一级学科，49个博士学位授权一级学科。

学校现有专任教师3808人，8位中国科学院院士、6位中国工程院院士。普通本科生29504人，硕士研究生19516人，博士研究生8289人。

印刷工程专业设在武汉大学直属的印刷与包装系，将于2022年停止招生。

（3）天津科技大学[①]

天津科技大学位于渤海之滨、海河之畔，是中央和地方共建、天津市重点建设高校，是以工为主，工、理、文、农、医、经、管、法、艺等学科协调发展的多科性大学，是天津滨海新区唯一一所本硕博教育体系完整的大学。建校60余载，学校立足轻工、服务社会，立足京津冀、面向全国，形成了"坚持拓展轻工特色，精心培育行业中坚，矢志服务国计民生"的优良办学传统。

天津科技大学创建于1958年，时名河北轻工业学院，是我国首批四所轻工类本科院校之一，曾隶属原中国轻工业部。1959年，天津大学制浆造纸专业的主要师资和实验室设备调入天津科技大学，成为该专业的主体力量。1964年，在轻工业部对部属院校进行专业调整中，原北京轻工业学院的发酵工学专业、原无锡轻工业学院的塑料成型加工专业先后调入该校。1968年，学校更名为天津轻工业学院。1971年，天津大学纸浆造纸专业全部调入该校。1972年，原北京轻工业学院盐化专业和享有"盐业黄埔"之美誉的中国轻工业部塘沽盐业专科学校合并后划归该校。1998年，学校的管理体制改为由中央与地方共建，以天津市管理为主。2002年，经教育部批准，学校更名为天津科技大学。2004年，学校在国家对外开放的前沿滨海新区建成滨海校区并投入使用，2006年食品、生物、海洋、化工等6个整建制学院整体迁至滨海校区，2013年，原天津经济技术开发区职业技术学院并入，进一步扩大了滨海校区的办学规模。

学校目前设有滨海、河西2个校区。总占地面积约2300亩，本硕博全日制在校生26000余人，教职工2100余人。

学校现有14个专业学院，71个本科专业，其中生物工程、食品科学与工程等12

[①] 资料来源：https://www.tust.edu.cn/xxgk/xxgk_1.html

个专业入选国家级一流本科专业和建设点，软件工程、自动化等 11 个专业入选天津市一流本科专业建设点，"发酵工程"是国家重点学科。现有轻工技术与工程等 4 个一级学科博士学位授权点和生物与医药专业学位博士授权点，20 个一级学科硕士学位授权点和 12 个硕士专业学位授权类别。

印刷工程专业设在天津科技大学的轻工科学与工程学院。

（4）西安理工大学[①]

西安理工大学是中央与地方共建、陕西省重点建设的高水平大学，是国家中西部高等教育振兴计划——中西部高校基础能力建设工程实施院校，陕西省"国内一流大学建设高校"。

学校的前身是成立于 1958 年的北京机械学院和成立于 1960 年的陕西工业大学。1972 年，北京机械学院和陕西工业大学合并组建陕西机械学院，隶属原第一机械工业部。1994 年，学校经批准更名为西安理工大学。1998 年，学校划转陕西省，管理体制调整为中央与陕西省共建，以陕西省管理为主。2002 年，陕西省批准西安仪表工业学校整体并入西安理工大学。

学校建有金花、曲江、莲湖 3 个校区和 1 个大学科技园。有普通全日制本科生 18000 余名，博士、硕士研究生近 8000 名。有教职工 2660 余人，双聘院士 4 人。现设 17 个学院和 1 个教学部，69 个本科专业，设有 41 个国家及省部级重点科研基地。

印刷工程专业设在西安理工大学的印刷包装与数字媒体学院。

（5）陕西科技大学[②]

陕西科技大学是我国西部地区唯一一所以轻工为特色的多科性大学，是国家"中西部高校基础能力建设工程"建设高校，是"十二五"期间陕西省重点建设的高水平大学，是陕西省"国内一流大学建设高校"，是陕西省人民政府与中国轻工业联合会、中国轻工集团公司共同建设的重点高校。

学校创建于 1958 年，时名北京轻工业学院，是中华人民共和国第一所轻工高等学校；1970 年迁至陕西咸阳，改名为西北轻工业学院；1998 年学校划转到陕西省，实行中央与地方共建、以地方管理为主的体制；2002 年经教育部批准，更名为陕西科技大学；2006 年学校主体东迁西安。学校作为"西迁群体"之一，在 60 多年的发展历程中，历经"三次创业、两次搬迁、一次划转"的奋斗与辉煌，秉承以"自强不息、艰苦奋斗的创业精神，求实创新、锐意进取的科学精神和扎根西部、服务社会的奉献精神"为内涵的"三创两迁"精神，恪守"至诚至博"校训，培养了 16 万名优秀人才，为国家建设和社会发展做出了重要贡献。

学校现有西安未央校区、太华路校区和咸阳校区三个校区，总面积 2055 亩，建筑面积 129.6 万平方米。西安未央校区占地面积 1590 亩，坐落于风景秀丽的灞河之滨、未央湖畔。有专任教师 1350 余人，全日制各类在校学生 22000 余人，其中博士、硕士

[①] 资料来源：https://www.xaut.edu.cn/xxgk/xxjj.htm
[②] 资料来源：https://www.sust.edu.cn/xxgk/xxjj.htm

研究生 4300 余人。设有 16 个学院（部），有本科专业 63 个，涉及九大学科门类。

印刷工程专业设在陕西科技大学的轻工科学与工程学院。

（6）湖南工业大学①

湖南工业大学是一所具有 60 多年办学历史的综合性大学。2006 年 2 月，经教育部批准，学校由株洲工学院更名为湖南工业大学，同年合并了株洲师范高等专科学校和湖南冶金职业技术学院。学校以包装教育为特色，是我国第一个被国际包装协会（IAPRI）接纳的会员单位，是中国包装联合会包装教育委员会的主任单位。

学校现有 2 个校区，总占地面积 3853.7 亩。图书馆总建筑面积为 55430.29 平方米，馆藏图书 279.35 余万册；教学科研仪器设备总值 3.65 亿元。

学校有 22 个教学学院和 1 个独立学院，建立了以工科为主，工、理、管、文、经、法、教育、艺术等协调发展的学科体系，80 个本科专业，全日制学生 30633 人，教职员工 2820 人。拥有生物医学工程、材料科学与工程、机械工程、电气工程、土木工程 5 个湖南省重点学科，"先进包装材料与技术"等 10 个省部级重点实验室。与国内东南大学、中南大学等十多所高校联合培养博士研究生。

印刷工程专业设在湖南工业大学的包装与材料工程学院。

（7）南京林业大学②

南京林业大学坐落于风景秀丽的紫金山麓、碧波荡漾的玄武湖畔，是中央与地方共建的省属重点高校，于 2017 年入选国家"双一流"建设高校名单。学校前身为中央大学（创建于 1902 年）森林系和金陵大学（创建于 1910 年）森林系，1952 年合并组建的南京林学院。1955 年华中农学院林学系（武汉大学、南昌大学和湖北农学院森林系合并组成）并入，1972 年更名为南京林产工业学院，1983 年恢复南京林学院名称，1985 年更名为南京林业大学。

南京林业大学是一所以林科为特色，以资源、生态和环境类学科为优势的多学科性大学。占地面积 10751.15 亩，其中，新庄主校区占地 1257 亩，句容下蜀校区占地 4876 亩，淮安校区占地 1327 亩（目前建成使用校园 500 亩），白马教学科研基地占地 3255 亩，江宁工程培训中心等占地 36.15 亩。设有 21 个学院（部），70 个本科专业，现有全日制在校学生 3 万余人，教职工 2240 余人，50 余个省、部级研究开发机构、重点实验室和工程研究中心，有 66 个校级研究所和研究中心。

印刷工程专业设在南京林业大学的轻工与食品学院。

（8）曲阜师范大学③

曲阜师范大学 1955 年创建于山东济南，始称山东师范专科学校。1956 年 5 月，被教育部批准升格为曲阜师范学院，同年 9 月迁址山东曲阜，开启了兴办本科教育的历程。1970 年 9 月至 1974 年 4 月，与山东大学文科合并成为新的山东大学。1974 年 4 月恢复曲阜师范学院建制。1981 年，被山东省人民政府确立为重点建设的六所高校之

---

① 资料来源：http://www.hut.edu.cn/xxgk/xxjj.htm
② 资料来源：https://www.njfu.edu.cn/nlgk/xxjj/index.html
③ 资料来源：https://www.qfnu.edu.cn/xxgk/xxjj.htm

一。1985 年 11 月，学校更名为曲阜师范大学。2002 年，建设日照校区。曲阜师范大学是一所基础文理优势突出，文、理、工、管等多学科协调发展，以弘扬优秀传统文化和培养卓越教师为鲜明特色的省属重点综合性师范大学。

学校占地面积 3337.18 亩，本科招生专业 69 个，涵盖文、理、工、法等十大学科门类，教职工 2545 人。

印刷工程专业设在曲阜师范大学的工学院。

（9）齐鲁工业大学[①]

齐鲁工业大学（山东省科学院）坐落于国家历史文化名城——泉城济南，是山东省重点建设的应用研究型大学。1948 年解放军胶东军区成立胶东工业学校，1978 年至 2013 年为山东轻工业学院，2013 年更名为齐鲁工业大学。山东省科学院成立于 1979 年，前身为始建于 1958 年的中国科学院山东分院。学校于 2017 年 5 月由齐鲁工业大学和山东省科学院整合组建而成。

学校在济南、青岛、济宁、临沂、菏泽等地设有校区或研究机构，主校区在济南长清大学科技园。学校现有国家级平台 10 个，其中省部共建国家重点实验室 1 个、国家工程技术研究中心 1 个。校舍建筑总面积 142 万平方米，专任教师 2150 人，"双聘"院士 5 人，外籍院士 5 人。现有全日制在校本科生、研究生、留学生 3 万余人。设 26 个教学单位，16 家创新研究机构。拥有 83 个本科专业，学科专业涵盖工学、理学、文学、经济学、管理学、法学、医学、艺术学和教育学 9 个门类。

印刷工程专业设在齐鲁工业大学的轻工科学与工程学院。

（10）河南工程学院[②]

河南工程学院地处河南省省会郑州市，是经国家教育部批准设立的一所省属公办普通本科院校，河南省重点建设的"示范性应用技术类型本科院校"。学校于 2007 年由原郑州经济管理干部学院和原河南纺织高等专科学校合并组建。原郑州经济管理干部学院始建于 1956 年，是原煤炭部直属院校；原河南纺织高等专科学校始建于 1954 年，其办学历史可追溯到 1910 年设立的河南省官立中等工业学堂。

学校现有龙湖校区、桐柏路校区和南阳路校区三个校区，占地面积 2600 余亩，现有 24 个教学单位，教职工 1500 余人，全日制在校生 30000 余人，开设 57 个本科专业，涵盖工学、理学、经济学、管理学、文学、艺术学六大学科门类。

印刷工程专业设在河南工程学院的化工与印染工程二级学院。

（11）哈尔滨商业大学[③]

哈尔滨商业大学始建于 1952 年，为中华人民共和国第一所多科性商业大学，是黑龙江省重点建设的 10 所大学之一。学校定位为教学研究型大学，拥有涵盖经、管、工、法、文、理、医学、艺术八大学科门类的本科专业 68 个，占地总面积 116.55 万平

---

① 资料来源：https://www.qlu.edu.cn/5215/list.htm
② 资料来源：http://www.haue.edu.cn/xxgkxxgk/xxjj.htm
③ 资料来源：https://www.hrbcu.edu.cn/xxgk/sdjj.htm

方米，全日制本科在校生 23725 人，教职员工 1540 人。

印刷工程专业设在哈尔滨商业大学的轻工学院。

（12）荆楚理工学院①

荆楚理工学院是 2007 年 3 月经教育部批准成立的一所省属全日制普通高等学校，由荆门职业技术学院和沙洋师范高等专科学校合并组建而成。

学校位于湖北省荆门市白龙山下，依山傍水，占地面积 2200 余亩。设有 16 个教学学院（部），开设本科专业 43 个，专科专业 15 个，涵盖理、工、农、医、文、教、管、艺八大学科门类。教职工 1122 人，全日制普通在校生 18000 余人，其中本科生近 13000 人。

印刷工程专业设在荆楚理工学院的电子信息工程二级学院。

（13）青岛恒星科技学院②

青岛恒星科技学院前身为创建于 2001 年的青岛恒星科技专修学院；2003 年经山东省人民政府批准成立青岛恒星职业技术学院；2014 年经教育部批准升格为普通本科高校；2018 年获得学士学位授予权。

学校坐落于青岛，占地 93.1 万平方米，现开设本科专业 34 个，专任教师 676 人，在校本科生 9856 人，涵盖工学、管理学、艺术学等 9 个学科门类。

印刷工程专业设在青岛恒星科技学院的艺术与传媒二级学院。

（14）山西运城学院③

山西运城学院坐落于山西省运城市，前身为始建于 1978 年的运城师范专科学校。1989 年 12 月，经国家教育委员会批准、山西省人民政府决定，由运城师范专科学校、运城教育学院、河东大学三校合并组建运城高等专科学校。2002 年 2 月经国家教育部正式批准成立运城学院。

学校设 17 个教学科研单位，51 个本科专业，涉及经济学、法学、教育学、文学、历史学、理学、工学、农学、管理学、艺术学十大学科门类。占地面积 3089 亩，现有教职工 1296 人，全日制普通本科在校生 20900 余人。

印刷工程专业设在山西运城学院的机电工程系。

二、印刷科研和传媒

1. 中国印刷科学技术研究院

中国印刷科学技术研究院创建于 1956 年，原直属于国家新闻出版总署，2002 年经科技部、财政部、中编办联合发文批复，正式转为科技型企业，整体进入批复组建的中国文化产业发展集团公司（原中国印刷集团公司）。中国印刷科学技术研究院作为我国的综合性印刷信息服务与科研机构，以科研开发为基础，以信息服务为拓展核

---

① 资料来源：http://www.jcut.edu.cn/xygk/xyjj.htm
② 资料来源：http://www.hx.cn/channel/XXJJ
③ 资料来源：http://www.ycu.edu.cn/B20110603180530.html

心。科研板块的核心是技术研发中心和国家发展和改革委员会批准建设的印刷环保技术重点实验室以及汉字信息技术研究中心，承担着一系列国家和行业企业的重点科研课题。

2. 北京科印传媒文化有限公司

北京科印传媒文化有限公司（以下简称科印传媒）隶属于中国文化产业发展集团、中国印刷科学技术研究院。科印传媒是中国印刷包装行业领先的综合性专业媒体服务机构，在中国印刷领域具有极高的知名度和影响力。目前，科印传媒形成了以期刊出版、图书出版、网络出版、大型活动、会展服务、咨询、培训和相关的行业服务职能为支撑的全方位、多层次、立体化的产品和服务体系。科印传媒所属期刊及出版物包括印刷行业权威的《印刷技术》《印刷经理人》《数码印刷》，拥有中国主流的印刷包装行业专业网站科印网 www.keyin.cn，中国的印刷专业图书出版机构文化发展出版社有限公司（原印刷工业出版社有限公司）。

此外，科印传媒还主办了中国国际全印展、全国印刷经理人年会、"数码印刷在中国"大奖赛暨数码印刷高峰论坛、"德鲁巴来到中国"国际学术报告会等行业内有广泛影响的活动与会议，同时科印传媒向印刷行业提供专业的市场调研，出版《中国印刷业年度报告》《中国印刷蓝皮书》等极具价值的报告，并面向海内外客户提供专项调研咨询和培训服务。

3. 北京绿色印刷包装产业技术研究院

经北京市政府批准，依托北京印刷学院，2010 年 8 月北京绿色印刷包装产业技术研究院正式成立。研究院紧紧围绕绿色印刷包装产业及其先进装备制造业和出版、设计等文化创意产业，以"政府推动、高校主导、企业共建、服务北京、面向国际"为主要实施方式，以建设国家级印刷包装产业技术创新平台和公共服务平台、绿色印刷包装高新技术产业特色基地和开放性创新团队为支撑，以"重大科研课题和产业化项目"为主要抓手，促进产业发展方式转变，带动产业结构优化升级，积极服务和引领行业发展。

研究院现有六大研究方向，即绿色印刷油墨、绿色印刷装备与工艺、绿色包装材料与技术研究、绿色制版与先进材料、印刷电子材料与技术研究、绿色印刷包装产业发展战略。

4. 中国印刷博物馆

盛世修史、知史明志是我国人民的光荣传统。中国印刷术的起源、发明和发展，经历了辉煌、衰落和正在重新走向振兴的历史过程，发现和积累了丰富的文物、文献。经印刷界志士仁人倡议，海内外印刷与相关行业及社会各界慷慨捐助，世界上规模最大的印刷博物馆——中国印刷博物馆于 1996 年 6 月 1 日落成开馆。时任国家主席的江泽民同志亲自题写馆名。著名书法家、语词学家启功教授为中国印刷博物馆书写馆名，并书写捐赠纪念碑文。自 20 世纪 90 年代以来，伴随着中国印刷博物馆的创建，为应对一些国家学者对我国印刷术发明权的争议，海内外多学科专家对中国印刷史开展了卓有成效的研究，出版和发表了一系列专著和论文。

三、著名印刷展览会

世界上可以列入排名的国际印刷技术展览会有 6 个，分别是中国的北京国际印刷技术展览会，日本的 IGAS 国际印刷技术及器材展览会，意大利的 Converflex/Grafitalia，德国的 DRUPA 国际印刷与纸业展览会，美国的 PRINT 印前、印刷及加工贸易展和英国的 IPEX 国际印刷展。

1. 北京国际印刷技术展览会

北京国际印刷技术展览会（Beijing International Printing Technology Exhibition），英文简称 CHINAPRINT，是由中国印刷及设备器材工业协会和中国国际展览中心集团公司主办，自 1984 年开始，每四年一次，已成功举办过 10 届，是我国第一个加入国际博览会联盟的展览会。

2. IGAS 国际印刷技术及器材展览会

IGAS 国际印刷技术及器材展览会，简称 IGAS，由日本印刷供应者委员会（JGASC）组织，最初每两年一次，从 1999 年开始每四年举办一次。后更名为日本东京印刷技术及解决方案展览会，由日本印刷产业机械工业会、印前 & 数字印刷器材协议会举办。IGAS 是一场国际性的专业印刷设备展，展出最先进的设备与最新颖的技术，并且对各类技术性的问题提出解决方案和建议，同时对印刷产业的未来进行展望。因此，日本 IGAS 国际印刷技术及器材展览会是一个行业趋势风向标。

3. Converflex/Grafitalia

Converflex/Grafitalia 是意大利国际造纸工业、纸类制品加工及包装印刷及包装材料展览会/意大利印前、印刷出版及电子编印机械材料展览会的联展，由意大利专业展览服务中心（Centrexpo）股份有限公司主办。后更名为 Print4All 意大利米兰国际包装印刷和纸加工展览。该展会得到 ACIMGA（意大利印刷、造纸和纸加工机械制造商协会）、ARGI（意大利印刷机械、系统及产品制造商/分销商代表协会）、ASSOGRAFICI（意大利印刷、纸加工工业协会及相关团体）的大力支持和推广。Grafitalia 侧重于展示印刷设备、印刷媒体及传播领域，Converflex 2013 侧重于展示包装装潢、标签、模切、纸板和瓦楞纸板包装加工等设备，Converflex 将展示全球的产品和服务，为包装印刷、标签印刷和卫生用纸行业提供产业预测。两者几乎涵盖了印刷包装行业的所有领域，堪称国际上比较全面、影响力较大的业内盛事，并与其他 4 个展会（IPACK-IMA，Meat-Tech，Fruitech Innovation，and Intralogistica Italia）协同举办。

4. DRUPA 国际印刷与纸业展览会

DRUPA 国际印刷与纸业展览会，简称 DRUPA，于 1951 年 5—6 月在德国杜塞尔多夫首次开展，展会周期为每四年或每五年一届，主办者为杜塞尔多夫展览机构组织（messeDusseldorf）及德国机械及设备商协会（VDMA）下属机构和德国印刷油墨生产商协会（VdD）。该展览会是世界上规模较大的印刷展览会之一，被誉为"印刷人的盛典"和"印刷界奥运会"。其不仅展示反映当代印刷最新发展趋势的新技术、新工艺、新设备、新材料，并发布相关的大量信息预示未来四五年内印刷技术的发展趋势，而且为印刷界企业提供了一个理想的商贸洽谈平台。德鲁巴印刷展展出的技术代表了业内的最高水平，是反映全球印刷、造纸、出版和媒体行业发展趋势的"晴雨表"，引领印刷业的潮流，改变印刷业的未来。

5. PRINT 美国芝加哥印前、印刷及加工贸易展

PRINT 美国芝加哥印前、印刷及加工贸易展，简称 PRINT，每四年举办一次，主办者为印艺展览有限公司（GASC）。后更名为 PRINT 美国芝加哥国际印刷展，是国际上最大的印刷展览会之一，与德国杜塞尔多夫、日本东京、英国伯明翰、意大利印刷展览会齐名，在印刷行业享有极高的声誉。该展会为广大业内人士提供难得的机会来了解印刷和纸加工新技术及印刷工业发展方向，并提供更好的发展空间和更多的国际合作。多年来，该展会一直致力于成为内容覆盖印刷包装全行业的研讨会的风向标和发布最新技术和发展成果的信息平台，全面展示未来印刷包装的技术发展趋势。

6. IPEX 国际印刷展

IPEX 国际印刷展览会，简称 IPEX，每四年举办一次，由英国最大的展览商 llR 及 Picon 共同主办。IPEX 是世界上悠久的印刷行业展览会之一，其历史可以追溯到 1800 年。该展是英国最大和最负盛名的印刷行业解决方案展，也是全球六大印刷专业展之一。19 世纪刚开始举办时，是作为印刷、文具、造纸及相关产业展览和交易市场而出现的。此后它不断扩展，向参展商和参观者提供最新、最有价值的创新性解决方案，确保印刷业富有竞争力并不断向前推进，并享有"采购性展会"的声誉。它也一直是新印刷技术的发起推广平台，如 Indigo 和施乐在 1993 年 IPEX 展会上同时推出世界上首台数字印刷机。

曾被视为最重要的英国 IPEX 印刷和媒体工业展览会 2017 年正式宣布停办。曾经的全球四大印刷展会之一的英国国际印刷展览会 IPEX 退出了历史的舞台。

四、主要印刷网络媒体

1. 科印网

科印网（www.keyin.cn）是中国印刷包装行业门户网站，依托中国文化产业发展集团公司（原中国印刷集团公司）、中国印刷科学技术研究院（原中国印刷科学技术研究所），依托科印传媒旗下《印刷技术》《印刷经理人》《数字印刷》《标签技术》多个知名行业媒体，为印刷包装行业提供专业的知识与资讯服务。

科印网自 2005 年成立之日起就以"全力推动中国印刷行业发展为己任"，承载了众多印刷人的殷切希望，迅猛发展。科印网已成为中国印刷及包装行业重要的新闻资讯中心。

科印网整合了印刷包装行业高品质的专业技术文章，是名副其实的印刷包装专业知识库；科印网开辟了网络业界精英、汇聚各方权威视点的名家、观察、评论类栏目，创造了百家争鸣的环境；科印网建设着印刷行业齐全的"产品大全"，是从业者免

费查询印刷设备器材信息的便捷宝典；科印网还提供实用的印刷词典、产品评测、微信互动、求职招聘等便利通道。

科印网重点频道包括：资讯频道、文库频道、技术频道、名家频道、专题频道、图片中心等；专业与资讯内容涉及传统胶印、数字印刷、标签印刷、印刷人物、印刷包装行业精英管理方略等方面的内容。

科印网是联通印刷包装产业链的重要平台，拥有众多设备器材供应商、印刷包装企业、企业终端客户资源，发挥着互通有无的关键纽带作用。

科印网组织承办年度品牌活动——中国印刷电子商务年会，解构传统行业在电商领域的成功案例，讨论印刷业嫁接电商的多种可能，倾听试水印刷业的电商企业的苦与乐，探讨印刷电商的未来出口。科印网同时还进行中国印刷电子商务网站20强评选，且开发了印刷电商频道，成为"互联网+"时代印刷包装人的专业资讯助手。

2. 必胜印刷网

必胜印刷网（www.bisenet.com）是由中华商务联合印刷（香港）有限公司独资组建的印刷专业网站。10年来必胜网始终以传播行业信息资讯为己任，逐渐形成了专业性强、技术含量高、更新速度快、形式多样灵活、搜索查询方便、贴近用户等特点，在印刷行业中广负盛名。目前必胜网总点击量已经突破5000万次，每月有30余万字的文章上传量，拥有注册会员60000名，技术支持专家近百人，覆盖对象有印刷客户、设备制造商、出版社、企业管理层、技术人员、销售人员以及印刷院校师生等。目前，必胜网的全球Alexa单日最高排名已经突破6000名，是一家极具权威性的印刷专业网络媒体。

必胜网与印刷行业各方都保持着良好的关系，包括国际国内著名厂商、全国以及地方级协会、印刷专业院校、印刷企业等。

必胜网受众人群覆盖全国各个省市地区，包括我国香港和台湾地区。国际上，美国、德国、韩国、新加坡、泰国、新西兰、法国、英国、日本、罗马尼亚等国家都有我们的网民分布。其中国内北京、上海、广东、香港四个地区受众人群比例相对较高，占总网民人数的37%，海外网民占1%左右。

必胜网本着为印刷行业客户服务的宗旨，致力于专业内容的收集、新闻资讯的发布、技术问题的研究和探讨、为行业提供技术培训和咨询等主导业务，得到了行业专业人士的广泛认可与肯定，已成为印刷行业最主要的和最有代表性的媒体之一。

3. 中国印刷行业网

中国印刷行业网（www.chinaprint.org）是由中国印刷技术协会、中国印刷杂志社主办，紧密联系新闻出版总署，权威发布关于印刷、印刷设备、印刷器材、印后加工、印刷企业等行业资讯和印刷相关政策法规、印刷市场分析、印刷业相关评论、印刷技术文章、印刷经验交流、印刷业展览会议、印刷大赛，以及印前软件、制版设备、CTP、印刷器材、印刷配件、胶印、柔印、印后加工等相关产品信息，印刷人才培养、印刷行业论坛等内容。

五、知名印刷行业协会

我国印刷行业协会是随着改革开放的步伐,在从计划经济向市场经济过渡中相继成立并不断发展的。目前我国带有中国(或全国)字头的印刷及相关行业性协会共有 7 个,其中中国印刷协会(原名中国印刷技术协会)和中国包装联合会(原名为中国包装技术协会)成立于 1980 年;全国铁路印刷协会和中国印刷及设备器材工业协会成立于 1985 年;中国人民解放军印刷工业协会成立于 1986 年;中国报业协会(原名为中国报业经营管理协会,其下设有印刷工作委员会)成立于 1988 年;中国包装装潢印刷工业协会成立于 1993 年。另外,几乎每个省(市)都有自己的印刷行业协会。

1. 中国印刷协会

中国印刷协会由中国印刷技术协会更名而来,协会围绕我国印刷科技事业的工作方针和行业发展的方向,在开展学术技术交流和科技咨询服务、加强与国内外印刷界交流合作、发挥政府与企业之间的桥梁纽带作用等方面发挥作用。

中国印刷协会是全国印刷及相关企业、印刷工作者的群众性社会团体,业务主管是中国科学技术协会,现挂靠单位为国家新闻出版署,下设 10 个分支机构,包括网印及制像分会、商业票据印刷分会、凹版印刷分会、柔性版印刷分会、学术委员会、教育与科普委员会、企业管理专业委员会、特种印刷专业委员会、印刷史研究委员会、编辑工作委员会。

全国各省、自治区、直辖市印刷协会是中国印刷技术协会的团体会员。有团体会员 41 个、单位会员 5000 多个、个人会员近 20000 人。协会的主要工作是团结、组织全国印刷科技工作者和全国印刷工作者,联系相关行业,进行国内外有关印刷科研、教育、生产与经营管理方面的学术经验交流,传播新技术、普及新知识、推广新成果、评选表彰有突出贡献者,为促进我国印刷技术进步和印刷业现代化服务。协会出版会刊《中国印刷》和大型资料工具书《中国印刷年鉴》,设立中国印刷行业网,并设有包括毕昇印刷技术奖在内的多个印刷奖项。

2. 中国印刷及设备器材工业协会

中国印刷及设备器材工业协会(简称中国印刷工业协会)于 1985 年在北京成立。是全国性社团组织,是政府与企业之间的桥梁。协会由三个部分组成:印刷、印刷设备和印刷器材。协会既是用户协会,又是制造商协会。

中国印刷及设备器材工业协会现有直接会员单位 1500 家,团体会员 48 家(包括 31 家省市印刷协会),以及间接会员 5 万多家(指的是团体会员的会员单位)。

协会下设印刷机械分会、印刷器材分会、包装印刷分会、丝网印刷分会、快速印刷分会、数码与网络印刷分会、喷墨印刷分会、标签印刷分会,书刊印刷专业委员会、报纸印刷专业委员会、印刷技术工作委员会、企业工作委员会、团体工作委员会、展览工作委员会、教育与培训工作委员会、信息工作委员会、文化艺术品印刷复制工作委员会,北京中印协华港国际展览有限公司、《印刷工业》杂志社有限公司、北京中印鸥奇国际展览有限公司、东莞市中印协国际展览有限公司、《网印工业》杂志社有限公司等。

协会的主要任务是开展全行业基本情况的调查研究和资料的搜集整理与发布工作；提出振兴中国印刷及设备器材工业的方针、政策建议；组织国内外技术交流与合作；推广科研成果、先进技术和经营管理先进经验；组织制定印刷、印刷设备以及印刷器材等行业的标准、行规、行约及行业发展规划；发展与国外同行业协会和经济团体的合作与交流；组织中国制造商参加海外展览；组织中国印刷商参观国外印刷展览。

协会开展的主要活动有北京国际印刷技术展览会（China Print）、中国（广东）国际印刷技术展览会（Print China）、中华印制大奖（China Print Awards）、国际印刷工业发展论坛（FORUM-PI）、国际印刷技术发展论坛（FORUM-PT）、北京国际印刷信息交流大会（INFORPINT）。

3. 北京印刷协会

北京印刷协会成立于1981年，从最初的担负政府职能和行政职能，到现在已发展为由从事出版物、包装装潢印刷品和其他印刷品印刷经营活动以及相关的印刷机械、设备、器材生产经营和印刷教育、科研等企事业单位自愿组成的跨部门、跨所有制的行业协会，现有会员300多家。

北京印刷协会由北京市经济和信息化局、北京市民政局社团办指导和管理。北京市新闻出版局是印刷行业的主管部门，指导印刷协会开展工作。协会建立有节能环保工作委员会、教育工作委员会、质量工作委员会、出版印制工作委员会。

北京印刷协会在北京印刷业中具有较强的凝聚力，是中国三大印刷产业基地之一的环渤海区域印刷业的核心组织，与全国各省（区、市）印刷行业协会建立有紧密的工作关系。协会在市场调研、产业发展规划、职业技能培训、企业管理、技术改造、绿色印刷、清洁生产审核等项工作中发挥了重要作用。

第七章
印刷产业经济发展

印刷成为印刷产业的那一天起，就不得不谈到印刷产业经济。产业的形成源于它的经济性，印刷产业正是由于其经济规模、发展速度和影响力，成为中国经济中的重要一支。中国印刷产业经济的结构、布局和特点，突出反映出印刷产业经济的特色，成为社会主义市场经济发展的典范之一。

一、不同时期印刷产业经济发展与趋势

1. 20 世纪初印刷业经济发展

2006 年中国印刷产值 3800 亿元。在未计算外贸印刷、本册印刷和商业票据印刷的情况下，2006 年中国印刷工业总产值为 3165 亿元，同比增长 12.63%。

对比 2001—2006 年的各年份中国印刷工业总产值可以看出，中国印刷工业基本保持了一个较为平稳、快速的增长速度，见图 7-1。

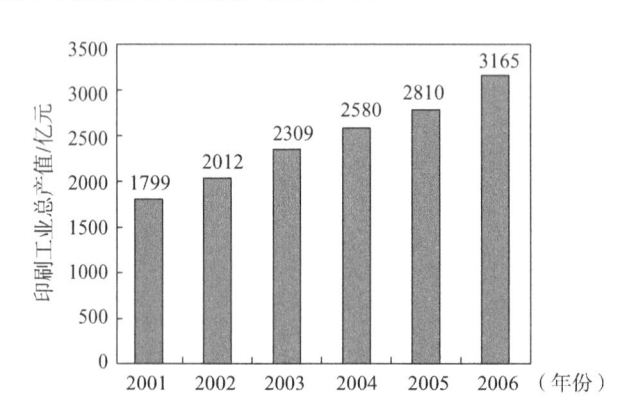

图 7-1 2001—2006 年中国印刷工业总产值

在数据统计中，2005 年以前印刷行业被划分为印前、书刊、报业、包装、外贸和其他 6 大项，其中，其他类别中又包含票据印刷、表格印刷和特种印刷三项。而 2006 年数据统计时，在维持前 5 个大项之外，新增了本册印刷，并把商业票据印刷作为一

个独立分类。

从以上几年统计的中国印刷业工业产值数据，21世纪第一个10年印刷业的发展态势基本都是以两位数的高速增长，仅在个别年份受到大环境影响而有所波动。

2. 2011—2019年印刷业经济发展

根据原国家新闻出版总局公布的数据，2014年，我国共有印刷企业10.5万家，从业人员339.4万人，实现印刷总产值10857.5亿元，全行业资产总额11763.0亿元，利润总额714.2亿元，印刷对外加工贸易866.2亿元。

如表7-1所示，从数据中可以看出，自2013年以来，印刷企业的数量在逐渐减少，影响因素是多方面的。一方面受全球性经济危机影响，印刷市场有一定程度的萎缩。另一方面受国家政策调整的影响，如企业污染物排放整治、环评、生产场地限制（安置在工业园区内）等一系列要求；国家供给侧结构性改革，对产能过剩、污染物排放超标等行业的限制；人员成本的增加，促使企业通过提高自动化水平减员增效，等等。

印刷工业增加值虽然每年都有所上升，但幅度并不大。主要原因包括：（1）市场因素，无论是国际还是国内，网络媒介对纸媒体的冲击，带来报纸、期刊等印刷市场的剧烈萎缩；（2）政策因素，无论是简政放权还是八项规定，证件、包装等印刷品市场受到较大影响；（3）成本因素，纸张、油墨等原辅材料价格轮番上涨；（4）印刷工价持续走低等因素，都大大影响了印刷收入。

从印刷行业的资产额来看，尽管只是一位数的增长率，但行业资产的持续增长却是不争的事实。印刷行业属于重资产行业，印刷产品的质量很大程度上依赖于印刷设备。印刷资产的增加一方面显示出印刷行业在不断加大设备投入，以获得或开拓更新、更大的市场；另一方面也证明了印刷行业的设备技术水平不断提高，整个行业的技术进步始终没有停止。

表7-1 2011—2019年印刷业主要经济数据

年份	印刷企业数/家	资产总额/亿元	资产增长率/%	工业总产值/亿元	工业总产值增长率/%	利润总额/亿元	利润增长率/%
2011	102484	9257.09	—	8677.13	—	739.87	—
2012	104367	10461.29	13.01	9510.13	9.65	724.98	-2.01
2013	105890	11024.71	5.39	10312.45	8.44	772.20	6.51
2014	104981	11762.98	6.70	10857.51	5.29	714.17	-7.52
2015	103467	12357.31	5.05	11246.24	3.58	698.60	-2.18
2016	101420	12904.80	4.43	11544.75	2.65	675.27	-3.34
2017	99054	13593.54	5.34	12057.70	4.44	676.58	0.19
2018	98279	15200.00	11.82	12700.00	5.33	—	—
2019	97000			13004.8	2.40		

印刷行业的利润率始终备受关注，无论是经济下滑带来的市场竞争加剧而导致的利润率下降，还是材料、人员、管理等成本上升引起的生产利润的下降，从这几年的数据可以看到，大部分年份印刷行业的利润增加都有很大的压力。正因如此，印刷企业无论是自愿还是被迫，都在努力通过新技术开拓市场、投入新设备减少人工等措施以获得生存空间。

3. 2020 年规模及以上印刷企业的经济发展

根据国家统计局对规模以上印刷企业（年营业收入 2000 万元以上）的统计，2019 年底，规模及以上印刷企业有 5663 家企业，营业收入总计为 6649 亿元。2019 年全年，印刷全行业工业总产值为 1.3 万亿元，其中规模企业占据全行业总产值的 51%。可以说全行业二分之一的产值都是由规模企业贡献的。

图 7-2 反映了 2018—2020 年前 8 个月我国国民生产总值（GDP）、工业平均水平（由 41 个分行业组成）以及印刷业和记录媒介的复制行业的经济走势。

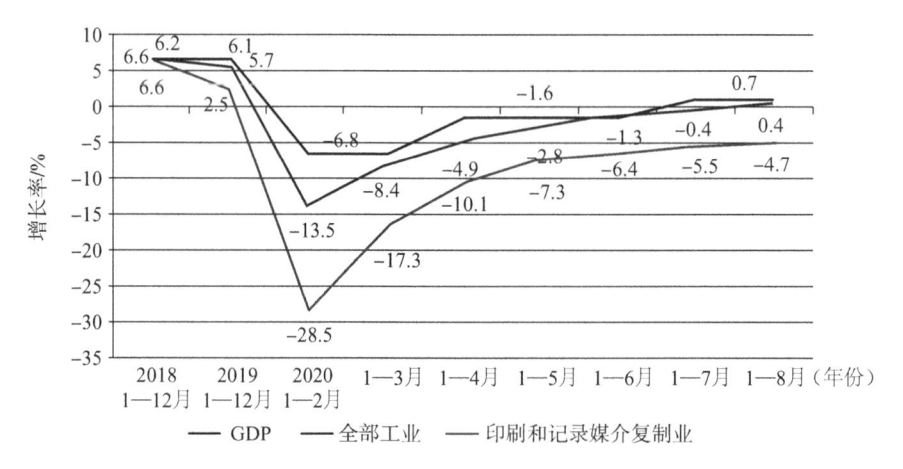

图 7-2 2018—2020 年国家、工业行业及印刷业经济走势

从图 7-2 中可以看出，新冠肺炎疫情对中国经济、对印刷产业都造成了严重的影响。2020 年 1—2 月，无论是 GDP、全部工业，还是印刷行业，都出现了巨大的降幅。

从 3 月开始，随着逐步复工复产，增速的降幅也开始逐步收窄。GDP 从一季度的 -6.8% 到二季度的 -1.6%，再到三季度的 0.7%，经济增速由降转升，经济运行持续稳定恢复。

全部工业的同比增速，从 8 月开始转正为 0.4%。相比而言，印刷业的增速，虽然也在逐步好转，但是一直处于负增长区间，一直低于全部工业的平均水平。

4. 近 10 年规模及以上印刷企业经济情况

图 7-3 显示了 2010—2020 年（1—8 月）国家、工业行业和印刷业的经济走势。从图中可以看出，近 10 年来无论是从国家层面、全部工业领域，还是印刷行业，经济发展速度都处于一个下降的趋势。全部工业的下降程度和波动幅度大于 GDP，而印刷业的下降程度和波动幅度比全部工业的平均水平要大。印刷行业在前 5 年中基本还是处于两位数增长，但是近 5 年来，发展速度开始逐年走低。2020 年由于新冠疫情成为历史上最低点。

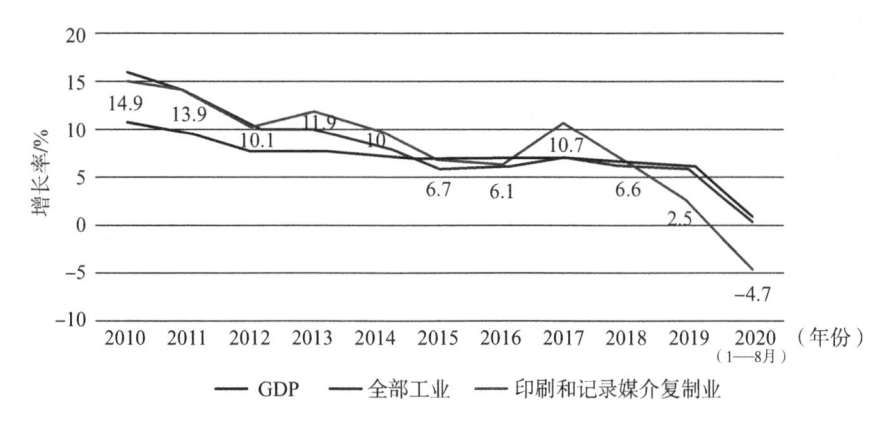

图 7-3　2010—2020 年（1—8 月）国家、工业行业和印刷业的经济走势

5. 近 10 年印刷全行业经济发展情况

图 7-4 为 2010—2019 年印刷工业总产值情况。从图中可以看出，10 年中印刷工业总产值的增速为下降趋势。2019 年，印刷全行业工业总产值增速仅为 2.4%，是 10 年来的最低增速。10 年中，每一年印刷行业工业总产值的绝对值是增加的。2010 年的工业总产值达到 1339 亿元，是这 10 年中的最高点；2016 年受国际金融危机及国内供给侧结构性改革政策的影响，工业总产值仅为 298 亿元，是近 10 年的最低点。尽管工业总产值的增长速度每年有所回落，但是产业规模每年都在增长，整体还在发展。

图 7-4　2010—2019 年印刷工业总产值

二、中国印刷产业基本布局

1. 中国印刷产业带

产业带是指一条带状的链条产业集中区域，是相关或相同的产业的基地，在此区域内可以形成产业聚集效应，更好地壮大产业，在产业带中各种资源会更有效地得到利用和配置。

产业带的形成是区域经济发展的一个显著特征。在产业带形成初期，企业区位行为受环境条件的影响，而表现为向某一优势区位集中，进而发展成若干城市工业集中区。企业在运营过程中又由中心向外沿轴线扩散，这两种空间过程既相互推动又相互制约，便形成了产业带。

改革开放以后，中国印刷较早形成的产业带有3个：一是以京津冀为中心的环渤海印刷产业带（包括北京、天津、河北等）；二是以上海和苏浙为中心的长三角印刷产业带（包括上海、浙江、江苏等）；三是以广东为中心的珠三角印刷产业带（包括深圳、东莞、广州、汕头等）。随着国家经济向纵深发展，又形成了以四川、陕西为中心的西部地区印刷产业带（包括四川、重庆、陕西、云南等）。

（1）环渤海印刷产业带

环渤海地区是指环绕着渤海全部及黄海的部分沿岸地区所组成的广大经济区域。环渤海印刷产业带是以京、津、冀为主的印刷产业带，主要有以大兴区、通州区、顺义区、怀柔区、昌平区为主要印刷企业集聚区的北京印刷业；以滨海新区、北辰区、武清区、宝坻区和静海县为主要印刷企业集聚区的天津印刷业；以石家庄市、廊坊市、保定市、三河市、唐山市、沧州市、邢台市、肃宁县、武邑县为主要印刷企业集聚区的河北印刷业。三地上千家印刷企业形成了华北地区的环渤海印刷产业带。近年来，环渤海印刷产业带正在辐射周边地区，圈入山东省和辽宁省印刷业。

（2）长三角印刷产业带

长三角地区是指上海市和江浙地区构成的经济区域，长三角印刷产业带是以上海市、江苏省和浙江省为主的印刷产业带。主要包括由松江区、浦东新区、嘉定区、青浦区、金山区、宝山区、闵行区等印刷企业集聚区组成的上海印刷业；由杭州市、宁波市、苍南县、义乌市、诸暨市、平湖市、海宁市等印刷企业集聚区组成的浙江印刷业；由南京市、无锡市、常州市、南通市、苏州市、徐州市、江阴市、盐城市等印刷企业集聚区组成的江苏印刷业。近年来，长三角印刷产业带向周边发散，已经圈入安徽省、福建省印刷业。

（3）珠三角印刷产业带

珠三角地区是指以广东省为主的经济区域，珠三角印刷产业带是以广东省为主的印刷产业带。主要是深圳市、广州市、东莞市、珠海市、佛山市、中山市等印刷企业集聚区的广东印刷业。但在粤港澳大湾区一体化建设指引下，珠三角印刷产业带正以广东九市和香港、澳门两个特别行政区的大区域发展，形成更大范围的印刷产业带。

（4）西部地区印刷产业带

西部地区是指以陕西省为主的西北地区和四川省、重庆市、云南省为主的西南地区，西部地区印刷产业带主要有由西安市、渭南市、宝鸡市等印刷企业集聚区组成的陕西印刷产业带；由成都市、重庆市、绵阳市、宜宾市、德阳市、泸州市、浦江市等印刷企业集聚区组成的川渝印刷产业带；由昆明市、玉溪市、曲靖市、红河哈尼族彝族自治州、大理市、楚雄彝族自治州等印刷企业集聚区组成的西南地区印刷产业带。随着国家经济从沿海地区向内地地区发展的趋势，西部地区印刷产业带成为近年来发展速度快、规模扩张强、产业规模大的新印刷产业带。

2. 中国印刷产业带核心区域发展

（1）北京印刷业

北京，简称"京"，古称燕京、北平，是中华人民共和国的首都、直辖市、国家中心城市、超大城市，国务院批复确定的国家政治中心、文化中心、国际交往中心、科技创新中心。北京是中国共产党中央委员会、中华人民共和国中央人民政府和中华人民共和国全国人民代表大会常务委员会的办公所在地，地处中国北部、华北平原北部，东与天津毗连，其余所辖区域均与河北相邻，下辖16个区，总面积16410.54平方千米。截至2020年年底，常住人口为2189.3095万人。

2018年，北京地区印刷业的资产总值达到464.9亿元，主营业务收入为326.3亿元，印刷企业有1468家，从业人员50675人，利润总额18亿元。

北京印刷业在工艺水平上引领设计，在设备技术上融入世界先进水平，在科研创新上进入智能化高端发展。北京印刷业的产品屡屡在国际印刷比赛中获奖，不仅为北京印刷业，也为中国印刷业赢得了荣誉；北京印刷业在绿色环保和清洁生产上取得了明显的成效，已基本实现了与世界印刷水平的接轨。

北京印刷业的变化是明显的，由计划经济到市场经济，体制的变化和印刷企业结构的多元化，使北京印刷业增强了活力，体制和结构的变化成就了北京印刷业的大发展。截至目前，北京地区印刷企业有1468家，其中股份合作制企业140家、股份有限公司11家、国有企业88家、集体企业104家、私营企业43家、有限责任公司1043家、外资企业10家、港澳台合资经营企业7家。北京地区印刷业主营业务收入仍然保持每年3%～5%的增长，印刷企业的集中度在稳步提高；亿元规模企业达46家，5000万元以上规模企业89家。这种多元化成分的构成，为印刷市场竞争形成活力，也为繁荣北京印刷市场和服务首都功能发挥了积极作用。

在北京市逐步成为国际大都市的过程中，北京印刷业已经成为服务首都的重要文化产业之一。北京作为国家的政治、文化、国际交往和科技创新中心，印刷产业与其有较高的匹配度，不仅在各种政策、法规、重要文献、图书、报刊的出版和党政重大会议、国际会议、科技研发成果的宣传报道等方面都需要印刷服务，而且还在文化传播、满足人民不断增长的物质需求和文化生活上发挥了不可或缺的重要作用。北京印刷业成为服务首都核心功能的文化产业。

目前，北京印刷业拥有数字印刷机700多台（套），直接制版机378台，单幅和双幅四色商业轮转印刷机49台，单幅和双幅四色报纸轮转印刷机68台，对开四色单张胶印机656台，生产型数字印刷机574台，四色以上柔性版印刷机76台，四色以上凹版印刷机31台，无线胶订生产线244条，精装书籍生产线46条。北京印刷业的生产设备，在国内处于领先地位。

（2）天津印刷业

天津，简称"津"，别称津沽、津门，是中华人民共和国省级行政区、直辖市、国家中心城市、超大城市，国务院批复确定的中国北方对外开放的门户，中国北方的航运中心、物流中心和现代制造业基地，下辖16个区，总面积11966.45平方千米。截至

2020年年底，常住人口1386.6万人。

天津毗邻北京，是与北京市联系最紧密的超大型城市，区位优势明显。天津市拥有出海口，天津港是中国北方最大的综合性港口，是华北、西北和京津地区的重要水路交通枢纽。天津拥有城际、高铁、高速公路等便捷的交通网络，为天津印刷工业的持续发展提供了便利。

近年来，天津市印刷业获得了较快的发展，印刷业递增速度达到稳步提升，印刷产业规模和生产能力不断扩大，外商印刷企业、国内大型印刷集团的投资步伐日益加快，产业聚集效应不断显现，印刷市场成熟度不断提高，市场机制在印刷产业资源配置中的作用逐步显现，印刷对外加工贸易呈稳步上升势头，印刷产业发展的基础日渐雄厚。

天津拥有多家规模较大、质量优良、技术先进的印刷设备制造企业和油墨制造企业，如上市企业天津长荣印刷设备股份有限公司，专业生产包装印刷不可或缺的装潢印后加工设备，是目前国内最好的印后设备制造企业之一，被称为中国包装龙头企业。天津油墨股份有限公司是全国最大的油墨制造企业之一，为印刷企业提供必不可少的主要原材料。天津市拥有多所开设印刷相关专业的高校及职业技术学校，环渤海经济圈和滨海新区的经济发展吸引了大批国内外优秀专业人才，为天津印刷业发展提供了深厚的技术人才基础和较强的人力资源优势。"十二五"期间，天津市打造起多个具有竞争力的国家级印刷示范产业园区，大力培育出一批具有竞争优势和规模效益的印刷企业，初步建成完整的现代化印刷工业体系，成为中国北方最大的印刷基地。天津建设了6个印刷发展项目：北辰新闻出版装备产业园、东丽印刷工业园、滨海新区、武清纸制品功能区、西清南聚集区、南开数字印刷区，印刷产业发展显现良好态势。

根据天津印刷业的统计数据，包装印刷企业无论是数量占比、从业人员占比，还是产值占比均超过50%，表现出以包装装潢印刷企业为主的印刷产业特点。包装装潢印刷企业占比规模以上企业高达九成，反映出包装印刷企业是天津印刷产业的龙头企业群，与北京出版物印刷为主的企业群形成相得益彰的契合，为京津协同发展奠定了良好基础。

（3）河北印刷业

河北，简称"冀"，是中华人民共和国省级行政区，省会为石家庄市。位于中国华北地区，环抱首都北京，东与天津毗连并紧傍渤海，东南部、南部衔山东、河南两省，西倚太行山与山西省为邻，西北部、北部与内蒙古自治区交界，东北部与辽宁省接壤，下辖11个地级市，总面积18.88万平方千米。截至2020年年底，常住人口7461.0235万人。

河北地区环绕北京、天津两大直辖市，具有独特的区位优势，河北印刷业在围绕北京的廊坊市、保定市和唐山市得到迅速发展，形成了保定市、廊坊市、涿州市、雄县、三河县、香河县、乐亭县和玉田县等印刷集聚地。

河北省保定市环绕京津，紧邻省会，地理位置具有得天独厚的优势。保定印刷业主要服务于京津两大城市和环渤海经济圈，集中于涿州、高碑店、雄县、定兴等几个县市，与北京市、天津市三角相倚，处在首都经济圈的核心地带，多年来依靠市场驱动，已经与北京印刷产业形成了相互支撑与适度匹配。河北省雄县聚集了大量的包装装潢印刷企业，形成了原料、吹膜、制版、复合、制袋（箱）、销售一条龙的连锁经营特色，形成拥有纸、塑、革三类产品，平、凸、凹、孔四大印刷技术的格局，建立起雄州塑料包装基地，是保定市较为突出的特色印刷产业，除河北本省业务外，还消化和吸纳了部分北京外溢的相关印刷业务。

地处京津之间，素有"印刷之乡"美誉的河北省廊坊市，其印刷业已经成为当地的支柱产业、财政收入的重要来源和农民增收的重要途径。廊坊印刷企业门类齐全，既有小而精的专项企业，也有兼具出版物排版、印刷、装订和包装装潢印刷于一体的综合型企业。廊坊印刷业的崛起得益于北京丰富的业务资源，其行业地位的确立也与服务北京形成的独特品牌优势密不可分。在廊坊印刷业的四大集聚区中，三河市的印刷装订业知名度最高，北京的出版社就有大量的印刷及装订业务是在河北三河完成的。

河北省唐山市玉田县的印刷包装机械生产独具特色，是北方地区重要的印后加工机械生产基地，为北京市及全国提供多品种的印刷设备。产品主要有三大类60余个品种，以印后设备为主，主要产品有模切机、烫金机、覆膜机、裱纸机、糊箱（盒）机、打包机等十余种产品。唐山市乐亭县交通便利，拥有铁路、高速公路和天然深水不冻港口，海产品和农产品资源丰富，规划中的城区和港区两个工业区配套设施齐全，政策优惠，已经有不少工业品、农产品和海产品深加工企业入驻，为配套经贸发展的印刷包装业带来了良好的发展机遇。

（4）上海印刷业

上海，简称"沪"或"申"，是中华人民共和国省级行政区、直辖市、国家中心城市、超大城市、上海大都市圈核心城市，国务院批复确定的中国国际经济、金融、贸易、航运、科技创新中心。上海地处中国东部、长江入海口、东临东海，北、西与江苏、浙江两省相接，全市下辖16个区，总面积6340.5平方千米。截至2020年年底，常住人口2487.09万人。

2020年，上海印刷业总资产达到1281.97亿元，比2019年增长5.15%，上海印刷业全行业工业总产值为797.64亿元，销售收入和利润总额双双呈现增长，整个印刷业仍然保持较高的盈利能力。由于疫情的影响，2020年对外加工贸易额下降了11.50%，总额为89.85亿元。

上海印刷业积极响应党中央的号召，加快构建以国内大循环为主体、国内国际双循环相互促进的新发展格局。外商在上海印刷业的投资发展出现喜人的新形势，外商企业维持在142家，注册资金额为10.05亿美元，超过了2019年的注册资金额，投资总额达到20.47亿美元，超过了2018年的20.11亿美元。

包装装潢印刷引领行业快速复苏。2020年，上海包装装潢印刷企业共计1747家，占企业总数的69.63%，比2019年占比68.36%提升了1.27%；包装印刷工业增加值为233.33亿元，比2019年的232.60亿元增加0.73亿元，增长0.31%；销售收入为815.35亿元，比2019年764.33亿元增加51.02亿元，增长6.68%。

2020 年，包装装潢印刷企业在总资产、净资产、薪酬总额、人均薪酬、人均利润等方面均实现了较大增长。上海印刷业年工业总产值 1000 万元以上的企业在全行业占比增加，达到 30.65%。其中，年工业总产值 1 亿元以上的企业有 138 家，占企业总数的 5.50%；年工业总产值 1000 万～5000 万元的企业有 523 家，占企业总数的 20.84%，比 2019 年增长 0.38%；年工业总产值 1000 万元以下的企业有 1740 家，占企业总数的 69.35%，比 2019 年减少 115 家，下降 6.20%。通过以上数据可知，2020 年，企业数量减少主要集中于年工业总产值为 1000 万元以下的企业，进而使上海印刷业的企业集中度进一步提升。

（5）浙江印刷业

浙江，简称"浙"，是中华人民共和国省级行政区，省会为杭州市。位于长江三角洲地区，东临东海，南接福建省，西与安徽省、江西省相连，北与上海市、江苏省接壤。截至 2020 年，浙江省下辖 11 个地级行政区，总面积 10.55 万平方千米，常住人口为 6456.7588 万人。

改革开放以来，浙江印刷人发扬"走遍千山万水，说尽千言万语，想尽千方百计，吃尽千辛万苦"的敢为人先精神，从苍南金乡印刷"铝制标牌、塑片制品、塑膜卡片、涤纶商标"四小商品开始，印刷包装企业遍地开花，为浙江省市场大省的建设和经济社会发展提供了有力支撑。经过 70 年的开拓创新、奋力拼搏，浙江省印刷产业形成了企业大中小并举、工艺门类齐全、多种经济成分互补的新格局，走出了一条具有浙江发展特色的道路。无论是印刷产业规模、资产总量、盈利收入、印刷企业数量，还是行业就业人数均居全国第二位，总体实力与规模走在全国前列。浙江省现有各类印刷企业 15254 家，其中出版物印刷企业 480 家，包装装潢印刷企业 9790 家，其他印刷品企业 4523 家，排版、制版、装订专项企业 411 家，专营数字印刷企业 50 家，外商投资印刷企业 86 家。

浙江印刷产业继续巩固和推进全省 10 个已建印刷园区的建设，进一步优化结构和特色，已形成以杭州为中心的出版物印刷和包装装潢印刷为特色的浙北产业区块，以宁波市为中心的包装装潢印刷为特色的浙东产业区块，以温州市苍南县食品包装、商标印刷、印刷机械为特色的浙南产业区块，以金华市、义乌市的服装和袜业等小商品包装为特色的浙中印刷产业区块。这四大产业区块依附于当地的经济结构特点，形成各自的发展特色，进一步增强了产业集聚效应，壮大了产供销相互配套、技术相互协作、产品相互补充的产业链，推动了印刷产业的迅猛发展。

浙江省的印刷机械制造业不但有特色，也有规模和影响力。以温州市为产业集聚地，300 余家印刷机械制造企业年工业总产值达 60 亿元，占全国印刷机械制造业总量的 10%，其中，亿元以上企业 10 家，规模以上企业 100 家左右，国家级高新技术企业 18 家，年出口交货值 11 亿元。温州的中德集团、劲豹机械、光明机械、国望集团等重点企业，以及杭州科雷机电、平湖英厚等印机制造企业形成了全省印刷加工机械设备产业链，为推动印刷机械国产化进程起到了积极作用。

（6）江苏印刷业

江苏，简称"苏"，是中华人民共和国省级行政区，省会为南京市，位于长江三角洲地区，与上海市、浙江省、安徽省、山东省接壤。江苏省地处长江经济带，下辖13个地级行政区，总面积10.72万平方千米。截至2020年年底，常住人口8474.8万人。

江苏省现有各类印刷复制企业10543家，从业人员27.73万人，2020年实现工业总产值1679多亿元，利润总额达106.84亿元，形成包括书刊印刷、包装印刷、票据印刷、塑料印刷、金属印刷等各种印刷种类，以及拥有POD直接连线印刷设备、商业轮转机、多色凹印轮转机、超大幅面多色印刷机、精装联动线等设备先进、较为完整的印刷产业链。印刷产业呈现出大中小企业并举、工艺门类齐全、多种经济成分互补的发展新格局。

作为国家经济大省、文化大省，江苏在推动经济社会发展进程中高度重视印刷业的发展。目前，印刷总产值5000万元以上规模企业576家，同比增加21家，拥有各类上市企业或上市企业下属子公司26家，入围"中国印刷包装企业100强排行榜"7家，荣获国际印刷大奖企业15家。包装印刷企业6907家，占全省比重65.51%，实现销售收入1516.12亿元，占全省比重90.10%，全省印刷企业投入的研发经费达33.24亿元，占销售收入比重的1.98%。通过绿色印刷认证的企业达121家。累计外商投资金额58.35亿元，拥有外资印刷企业227家，对外加工额99.59亿元，省内企业对外直接投资总额达52.60亿元。江苏印刷业呈现出向高质量发展迈进的崭新局面。

（7）深圳印刷业

深圳，广东省辖地级市，简称"深"，别称鹏城，国家计划单列市、超大城市，前身为宝安县，1979年成立深圳市，1980年成为中国设立的第一个经济特区。深圳地处中国华南地区、广东南部、珠江口东岸，东临大亚湾和大鹏湾，西濒珠江口和伶仃洋，南隔深圳河与中国香港相连，是粤港澳大湾区四大中心城市之一，全市下辖9个行政区和1个新区，总面积1997.47平方千米。截至2020年，常住人口1756.0061万人。

深圳集聚了世界上最先进的印刷技术，承接了来自国际、国内的高档印刷品订单，"印在深圳"已成为中国乃至全世界的印刷品牌工厂。在中国印刷包装企业百强评选中，深圳一地就有20多家企业榜上有名；获得国际国内多项大奖，其中有被喻为印刷界"奥斯卡"的班尼金奖、金墨大奖、美国金叶奖等。此外，还有亚洲奖项、中华印制大奖等。强劲的发展势头离不开深圳印刷业本身所具有的独特优势。

深圳毗邻中国港澳地区，物流、人流量大；深圳的印刷企业综合实力强，产业配套齐全，国际化程度高；在书刊印刷和包装印刷领域，深圳的印刷企业是当之无愧的全国龙头企业，如中华商务、劲嘉集团、雅昌集团、利丰雅高等，均是国际国内的知名企业；企业技术、设备先进，起点高。深圳集聚了国际上最新的印刷技术和设备，激光照排、计算机直接制版CTP和彩色胶印极为普及，数字印刷发展势头正盛。在制版、印刷、印后及包装等工序方面，已经实现了自动化、联动化、数字化、光机电一体化；市场竞争充分，政府服务到位高效，企业经营水平高。由于深圳具有良好的市场环境、资金充裕，政府相关部门和行业协会提供了高效、优惠的政策环境与服务，深圳印刷业得以在充分的市场竞争条件下壮大成长。

（8）东莞印刷业

东莞，是广东省辖地级市，特大城市，地处中国华南地区、广东省中南部、珠江口东岸，西北接广州市，南接深圳市，东北接惠州市，是中国4个不设区的地级市之一。东莞市是珠三角中心城市之一、粤港澳大湾区城市之一、深圳都市圈城市之一，号称"世界工厂"。全市陆地面积2460.1平方千米，海域面积82.57平方千米。截至2020年，常住人口为1046.6625万人。

东莞包装印刷业经过30多年的产业积淀，凭借显著的区位优势、活跃的外向型经济、良好的经济发展环境、强大的产业配套能力以及勇于创新的精神，得到了超常快速发展，产业规模和生产能力持续扩大，生产总值不断增长，包装印刷技术和包装印刷设备迅速进入国际先进水平，已成为泛珠三角"世界印刷中心"的重要组成部分，更是全国重要的包装印刷产业基地。

东莞现有包装印刷企业6000多家，从业人员近30万人，居全省第一位，工业总产值400多亿元，一直凭着高质量的包装印刷产品和服务享誉国内外。东莞桥头镇为"广东省环保包装专业镇""中国环保包装名镇"；望牛墩镇为"广东省印刷重镇"，万江（严屋）的"包装品及印刷品产业园"为东莞市重点建设项目；国内首家一流的纸制品权威检测机构——国家纸制品质量监督检验中心落户东莞；中国（广东）国际印刷展览会、中国（南方）印刷及设备器材展览会均永久落户东莞；东莞已建成包装、印前、印刷、印后、印刷耗材设备供应及后备人才输送等相对完善的产业体系。东莞有印刷机械、设备生产厂家和代理商200多家，世界各大品牌的印刷设备供应商均在东莞设有多级的代理店，东莞有各类包装印刷材料生产及代理商400多家，包括纸材、油墨和各类凹印版、铝版、压纹版等；东莞拥有包括印前、印刷、印后以及覆盖纸品印刷包装、塑料印刷包装、金属印刷包装和各种防伪特殊质材印刷包装的完善产业链，东莞外商投资的包装印刷企业有1000多家。

东莞毗邻中国港澳地区，地理位置优越，又是著名的国际制造业名城和全球加工贸易中心，包装印刷企业在国际市场具有一定的区位优势，外单是东莞包装印刷企业的重要业务来源。东莞产值过亿元的包装印刷企业多达40多家，形成了成熟完善的产业体系，拥有一批国内外知名企业，如铭丰包装、金杯、中编、新洲、利丰雅高、当纳利、虎彩等，这些企业实力雄厚，设备先进，技术尖端，管理科学，产值高，竞争力强，有力推动了东莞包装印刷行业的发展壮大。

（9）中国香港印刷业

中国香港，全称中华人民共和国香港特别行政区，位于中国南部、珠江口以东，西与澳门地区隔海相望，北与深圳相邻，南临珠海万山群岛，区域范围包括香港岛、九龙、新界和周围262个岛屿，陆地总面积1106.66平方千米，海域面积1648.69平方千米。截至2020年，总人口747.42万人。

中国香港作为全球重要的金融贸易中心，服务业、零售业及外贸出口是经济组成的中流砥柱。在 2019 年外忧内患中受到了重挫，整体经济数据和就业数据都呈大幅度下降趋势，而相较于这些行业的不可控制，工业制造业则表现平稳，而与整体工业制造业相比，印刷业表现更为波动，在前三季度分别获得了 3.3%、1.4% 及 0.5% 的降幅，在第四季度力挽狂澜地实现 1% 的增幅，但整体与 2018 年相比还是下降了 1%，反映出印刷业虽然在困境中受到了一定程度的影响，但是已尽量地调整自己的发展方向，在后期稳住了局势。

作为素有经济"晴雨表"之称的印刷业，在全球经济再次陷入低缓增长的时期，也正面临着疾风迅雨的冲击。中国香港印刷业与内地印刷业同本同根，"前店后厂"的生产模式一直是两地合作的最佳模式，面对如此低迷的发展前景，香港印刷业也积极发挥成为全球四大印刷中心之一时的冲劲，积极融合各方力量，开拓新方向，也坚定地走着推动"环保、创新、智能化"的正确道路，发挥着作为印刷人的专业使命。

3. "一带一路"印刷产业带

"一带一路"发端于中国，贯通中亚、东南亚、南亚、西亚，乃至欧洲部分区域，东牵亚太经济圈，西系欧洲经济圈，是世界上跨度最长的经济大走廊，也是世界上最具发展潜力的经济合作带。

"一带一路"沿线涉及 64 个国家（不含中国），覆盖约 32 亿人口，经济总量约 12 万亿美元，人口和经济总量分别占全球的 46% 和 15%。就印刷及设备、器材市场而言，"一带一路"沿线 64 个国家整体在全球的市场份额分别为印刷 14%、印刷设备 17%、印刷金属版材 18%、印刷柔性版材 9%。图 7-5 为"一带一路"印刷路线。

图 7-5 "一带一路"印刷路线

2016 年，中国与"一带一路"沿线 64 个国家的印刷设备、器材进出口贸易总额为 12.40 亿美元。其中，印刷设备进出口贸易金额为 7.99 亿美元，印刷器材进出口贸易金额为 4.41 亿美元，分别占中国印刷设备、器材进出口总额的 24% 和 41%。

2016 年，中国印刷设备、器材出口到"一带一路"沿线的贸易总额为 10.26 亿美元，而中国从"一带一路"沿线进口的贸易总额则只有 2.14 亿美元，两者相差 4 倍多。

2016 年，中国印刷设备、器材出口到"一带一路"沿线的贸易总额为 10.26 亿美元，其中印刷设备为 6.36 亿美元，占当年中国印刷设备出口总额的 36%；印刷器材为 3.90 亿美元，占当年中国印刷器材出口总额的 59%。可见，"一带一路"沿线是中国印刷设备、器材的重要出口市场。

2016年，中国印刷设备、器材出口10.26亿美元，在"一带一路"沿线的占比为：东亚和东南亚44%、南亚23%、西亚和北非23%、中亚1%、中东欧10%。

三、中国印刷产业分析

1. 产业布局持续调整

（1）印刷企业数量

近几年，印刷产业在各省市的分布，一直在持续调整。从印刷企业数量变化来看，2017—2019年，全国印刷企业数量从10万家以上，减少到了9.7万家。

①京津冀地区。近3年北京地区减少了11.38%，天津地区减少了0.82%，河北地区减少了4.98%，山东地区增加了8.44%。只有山东企业的数量在增长。

②长三角地区。近3年来上海地区减少了24.26%，浙江地区减少了8.74%，江苏地区增加了5.2%，安徽地区增加了7.41%。上海企业数量呈现大幅减少，江苏印刷企业数量稳定增长，安徽地区成为长三角制造业转移主要地区，企业数量增长较快。

③珠三角地区。广东地区减少了10.11%，仍然处在比较剧烈的变动期。

（2）印刷工业总产值

从印刷工业总产值变化来看，印刷产业始终是正向增长。2017—2019年，印刷工业总产值的增长率有所波动，2018年的增长率较2017年和2019年都高一些，2019年增长率较低，仅为2.4%。

在各个主要发展地区中，广东地区保持持续稳定的增长；长三角地区的浙江、江苏、安徽地区处于增势，上海地区持续下降；京津冀地区的山东地区一枝独秀，增长态势良好，北京以及天津地区增长迟滞，河北地区降幅较大；中部地区的湖北、湖南地区增速明显，江西地区则处于下行；西北西南地区的四川、云南地区发展较好；东北三省普遍比较低迷，辽宁地区已经实现止跌小幅增长。

从近三年印刷企业的数量和印刷工业总产值的变化，一些省市表现出企业数量持续减少、总产值持续增长的发展态势，这表明一些省市正处在产业集约化发展的历史进程之中。

2. 大型企业的发展

（1）规模企业

①企业数量。规模企业数量在2019年已经超过了4000家，占全部企业数量的4.3%。与2010年仅有2000余家，占比仅为2.06%相比，数量均已翻番。

②工业总产值。规模企业的工业总产值超过了8000亿元，占全部企业工业总产值的61.8%。

③利润总额。规模企业的利润总额占全部印刷企业利润总额比的75.2%，高于工业总产值的占比。

由此可见，占全行业企业数量4.3%的规模印刷企业，对行业工业总产值的贡献率超过六成，对行业生产利润的贡献率超过 3/4。

（2）百强企业

从百强排行榜看，2017—2019 年分别有 4 家、8 家和 11 家企业营业收入超过 30 亿元，而且每年都有 2 家企业超过 50 亿元，并逐年逼近和超过 100 亿元，充分体现出产业集中度的不断提高，超大规模企业的集约化发展已经成为印刷行业发展的趋势。

3. 包装印刷稳步增长

（1）包装企业产值

如果将印刷产业粗分为出版物印刷、包装印刷和其他印刷加工，表 7-2 选取了几个时间点，列出了这三个领域在不同时间中在印刷行业的占比。

毫无争议，15 年来，包装印刷行业在不断扩大地盘，印刷产值占比数逐年增加，印刷行业中 3/4 产值的贡献来源于包装印刷企业。出版物印刷受到互联网媒介的影响下滑明显，好在还有中小学教材、教辅和出版社书籍的稳定市场，仍能维持一定的产值空间。其他印刷包括印刷媒介复制、本册印制和其他印刷、装订，基本平稳。

表7-2 各类印刷产值占比

年份	2004	2013	2018	2019
出版物印刷	32%	16%	12.47%	14.3%
包装印刷	54%	75%	77.85%	77.4%
其他印刷	14%	9%	9.68%	8.3%
合计	100%	100%	100%	100%

（2）百强中的包装印刷

图 7-6 是 2003—2020 年中国印刷包装企业百强中包含包装印刷企业情况，其中一部分是包装印刷企业，另一部分是包含包装印刷的企业，如包装印刷＋出版物印刷，或者是包装印刷＋其他印刷，或者包装印刷＋出版物印刷＋其他印刷。图中可以看出，18 年中，百强中包装印刷企业＋涉及包装印刷企业，在最少的年份也占企业数量的六成以上，最多的年份逼近 90%。由此可见，包装印刷已成为印刷行业最强的增长

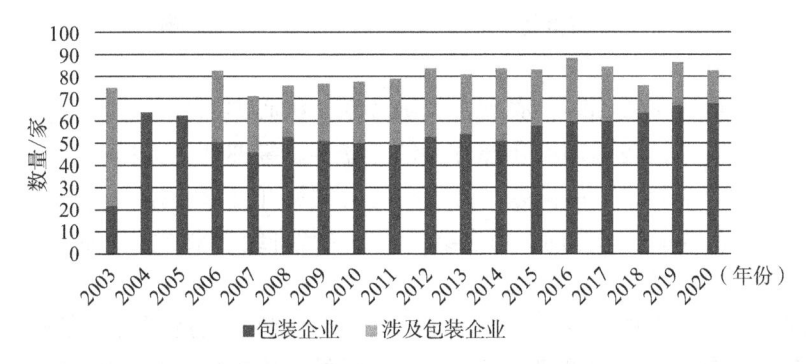

图 7-6 2003—2020 年中国印刷包装企业百强中包含包装印刷企业情况

点和产值贡献者。

4. 其他方面变化

（1）印刷行业减员增效

在 2009—2019 年的 11 年中，印刷行业的从业人员从 378.3 万人减少到 258 万人，减少员工 129.3 万人，减幅为 34.2%。印刷业总产值从 6367.7 亿元，增长到 1.27 万亿元，增长率约为 100%。行业人均产值由 2009 年的 17 万元增长到 2019 年的 47 万元，增长了 176%。印刷行业通过技术改造、设备更新等自我革命的方式，用更少的人员，创造出更高的价值。不仅使企业获得了更高的利润，有了更好的竞争力，而且促进了行业向更高的自动化方向发展，不断推动印刷行业向智能化方向发展。

（2）出版物印刷寻找增长点

出版物主要由图书、期刊以及报纸 3 部分组成。2011—2018 年，出版物总体为下降趋势，报纸印量的严重下滑和期刊的大量缩减，使出版物印刷年均下降 6.49%。

然而，由于出版物印刷找到了新的增长点，契合国家的重大事件、纪念活动、政治宣传、国民教育等需要的重大主题出版物印刷品和面向婴幼儿教育、娱乐等儿童读物相关的印刷品，带来了出版物印刷年均 4.83% 的增长，这为出版物印刷的发展找到了新方向。

四、中国印刷产业经济发展趋势

"十三五"末期，我国印刷业已经发展成为拥有近 10 万家以上印刷企业，258 万名职工，年产值达 1.38 万亿元的巨大产业。其中包装印刷和新型印刷等领域保持较快发展，印刷业对外加工贸易额稳步增长，持续扩大。

2020 年，国际环境日趋复杂，不稳定性、不确定性明显增加，国际产业分工体系正在重塑。国内经济发展面临提质转型，正加快形成以国内大循环为主体、国内国际双循环相互促进的新发展格局。

1. 双循环的市场驱动

当前，双循环新发展格局已被提到了中长期战略的高度，也将成为"十四五"规划的重中之重。双循环战略的推进，将对印刷企业带来巨大影响。

（1）技术创新突破

要想实现国内国际双循环，必须在关键技术、核心零部件、高端设备等方面加大自主研发力度。目前，我国印刷业部分关键元器件、零部件、原材料等，还完全依赖进口，存在着被"卡脖子"的问题。必须在相关领域开展核心技术攻坚战，形成自主创新突破，比如在数字技术方面，将会给行业的迭代升级带来强大动能。

（2）消费升级响应

以国内大循环为主体，发挥国内市场的潜力与优势，关注国内的存量市场，不仅仅是把原有的外向加工能力平移到国内市场，引发国内市场的新一轮价格战，而是要做大国内增量市场，通过培育新型消费，推动消费升级，继而推动产业链升级，形成一个重要的突破方向。印刷企业必将加大突破和创新力度，加大个性化、定制化、智能化印刷品的提供，主动开发和培育增量市场。

（3）集群优势打造

印刷企业在发展方式上，将注重融入优势互补的区域经济大格局，调整并明确发展定位，培育专业化协作能力，不断提升核心竞争力。

2. 数字化的驱动力

（1）高速喷墨印刷机

高速喷墨印刷机已成为数字印刷的主力机型，截至 2018 年年底，国内市场的总装机量 141 台，2019 年的增量是 107 台。书刊印刷、商业印刷企业都有不少装机。装机量的突然爆发，原因一是需求在进一步启动，更重要的一点是国内数字印刷设备生产商发展很快，为印刷企业进入数字印刷市场提供了更多选择和成本降低的可能，也为印刷企业数字化转型提供了驱动力。

（2）印刷数字化

数字化的核心在于以数据驱动产业变革。对于印刷产业而言，数字化驱动实现产业升级将主要体现在数据驱动、智能生产、产品服务创新三个维度。外部市场环境的变化，产业内生产要素、生态的变化，都在显示数字化将会是未来产业发展的动力引擎之一。

3. 智能化的技术驱动

（1）构建智能生态圈

随着"互联网+"战略在印刷业的落地，一批掌握现代 IT 和互联网技术的印刷电商涌现出来。作为智慧印刷产业体系的重要组成部分，其快速发展推动了国内印刷业智能化水平的提高。如利用 IT 技术和网络平台聚合印刷产能，为企业级用户提供一站式、多品类的泛印刷和企业采购服务，满足用户以印刷品为代表的非核心事务的企采需求；如基于网络平台创新服务模式，采取"B2B+O2O"服务，借助互联网思维和技术打通印刷器材领域重度垂直通道，提供印刷器材供应链解决方案；以"互联网+工业智能化"为切入点，构建"印刷产业内部整合+印刷技术升级+区块链金融+互联网服务"的业务模式，提供买卖双方交易平台，提升生产资源配置效率、降低生产成本，提升全产业链价值，帮助企业逐步实现智能化管理与生产，构建新的印刷产业生态圈。

（2）推动信息化建设

印刷装备制造企业转型发展迅速，智能印刷厂走过从不被理解到逐渐被接受的历程，打造出由工业软件、智能设备以及立体厂房组成的智能化示范工厂；致力于为印刷包装行业提供自动化、信息化和智能化的整厂解决方案；建立印刷包装行业的智慧印厂标准，输出一站式整厂方案和改造方案；以创新和跨界融合为引擎，将工业机器人技术应用在具体的印刷包装生产过程中，从机器视觉、人机智能互动到远程协助，使得机器人解决方案触手可及。

信息化建设的重点是在 ERP 系统的基础上，基于 ERP+MES 系统为各类印刷企业构建智能 Wi-Fi 工厂，为印刷企业走向工业 4.0 奠定强大的技术基础；通过"标准化 + 信息化 + 自动化"，深度融合实现智能制造，提升企业的智能化水平；以服务印刷包装行业智能化为目标，开发高效、稳定、易用的云计算平台。最终，为印刷包装行业网络化、智能化发展提供切实可行的云解决方案。

第八章
中国印刷企业发展

中国印刷企业的变迁史从企业名称的变化可见一斑，反映的是企业的组成、结构、人员、设备、技术、工艺、产品、市场、管理等多种要素表现出的综合特点。国有与非国有企业构成的社会主义印刷产业格局，正是中国印刷企业的特色所在。印刷包装百强企业是上万家印刷企业中的佼佼者，代表的是中国印刷企业的未来发展。

一、印刷企业演变历史

印刷企业的主要业务为与印刷品生产相关的各个生产环节。随着社会需求和经济的发展，产品类型和形态的变化，印刷技术和相关技术的提升，印刷企业的名称从最早的印刷厂、印刷公司、印刷集团、传媒集团公司到文化公司，企业名称随着内涵的变化、外延的扩展而发生着演变。

1. 印刷厂

工厂是指直接从事工业生产活动的单位。印刷厂通常是以设计、打样、制版、印刷、装订、包装、运输为一体的综合机构。印刷厂必须有印刷设备，用于在承印材料上印刷的印刷机最为重要。各个印刷厂的产品、服务对象、工艺操作、生产规模都可能有很大差别，所以，除生产技术上的共性外，多具有各自的特征。

在1985年，全国工商行政管理部门登记注册的印刷厂有25528家，书刊印刷厂180家，中央和省、自治区、直辖市一级的报纸印刷厂有36家，全国县以上以包装印刷为主兼印书刊等的印刷厂6000余家，如钞票和邮票的有价证券印刷任务全部由中国人民银行和邮电部所属印刷厂承担。城乡经济体制改革以后，新建的乡镇印刷厂快速发展，有集体经营、个体经营或集体与国营联合经营方式。随着电子计算机技术的发展，信息交换加速，印刷厂在组织形式上趋于分散化和专业化。

2. 印刷公司

公司是指依法设立，以营利为目的的，独立承担民事责任的从事生产或服务性业务的经济实体。公司是独立的法人，具有企业法人资格，由法定人数的股东组成。尽管印刷公司与印刷厂都是法人代表注册，通过国家认证，均为一种企业组织模式，但成立依据的法律法规不同。印刷公司是依照我国相关法律法规规定成立的，印刷厂则没有这样的法律意义。相比印刷厂组织，印刷公司往往具备更广泛的功能和经营范围，不仅能够进行印刷生产服务，还可以具备开发、服务、销售等多类型经营。一个印刷公司可以下属几个印刷厂或多个分公司。

印刷公司有不同的分类方式，按资本总额是否均分为等额的股份来划分，公司可以分为有限责任公司（简称有限公司）和股份有限公司（简称股份公司）。有限公司一般规模较小；组织结构相对简单、灵活；股权内部可以相互转让，但对外转让则必须经股东会过半数股东同意；生产、经营、财务状况等只需向股东公开即可。股份有限公司则对于人数没有限制；公司必须设董事会、监事会；股份转让不受限制；要定期公布财务状况，特别是上市公司更要通过公共平台向社会公布财务状况。

3. 印刷集团

集团是指多个从事相同或不同行业的企业（生产、运输、贸易等经济活动的部门）、公司经一定程序组成的企业组合。企业集团不具有企业法人资格，是以资本为主要联结纽带的母子公司为主体，以集团章程为共同行为规范的母公司、子公司、参股公司及其他成员企业或机构共同组成的具有一定规模的企业法人联合体。

印刷集团是一种发挥群体优势、创造更大生产力、实现规模经济而形成的经济联合体，集团的成员单位在两个以上。集团的成员单位须是具有法人资格的企事业单位，独立行使权利，独立承担义务和责任。集团的核心单位须是经济实体。集团及其他成员单位不因其中一个成员单位的经营活动而承担责任，有利于分散经营风险。集团管理机构或集团总公司（母公司）基于股权持有或协议约定，对集团成员单位的经营活动实行统一管理、协调，最大限度地提高效率和效益。集团本身不具备独立法人地位，不能作为具体民事活动、经济活动的当事人。印刷集团较之单个企业优势明显，生产量更大、生产速度更快。由于企业集团财力相对雄厚，可以加大在技术方面的投入，甚至可以设立科研机构，有助于提高产品质量。集团实行规模化生产，原辅材料大批量采购，可以降低运营成本。

4. 传媒集团

大众传播媒介主要是指报纸、杂志、广播、影视、互联网等，这些传播媒介传播信息具有速度快、范围广、影响大等特点。大众传播媒介具有五项功能，即宣传功能、新闻传播功能、舆论监督功能、实用功能和文化积累功能。大众传播媒介主要分为两大类：印刷类和电子类。这两类媒介都有各自的特点。印刷类大众传播媒介主要包括报纸和杂志等，电子类包括广播、电视等。近年来还发展起来互联网和移动媒体（手机等）。传播的需求促使相关印刷企业不断将传统媒介（纸张）与现代电子媒介等多媒体和流媒体广泛结合，成立了以出版社为主体，涵盖印刷业务的出版传媒集团。

天津出版传媒集团构建了完整的出版产业链，经营业务涵盖图书（报刊）出版、数字出版、图书发行、出版物版权和进出口贸易、印刷服务及相关文化生产资料经营、投资以及广告、会展等文化服务等。江苏凤凰出版传媒集团有限公司主要涉及图书出版、图书发行、报刊印刷复制、网络出版物、文化酒店、文化地产、金融投资和艺术经营等多个产业板块。北方联合出版传媒（集团）股份有限公司（原名辽宁出版传媒股份有限公司）主营图书、报刊、音像、电子出版物编辑出版，出版物总批发、批发与分销、零售、印刷、复制、出版、发行、印刷物资购销、版权贸易和对外出版、发行、印刷贸易，互联网出版、发行，广告、会展、文化服务，境内外投资、资产管理与经营业务。

5. 文化集团

印刷术是人类文明发展的促进工具，使书籍和资料得到流传，促进了文化的传播，所以人们说印刷不仅仅是一种技术，更是一种文化。随着技术的发展、经济的繁荣，文化传播的需要，为印刷行业赋予了更大的外延。广告设计、图文印刷、展会策划、影像制作等都成为印刷行业技术和市场的本体和延展。在此背景下，以印刷技术作为支撑，面向文化市场各领域的文化发展集团应运而生。

雅昌文化（集团）有限公司成为立足艺术领域的综合性文化产业集团，面向艺术专业全领域，涵盖了艺术数据服务、艺术家服务、雅昌艺术网、艺术印刷等多领域。2014 年，中国印刷集团更名为中国文化产业发展集团公司（旗下的印刷工业出版社也更名为文化发展出版社），致力于在文化大发展大繁荣的进程中，打造出版印刷发行一体化、文创园区开发经营、文化传媒、文化产业投资、科研开发等业务板块，推动中华文化事业的发展和进步。

二、印刷企业分类与定位

按照国际上普遍采用的印刷企业分类方法，印刷企业被分为出版印刷企业、包装印刷企业、商业印刷企业和其他印刷企业。而我国按照《印刷业管理条例》，将印刷企业划分为出版物印刷企业、包装装潢印刷企业和其他印刷企业。

1. 出版物印刷企业

出版物印刷企业是指从事出版物印刷经营活动的印刷企业，经营活动包括排版、制版、印刷、装订等。出版物印刷企业分为书刊印刷国家级定点企业，书刊印刷省级定点企业，出版物印刷许可企业，出版物排版、制版、装订专项许可企业。

出版物包括报纸、期刊、书籍、地图、年画、图片、挂历、画册及音像制品、电子出版物的装帧封面等。

设立专营或兼营出版物印刷企业，应当具备下列条件：有企业的名称、章程；有确定的业务范围；有适应业务需要的固定生产经营场所，厂房建筑面积不少于 800 平方米；有能够维持正常生产经营的资金，注册资本不少于 200 万元人民币；有必要的出版物印刷设备，具备 2 台以上最近 10 年生产的且未列入《淘汰落后生产能力、工艺和产品的目录》的自动对开胶印印刷设备；有适应业务范围需要的组织机构和人员，法定代表人及主要生产、经营负责人必须取得省级新闻出版行政部门颁发的《印刷法规培训合格证书》；有健全的承印验证、登记、保管、交付、销毁等经营管理、财务管理制度和质量保证体系。符合国家有关出版物印刷企业总量、结构和布局的规划。

我国允许经所在地省、自治区、直辖市新闻出版局审核，报新闻出版署审批后设立印刷出版物的中外合资经营企业、中外合作经营企业。但禁止设立外商独资经营的出版物印刷企业，个人也不得从事出版物印刷经营活动。

2. 包装装潢印刷企业

包装装潢印刷企业是指从事包装装潢印刷品印刷经营活动的企业。

包装装潢印刷品包括商标标识、广告宣传品及作为产品包装装潢的纸、金属、塑料等的印刷品。

包装装潢印刷品印刷企业设立需符合下列资格条件：有企业的名称、章程；有确定的业务范围；适合业务需要的固定生产经营场所，厂房建筑面积不少于600平方米；有能够维持正常生产经营的资金，注册资本不少于150万元人民币；有必要的包装装潢印刷设备，具备2台以上最近10年生产的且未列入《淘汰落后生产能力、工艺和产品的目录》的胶印、凹印、柔印、丝印等及后序加工设备；有适应业务范围需要的组织机构和人员，法定代表人及主要生产、经营负责人必须取得地级以上市新闻出版行政部门颁发的《印刷法规培训合格证书》；有健全的承印验证、登记、保管、交付、销毁等经营管理、财务管理制度和质量保证体系。符合政府部门印刷企业总量、结构、布局的规划。个人不得从事包装装潢印刷品印刷经营活动。

3. 其他印刷企业

其他印刷企业是指从事其他印刷品印刷经营活动的企业。其他印刷品包括文件、资料、图表、票证、证件、名片等。

其他印刷品印刷企业设立须符合下列条件：有企业的名称、章程；有确定的业务范围；有适合业务需要的固定生产经营场所，厂房建筑面积不少于100平方米，且不在有居住用途的场所内；有适应业务需要的生产设备和资金，注册资本不少于50万元人民币；有适应业务范围需要的组织机构和人员，法定代表人及主要生产、经营负责人必须取得地级以上市新闻出版行政部门颁发的《印刷法规培训合格证书》；有健全的承印验证、登记、保管、交付、销毁等经营管理、财务管理制度和质量保证体系。符合政府部门印刷企业总量、结构、布局的规划。

个人从事其他印刷品印刷经营活动的，需要依照相关规定办理审批手续。

三、印刷企业生产经营

1. 印刷企业生产经营

从事印刷经营活动必须符合《印刷业管理条例》和《印刷业经营者资格条件暂行规定》（以下简称《规定》）的条件。出版行政部门按照《规定》审批印刷业经营者资格，不符合《规定》条件的不得批准设立。印刷业经营者需进行年度核验，除适用《规定》规定的条件外，还要求印刷业经营者无违反印刷管理规定的记录。

2. 印刷经营许可证

（1）《印刷经营许可证》的取得

根据《印刷业管理条例》，个人不得从事出版物、包装装潢印刷品印刷经营活动，个人可从事其他印刷品印刷经营活动。

设立从事出版物印刷经营活动的企业，应当向所在地省、自治区、直辖市人民政府出版行政部门提出申请。申请人经审核批准的，取得印刷经营许可证，并持印刷经营许可证向工商行政管理部门申请登记注册，取得营业执照。

企业申请从事包装装潢印刷品和其他印刷品印刷经营活动，应当持营业执照向所在地设区的市级人民政府出版行政部门提出申请，经审核批准的，发给印刷经营许可证。

个人申请从事其他印刷品印刷经营活动，应当持营业执照向所在地设区的市级人民政府出版行政部门提出申请，经审核批准的，发给印刷经营许可证。

（2）《印刷经营许可证》的审核

企业取得的《印刷经营许可证》长期有效，但每年须进行年检，年检时间一般为年初季度。

对符合《印刷业管理条例》《印刷业经营者资格条件暂行规定》《设立外商投资印刷企业暂行规定》及其补充规定、《数字印刷管理办法》要求的资格条件，无违反印刷管理法规行为，印刷品质检报告数量符合要求，在规定时间内递交年度核验材料并符合上述规定的，准予通过年度核验。通过核验的印刷企业取得继续从事印刷经营活动的资格。

未通过《印刷经营许可证》年审的企业不得继续从事印刷经营活动。

3. 印刷企业的主要生产经营范围

出版物印刷；包装装潢印刷品印刷；其他印刷品印刷、排版、装订；零件印刷、排版；零件装订；刻印制品加工；铝制品、塑料制品加工；印刷零配件的加工；普通货物运输；印刷零配件的销售与主营业务有关的产品设计；技术咨询、技术服务、技术培训；广告设计、制作；劳务服务；设备租赁。

四、中国印刷包装企业百强

1. 印刷包装企业百强评选

中国印刷包装百强评选是在 2003 年由当时的中国印刷科学技术研究所旗下的《印刷经理人》杂志开创的公益性权威排行。中国印刷企业 100 强排行榜的产生，用意在于将中国各类型印刷企业放在一个平台上进行对比和研究。从 2003 年到 2020 年共评选出了 18 份百强企业榜单。18 年来，"中国印刷包装企业 100 强"排行榜，再现了中国强势印刷企业做大做强的艰辛步履，集中展示了中国强势印企的实力，清晰勾画出中国印刷业跨越式成长的发展脉络，成为动态把握中国印刷行业整体发展的重要参考。

百强评选是一项公益活动，不涉及任何收费，秉持公益、公平、自愿的原则，坚持科学、真实、公正的目标。参加企业可为出版物印刷、包装印刷、商业印刷企业，包括制版、装订等专项企业,既可以是内地企业也可以是港、澳、台地区企业。排序的基本依据是企业销售收入,而同一集团内企业可以以集团的合并统计数据参与排名。

十多年来,百强评选的主要指标有所变化和调整,但主要包括产品销售收入、工业增加值、资产总额、利润总额、对外加工贸易额、职工人数等主要指标。其中,年度销售收入作为排行的总指标,其余为辅助分析指标。

2. 第一届中国印刷包装百强评选

2003年是《印刷经理人》举办的第一届中国印刷包装百强评选,2003年百强榜单的依据是2002年企业申报相关数据,即2002年的中国印刷包装百强企业,主要涉及企业性质、产品销售、利润总额、职工人数以及公司主要业务。正因为是第一届百强企业评选,部分企业对评选的意义不甚了解,部分企业不愿参与排行,填报数据也有所顾虑,但在当时仍是所见的统计资料中覆盖面较广泛的。表8-1中列出了第一届中国印刷包装百强企业的前10名。

表8-1 2003年中国印刷包装百强企业的前10名

排序	企业名称	企业性质	产品销售额/万元	利润总额/万元	职工人数/人	公司主要业务
1	上海印钞厂	国有	85190	18817	2300	人民币、票据、证券、邮票、护照印刷
2	江阴联通实业有限公司	民营	68000	8000	1500	各类纸制品印刷、包装
3	鸿兴印刷(深圳)有限公司	独资	63171	—	8200	出版物、包装装潢、其他印刷品印刷
4	鹤山雅图仕印刷有限公司	独资	59836(不含纸)	—	8740	制版、装订、印刷
5	上海界龙集团	股份公司	56000	3500	2600	彩色制版、包装印刷(纸箱、出版物、商标标贴、金属制品)、PS版生产
6	上海印刷(集团)有限公司	国有	54499	1715	3199	印刷、印刷物资销售、印刷技术咨询、经营进出口业务
6	上海中华印刷有限公司	股份公司	12102	704	410	彩色印刷、彩色制版
6	商务印书馆上海印刷股份有限公司	股份公司	9128	507	706	书刊、票据印刷、柔版印刷
6	上海三印时报印刷有限公司	合资	6502	200	158	书刊印刷装订、彩色印刷
7	湖南金沙力彩色印刷有限公司	合资	53400	—	303	烟包装印刷、药品及酒类包装
8	云南侨通包装印刷有限公司	合资	50577	9573	627	烟标、酒盒、药盒

续表

排序	企业名称	企业性质	产品销售额/万元	利润总额/万元	职工人数/人	公司主要业务
9	上海烟草工业印刷厂	国有	50561	6010	781	高中档卷烟商标、各类精细纸质成型包装品、画册、样本等
10	湖南新华印刷集团有限责任公司	股份公司	49247	778	3165	书刊印刷

2003年第一届百强榜单表明，2002年销售收入在5亿元以上的有9家，3亿～5亿元的有13家，2亿～3亿元的有20家，1亿～2亿元的有53家，1亿元以下的只有5家。三资企业（中外合资经营、中外合作经营、外商独资）占比居绝对优势，百强排行榜中有55家为三资企业。排行榜中广东深圳和上海企业多于北京企业，北京地区的国有企业仍是重要力量，业务范畴偏重于出版物印刷；深圳地区的三资企业是绝对主力，主要业务为包装印刷和其他印刷品印制；上海地区改制与引资步伐较快，在国有和民营企业快速发展的同时，三资企业已占据重要位置。

2003年第一届百强榜单表明，以深圳市、上海市和北京为中心的印刷业区域发展已呈现明显态势。长三角（上海市、浙江省、江苏省）、珠三角（广东省）和环渤海（北京市、天津市、河北省、山东省、辽宁省）地区成为中国印刷经济最活跃的地区。百强榜单上，长三角经济带企业33家，珠三角经济带企业31家，环渤海经济带企业14家，三个印刷经济带（78家）占百强企业的近4/5。从销售收入看，78家企业的销售收入总计为186亿元，在百强企业销售中的比重同样为4/5，表明印刷行业80%的顶尖企业也云集于产业带。

2003年第一届百强榜单表明，近六成企业有混业经营现象，59家企业存在较为明显的业务组合情况。从事出版物和包装印刷的企业有4家，出版物和其他印刷的有6家，包装和其他印刷的有24家，出版物、包装和其他印刷的有25家。说明相当数量的印刷企业为了适应市场需要，从事多元化的业务，在高档彩色印刷、包装印刷、安全防伪印刷等领域拓展市场。

3. 印刷包装百强总体情况

2003年，第一次中国印刷企业100强评选的主要指标有6项：企业性质、产品销售收入、实现利税、利润总额、资产总额、职工人数；从2004年第二次中国印刷包装企业100强评选开始，将主要指标增加为7项：企业性质、产品销售收入、工业增加值、实现利税、利润总额、资产总额、职工人数；而从2010年开始，又将中国印刷包装企业100强评选主要指标调整为企业性质、产品销售收入、工业增加值、资产总额、利润总额、对外加工贸易额和职工人数7项。尽管排行榜的排序以企业产品销售收入为主要依据，但从指标项目的变化可以看出印刷行业统计方式的变化和企业的发展变化。

工业增加值是指工业企业在报告期内以货币形式表现的工业生产活动的最终成

果，是工业企业全部生产活动的总成果扣除了在生产过程中消耗或转移的物质产品和劳务价值后的余额，是工业企业生产过程中新增加的价值。它反映的是一个国家（地区）在一定时期内所生产的和提供的全部最终产品和服务的市场价值的总和，同时也反映了生产单位或部门对国内生产总值的贡献。工业增加值的价值构成是新创造的价值加固定资产折旧，是以社会范围确定最终成果，不包括企业之间、部门之间相互消耗产品的转移价值。因此，在印刷企业进行生产核算和统计时，增加工业增加值指标可以更加清晰地看出企业对社会创造的价值情况。

对外加工贸易额数据主要反映印刷企业承担外单、为国际市场服务的情况。随着中国对外开放大门的不断敞开，欧美市场印刷业务转移到国内的现象非常普遍。国内印刷企业承担外单不仅体现了印刷业务的国际化趋势，同时也代表了中国印刷企业实力的增长。

表 8-2 和图 8-1 至图 8-3 列出了从 2002 年到 2020 年的 19 年间，中国印刷包装百强企业第 1 名和第 100 名企业的产品销售收入和百强企业产品销售的总收入情况。

表8-2 2002—2020年中国印刷包装百强企业基本情况

年份	TOP1 企业产品销售收入/亿元	TOP100 企业产品销售收入/亿元	百强企业产品销售总收入/亿元
2002	8.5190	0.9269	243.00
2003	16.0467	1.3803	373.00
2004	22.2274	1.5517	397.56
2005	27.7627	1.9767	521.36
2006	20.2264	1.9812	545.32
2007	26.2747	2.4580	610.92
2008	24.0482	2.5260	600.74
2009	26.2156	2.7418	649.42
2010	31.9737	3.0938	753.38
2011	35.0199	3.5118	790.61
2012	39.0486	3.5547	805.37
2013	44.4323	3.5997	896.69
2014	45.7069	3.7000	943.55
2015	42.8963	3.9638	953.27
2016	55.0644	3.9514	1000.00
2017	69.4774	4.0000	1177.00
2018	112.1394	4.3397	1304.00
2019	107.1298	3.9659	1375.26
2020	120.0657	4.0060	1395.00

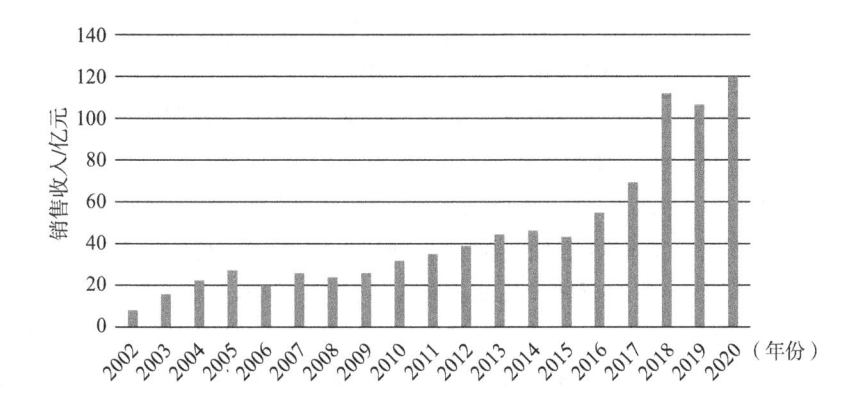

图 8-1　2002—2020 年中国印刷包装百强 TOP1 企业销售收入

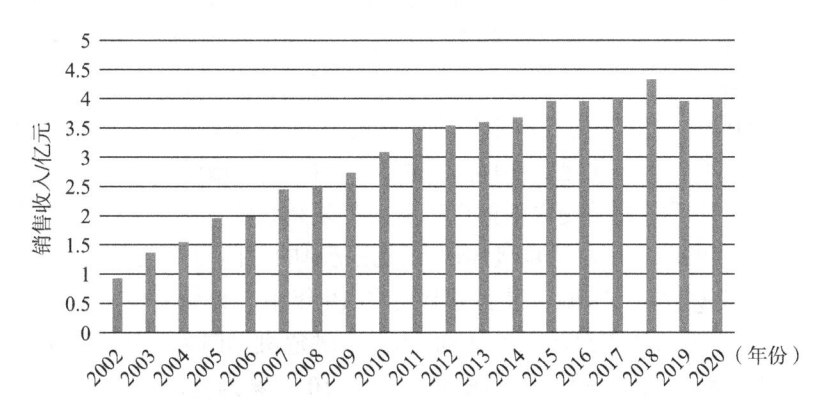

图 8-2　2002—2020 年中国印刷包装百强 TOP100 企业销售收入

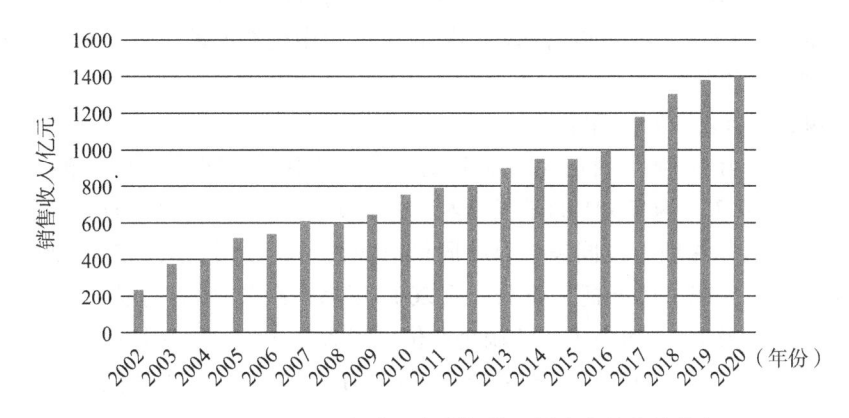

图 8-3　2002—2020 年中国印刷包装百强企业销售总收入

从表 8-2 和图 8-1、图 8-2、图 8-3 可以看出，在中国印刷包装百强评选的 19 年中，排名榜首的印刷企业销售收入基本呈现正向增长，与中国经济发展趋势同步。但 2006—2009 年的百强榜首的产品销售收入却有所下降，其主要原因包括：评选对一些边缘性企业重新设定了界限，一些服务于印刷环节的原材料供应企业，如纸业、耗材类企业，不再进入百强排名；一些企业由于内部财务规定等原因，未提供完整填报数据而出局；一些曾经进入百强榜单而且目前仍极具实力的企业，由于处于战略调整或上市准备期没有加入排名；一些企业因为主营业务延伸而离开印刷行业队伍，或因为业务市场发生变化而影响业绩数据等。

2008—2009 年，无论是排行榜首的销售收入数字，还是百强企业销售总收入数字，均呈现下降态势，其原因主要是受到金融危机的影响，与国家乃至全球的经济情况一致。2015 年左右数据的波动，更主要源于互联网影响、国家供给侧结构性改革和环保督查等市场和政策的影响，导致对报纸印刷、期刊印刷以及包装印刷市场的较大影响。而 2019 年则受到美国对中国贸易政策的影响，外单收入减少；同时，原材料价格大幅上涨是导致销售收入下降的主要原因。

2002—2020 年，中国印刷包装百强的排行榜"门槛"在不断抬升，从 2002 年的 0.93 亿元一路成长，到 2018 年达到峰值 4.3 亿元。19 年间进榜"门槛"基本处于持续升势，鲜有下降，反映出近 20 年中国印刷包装业随着国家经济的不断发展而不断壮大，越来越多的印刷企业实力在不断增强。而打破这种节奏的情况只出现过两次，一次是 2015—2016 年，另一次是 2020 年。2015—2016 年的微降，原因基本与上述分析相同。而 2019 年以后的数据变化则体现出受国外复杂政治环境的影响，印刷行业与国家经济形势的持续波动一致，也直接体现在百强榜单的"门槛"上。

在 2002—2020 年中国印刷包装百强评选的 19 年中，无论榜首、榜尾销售收入如何变化，百强企业产品销售总收入除 2008 年受金融危机等国际经济形势的影响略有回落，基本上是一路前行的。以中国印刷企业数量 10 万家为基准，以 2020 年百强印刷企业产品销售总收入 1395 亿元，以 2019 年（2020 年数据尚未公布）全国印刷业产值 1.3 万亿元为例，百强企业占总企业数量的 1‰，而百强企业的销售收入却占全国印刷销售收入的 10.73%。由此可以看出，印刷行业的集中度在不断上升，百强企业对中国印刷的贡献不断加强。

4. 印刷包装百强 TOP1 情况

2002—2020 年中国印刷包装百强评选的 19 年中，位居百强榜首的有 6 家企业（表 8-3）。其中 7 次为 TOP1 的是当纳利（中国）投资有限公司，而深圳劲嘉彩印集团股份有限公司、深圳市裕同包装科技股份有限公司、厦门合兴包装印刷股份有限公司则分别有 3 次坐在了第一把交椅上。除 2002 年第一次公布的百强榜单中上海印钞厂排在榜首外，其余 18 次均为包装印刷企业位居老大。无论是包装印刷产值包含了承印材料较高的成本，还是包装印刷产品类型的涉猎广泛、产品附加值高，但都无疑与这些年包装印刷成长性更好、发展更快相吻合。

从企业性质来说，19 次百强企业 TOP1 中的国有企业或国有控股企业只有 1 家，10 次榜首为三资企业，8 次榜首为股份制企业。合资企业和股份制企业是百强榜首的主要企业类型，这类企业资金较为雄厚，企业规模也较大。从企业人均产值来说，虽然榜首企业之间差异较大，但大部分榜首企业自身的人均产值都在增长，间接体现了这些企业在提高企业自动化程度和生产效益方面均在不断成长和进步。

表8-3　2002—2020年中国印刷包装百强TOP1企业基本情况

年份	企业名称	企业性质	销售收入/万元	职工人数/人	人均产值/万元
2002	上海印钞厂	国有	85190	2300	37.04
2003	深圳劲嘉彩印集团股份有限公司	合资	160467	2634	60.92
2004	深圳劲嘉彩印集团股份有限公司	合资	222274	3209	69.27
2005	深圳劲嘉彩印集团股份有限公司	合资	277627	3748	74.07
2006	上海紫江企业集团股份有限公司	股份公司	202264	3301	61.27
2007	当纳利（中国）投资有限公司	外资	262747	5228	69.88
2008	上海紫江企业集团股份有限公司	股份公司	240482	3760	63.96
2009	当纳利（中国）投资有限公司	外资	262156	5016	52.26
2010	当纳利（中国）投资有限公司	外资	319737	6479	49.35
2011	当纳利（中国）投资有限公司	外资	350119	8000	43.76
2012	当纳利（中国）投资有限公司	外资	390486	7300	53.49
2013	当纳利（中国）投资有限公司	外资	444323	7263	61.18
2014	当纳利（中国）投资有限公司	外资	457069	7300	62.61
2015	深圳市裕同包装科技股份有限公司	股份公司	428963	13994	30.65
2016	深圳市裕同包装科技股份有限公司	股份公司	550644	16913	32.56
2017	深圳市裕同包装科技股份有限公司	股份公司	694774	20440	33.99
2018	厦门合兴包装印刷股份有限公司	股份公司	1121394	8261	135.75
2019	厦门合兴包装印刷股份有限公司	股份公司	1071298	8554	125.24
2020	厦门合兴包装印刷股份有限公司	股份公司	1200657	10362	115.87

5. 百强中的企业类型

（1）印刷企业的所有制形式

我国按经济类型将企业所有制分为：国有企业、集体所有制企业、私营企业、股份制企业、联营企业、外商投资企业、个人独资企业和港澳台企业、股份合作企业。

国有企业是指企业的全部财产属于国家，由国家出资兴办的企业。国有企业的范围包括中央和地方各级国家机关、事业单位和社会团体使用国有资产投资所举办的企业，也包括实行企业化经营、国家不再核拨经费或核发部分经费的事业单位及从事生产经营性活动的社会团体，还包括上述企业、事业单位、社会团体使用国有资产投资所举办的企业。

集体所有制企业是指一定范围内的劳动群众出资举办的企业。它包括城乡劳动者使用集体资本投资兴办的企业，以及部分个人通过集资自愿放弃所有权并依法经工商行政管理机关认定为集体所有制的企业。

私营企业是指由自然人投资设立或由自然人控股，以雇佣劳动为基础的营利性经济组织。即企业的资产属于私人所有，有法定数额以上的雇工的营利性经济组织，在我国这类企业由公民个人出资兴办并由其所有和支配，而且其生产经营方式是以雇佣劳动为基础。

股份制企业是指企业的财产由两个或两个以上的出资者共同出资，并以股份形式而构成的企业。我国的股份制企业主要是指股份有限公司和有限责任公司（包括国有独资公司）两种组织形式。

联营企业是指企业之间或者企业、事业单位之间联营，组成新的经济实体；具备法人条件的联营企业，独立承担民事责任；不具备法人条件的，由联营各方按照出资比例或者协议的约定，以各自所有的或者经营管理的财产承担民事责任的企业。

外商投资企业包括中外合营者在中国境内经过中国政府批准成立的，中外合营者共同投资、共同经营、共享利润、共担风险的中外合资经营企业。包括由外国企业、其他经济组织按照平等互利的原则，按我国法律以合作协议约定双方权利和义务，经中国有关机关批准而设立的中外合作经营企业；依照中国法律在中国境内设立的，全部资本由外国企业、其他经济组织或个人单独投资、独立经营、自负盈亏的外资企业。

个人独资企业是指个人出资经营、归个人所有和控制、由个人承担经营风险和享有全部经营收益的企业。投资人以其个人财产对企业债务承担无限责任。

港澳台企业是指中国香港、澳门、台湾投资者依照中华人民共和国有关涉外经济法律、法规的规定，以合资、合作或独资形式在大陆举办的企业。在法律适用上，均以中华人民共和国涉外经济法律、法规为依据，在经济类型上不同于涉外投资的经济类型。

股份合作企业是指一种以资本联合和劳动联合相结合作为其成立、运作基础的经济组织，它把资本与劳动力这两个生产力的基本要素有效地结合起来，具有股份制企业与合作制企业优点的新兴的企业组织形式。

(2) 百强企业所有制形式的划分

在百强评选的企业所有制形式分为三资企业（中外合资经营企业、中外合作经营企业和外商独资经营企业）、国有及国有控股企业（企业全部资产归国家所有或在企业的全部资本中国家资本股本占较高比例，并且由国家实际控制的企业）、股份制企业、民营企业和集体企业。

2002—2020 年中，在不同所有制形式的上榜企业中，集体企业和其他企业数量很少，所有年份占比都不超过 5%，就不做比较了。图 8-4 表示了 19 年中三资企业、股份制企业、国有及国有控股企业以及民营企业在百强中的数量变化。

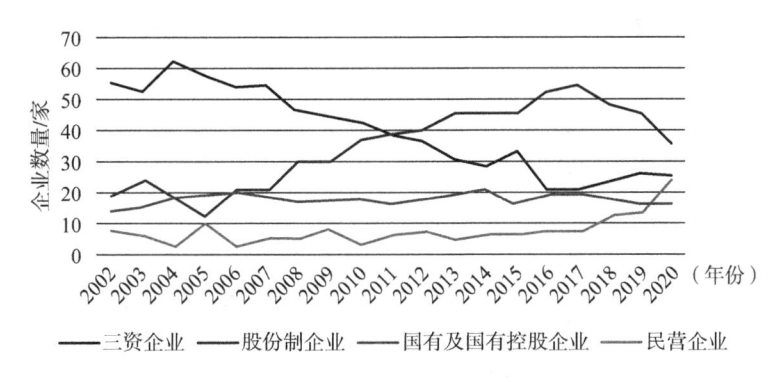

图 8-4 2002—2020 年不同所有制百强企业数量变化趋势

从图 8-4 中可以看出，三资企业和股份制企业是上榜企业的主要类型，几乎每年百强企业中超过七成的是这两种类型的企业。这类企业往往有较强实力的出资方或能够筹集和吸收社会资金，资本雄厚，在规模经济方面有突出的优越性，具备较强的竞争优势，易于做大做强。在 19 年的三资企业与股份制企业百强榜的博弈竞争中，前半程是三资企业引领，发映出改革开放后三资企业看好国内市场，不断投资、做大业务；后半程股份制企业迅速发力，反映出印刷企业在做强做大意愿的支持下，利用股份制形式筹集和吸收社会资金，不断扩大经营规模，分散投资者风险，保证企业生命的延续。2011 年是三资企业和股份制企业领军的交换点。

在百强的榜单中，国有及国有控股企业和民营企业也是不可或缺的力量。19 年中这两类企业数量基本保持稳定，国有及国有控股企业自始至终基本维持在 15%～20%，反映出这类企业经营稳扎稳打，底盘坚实；而民营企业数量在 2018 年后有了较强势的上涨，足以说明随着国民经济的高速发展和市场经济的高度自由化，民营印刷企业不断成长，逐渐成为中国印刷行业发展的中坚力量。

6. 百强企业的地域特点

（1）中国地域区域划分

按照中国地理，可将各省市进行大区划分，即华北地区、华中地区、华东地区、华南地区、西北地区、东北地区、西南地区，以及港澳台地区。华北地区包括北京、天津、河北、山西、内蒙古；华东地区包括上海、江苏、浙江、安徽、山东、江西、福建；华中地区包括湖北、湖南、河南；华南地区包括广东、广西、海南；西南地区包括四川、重庆、贵州、云南、西藏；东北地区包括辽宁、吉林、黑龙江；西北地区包括陕西、甘肃、新疆、青海、宁夏；港澳台地区包括香港、澳门、台湾。

（2）印刷业区域发展情况

百强企业统计时，主要统计了除港澳台地区外的七个大区，部分香港地区企业统计在广东省。在2002—2020年的19年间，1900个上榜名额在七个大区的分布非常不均匀，各地区百强企业数量占比见图8-5。从分布数据中可以看出，华东地区、华南地区百强企业上榜数量占总上榜数量的八成以上，是中国大型印刷企业较为集中的地区，也是中国印刷产值最大的地区。而西北地区和东北地区占比仅有不到3%，反映出这两个地区的印刷业发展程度相对较低，是未来中国印刷业发展的目标所在。

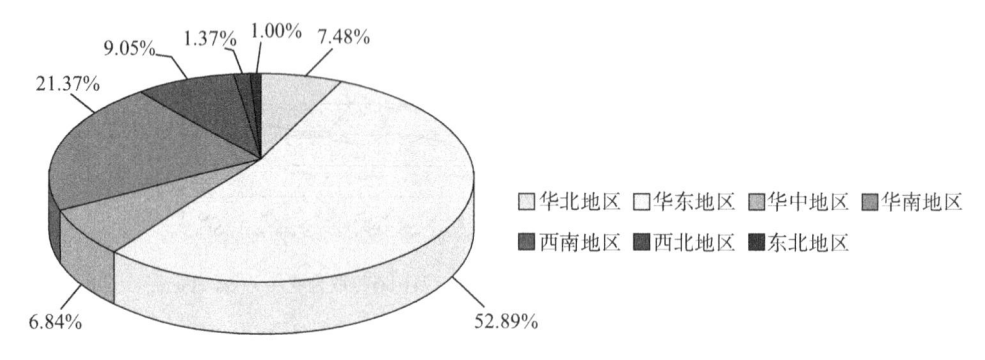

图8-5　2002—2020年的19年间各地区百强印刷包装企业上榜数量占比

（3）百强企业上榜省市情况

全国31个省区市在2002—2020年的19年中上榜百强企业的有24个，仅有7个省区市未曾有过企业上榜记录，分别是内蒙古、海南、西藏、新疆、宁夏、青海和甘肃。在七个大区中，仅有华东地区和华中地区全部区域内的省区市全部有企业上榜。图8-6反映出19年中，在每年的100个上榜席位中，各地区占位的数量及变化。由此可以看出，全国各地区印刷业发展与各区域经济发展密切关联，印刷的区域发展并不平衡。

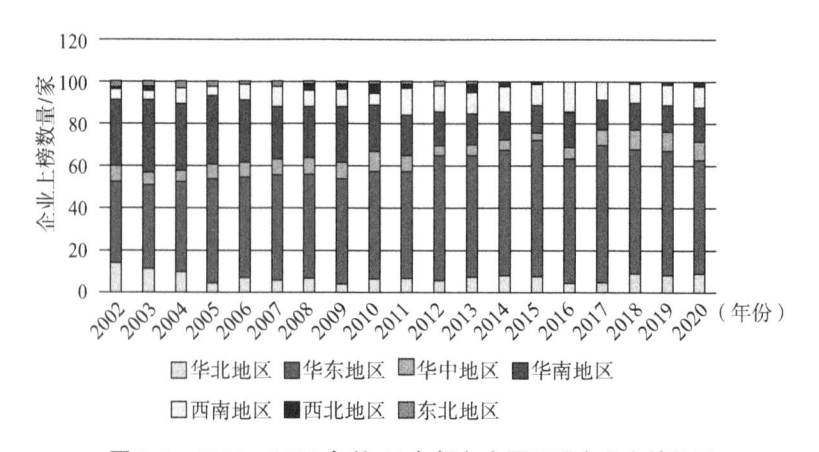

图8-6　2002—2020年的19年间各大区百强企业上榜数量

五、印刷企业的未来发展

近年来，中国印刷产业市场规模依旧保持逐年增长的态势，但是增长速度有所放缓。印刷行业中企业数量、盈利总额出现下降的态势，印刷行业在一定程度上受到电子传媒和互联网发展的影响。因此，印刷企业的发展，除了用好国家的发展政策、符合行业的发展大势，还需要企业在理念、技术和管理方面紧跟时代的步伐。

1. 向数字化方向发展

经过持续的技术升级，大部分印刷企业已经进入电气化与自动化时代，即企业生产流程局部实现了自动化、信息化，但尚未达到全流程的互融互通。而电子信息化时代则要求企业将自动化设备与信息化系统进一步打通，全面实现"两化融合"。所以，印刷业全面数字化是企业实现自动化、信息化的根本基础。

印刷业是率先将计算机引入生产制造过程的行业之一。在20世纪80年代中期，由王选院士牵头的"748工程"汉字信息处理技术取得突破，印刷业告别了"铅与火"，进入到数字化时代。经过30多年的发展，印刷业在印前、印刷、印后以及企业管理方面，已经具备了一定的数字化、信息化水平，特别是印前部分基本实现全面数字化。但是，印刷、印后和企业管理部分的数字化程度还不够高，与其他行业相比，数字化的差距还较大。并且，不同规模印刷企业的数字化发展更是参差不齐，仅在局部环节达到了较高的数字化水平。可以预见，在今后相当长一段时期内，印刷业仍将处于电气化与自动化的转型期和电子信息化的普及期。

印刷企业要以印刷装备的数字化和印刷过程的信息化为发展重点，加快传统印刷生产的数字化升级改造步伐，加快推进印刷生产全流程信息化和生产过程自动化。要应用 MIS、ERP 等信息化管理手段，推行计算机直接制版技术、数字印刷技术、高端多色印刷技术、自动化印刷技术及智能物流系统，加速提升企业生产、管理软硬件的数字化水平，推动规模以上重点印刷企业实现印刷全面数字化。

2. 向智能化方向发展

智能化建设可以提升生产流程的自动化、柔性化、定制化水平，能够深化印刷业供给侧结构性改革，通过生产创新、产品创新、管理创新，提高文化产品的保障、供给能力。智能化建设可以优化存量资源配置，扩大优质增量供给，未来将引导印刷企业进一步提升生产过程的数字化、网络化、智能化水平，在提升作业效率的同时，降低综合生产成本，带动全行业的转型升级，实现高质量发展。智能化建设在生产环节应用数字、网络和智能制造技术，可以提高企业的生产能力、响应速度和服务能力，推动新型商业模式的落地和普及，在更大范围内实现"两化融合"和创新发展。

目前，部分大中型印刷企业较早开展信息化建设，引入 ERP、MES 等信息化管理系统，并积极引进高端自动化设备，发展智能物流，具备实现智能制造的良好基础，为印刷业探索智能化建设的新路径做出了表率。一部分印刷企业已经开始进行数字化、信息化改造，逐步确定智能化建设的初步目标。同时，还有数量众多的中小企业设备陈旧，管理方式粗放，尚不具备开展智能化建设的必备基础。

发展智能制造数字化是基础，网络化是关键，智能化是方向。印刷业的智能化建设要根据自身的技术特点和发展实际，规划并实施"并行推进、融合发展"的技术路线。首先，以印刷装备的数字化和印刷过程的信息化为支撑，加快传统印刷生产的数字化改造升级，推进印刷生产流程的信息化和生产过程的自动化，提升企业软硬件的数字化水平，基本实现规模以上印刷企业的印刷数字化生产和管理。其次，以新一代的智能化印刷装备为基础，实现设备间的互联互通、信息安全和功能安全，增强印刷业智能化建设的基础和支撑能力。基于 MES 建立起生产决策、质量管控和全流程追溯的智能印刷生产车间或工厂，深入推进印刷交易环节的数字化和网络化，发展印刷电商、个性化定制等新型商业模式，完善智能印刷生态体系，建立应用和推广数字化网络化印刷生产的作业模式。最后，加强与互联网、云计算、大数据的融合，推进大数据驱动下的印刷智能制造共性技术和赋能技术研发与应用。基于 CPS 研发印刷生产过程中的智能传感、模式识别、感知、学习、分析、推理、决策、执行等智能化支撑技术和赋能工具，满足印刷业智能化建设的需要，初步实现部分示范试点企业的智能化转型升级。

3. 向集约化管理方向发展

集约化管理是相对于粗放型管理而言。一般来说，粗放型管理是以企业外延式的扩张为基本特征，主要依靠生产要素数量的扩张来实现企业的发展，注重的是规模和速度。集约型经营管理则以企业内涵式的增长为基本特征，主要依靠生产要素的优化组合来实现企业的发展，注重的是效率和效益。在信息化时代背景下，集约化管理已经演化出新的、更丰富的内涵，即效率、核心竞争率和可持续发展三者的有机结合。

印刷行业中，一批大中型企业已经充分认识到集约化管理的重要性，意识到在当前的市场环境下，企业原来熟悉的规模效益型的发展道路已经无法持续，迫切需要转变发展模式，从管理中去求效益、求生存、求发展，在有限的市场份额里拧出更多的效益水分，将以前广种薄收的外延式的规模效益型发展方式转变为精耕细作的内涵式的质量效益型发展方式。也认识到印刷企业在自身科技和资源优势并不突出的情况下，只有积极推行集约化管理，才能打造市场竞争的新优势。特别是在劳动力成本上升、企业活力下降的困境中，意识到需要建立起更加明确的责任体系、更加富有活力的考评评价和激励约束机制，最大程度地释放出员工们的潜力和活力，提升企业队伍的稳定性和素质。

印刷业的集约化发展要求企业充分进行自我剖析，明确企业目前所处的定位、层次、水平和状况，分析市场变化、技术水平、队伍能力、资产积累和运行模式等方面的优势和不足，找准基本发展方向，要在市场竞争上做到全面服务，在产品开发上做到推陈出新，在生产流程上缩短生产链，在生产技术上做到专业精尖，在产品质量上做到优中更优，在交货期上做到客户放心，在绿色环保上做到清洁生产，在员工技能上做到持续培训，在企业管理上做到精细化，在经营模式上做到规模效益并重，使得印刷全流程向设计、生产、营销一体化方向努力，彻底转变企业经营发展模式，最终实现企业的转型升级和做大做强。

集约化发展必须将质量经营放在首要位置，要将经营思路转变为强内涵、练内功，在资产质量、管理质量、服务质量、企业创效能力等方面上台阶，实现真正的质量经营；要驱动生产要素的相对集中，实行集中化、规模化的规模经营；以提高创效能力为目标，注重低投入、高产出的经营方式，实现效益经营；要应用计算机网络，推动企业管理的信息化转变，实现信息化经营；要建立起优胜劣汰的用人机制，选拔优秀人才参与激烈的市场竞争，实现人才经营；要推进生产经营要素的专业化、标准化管理，构筑集约化管理的基础，实现专业化经营。

4. 向绿色化方向发展

绿色化发展绝不仅仅是减少排放、降低能耗这些目标，而是要转变企业发展思路，拒绝高投入、低产出的企业生产经营模式，建立从被动环保到自觉环保的发展理念，由单纯印刷产品达标扩展到兼顾生产环保达标，由注重短期效益转变为长远综合效益提升，由把控关键环节转变为全流程、全要素统筹，由增加资质范围拓展为企业内涵发展、提质增效。企业对绿色化发展的认知水平和重视程度不断地攀升，锁定绿色化发展战略是企业高质量发展的重中之重和必由之路。所以，印刷企业绿色化发展不仅是单纯的绿色化产品、技术和服务，而应该是绿色化的发展理念、发展模式和发展路径的完整设计和实施。

建立完善印刷业绿色化发展的制度体系，解决突出环境问题，落实印刷业风险防控要求，为国家经济发展、文化繁荣和社会进步提供有力支撑，为人民群众提供更多优质生态印刷产品和服务是印刷行业绿色发展的目标。印刷企业需要尽快完善印刷业绿色化发展的体制机制，加强制度化建设，不是依靠个人或上级指挥如何干，而是企业依据绿色发展规划和运行机制主动干，在制度框架下自觉地推进绿色化。要加快完善印刷业绿色化发展的标准体系，推广使用绿色环保低碳的新技术、新工艺、新材料。出版物印刷企业要采用低 VOCs 含量的油墨、胶黏剂、清洗剂等，不断采用先进的印刷技术和工艺，科学合理地建设末端治理设施，完善企业绿色环保生产管理体系。国家也会通过政策引导和环保要求，促使印刷企业主动申请清洁生产审核，取得绿色生产的通行证，确保企业设计、生产、流通的是优质绿色印刷产品。

第九章
中国典型印刷企业

中国印刷产业被人们能够记住的是那些处于印刷产业前沿的领军企业，它们代表了每一个产业领域的顶尖成就。无论是出版印刷领域，还是包装印刷版图，以及商业印刷和其他区域，总有一批优秀印刷企业鹤立鸡群。它们不只是值得我们追捧、羡慕和赞叹的大V，更应是我们学习、看齐和奋斗的榜样。

一、出版物印刷企业

出版物印刷企业是以图书、期刊、报纸等产品印刷为主要业务的印刷企业。

1. 雅昌文化集团[①]

雅昌文化集团成立于1993年，是一家享誉国际的综合性文化产业企业。公司秉承通过"为人民艺术服务"达成"艺术为人民服务"的使命，融科技之力，传艺术之美，成为世界级卓越的文化艺术服务机构。公司建有北京、上海、深圳三大运营基地，业务覆盖艺术印刷、艺术影像、艺术数据互联网，以及美育体验四大板块，产品和服务遍及全球几十个国家和地区。

公司获得享有全球印刷界"奥斯卡"之称的班尼奖及中华印制大奖等1000多项，创造了全球印刷企业的获奖夺冠纪录，被国家授予"服务首都核心功能重点企业资质"。雅昌文化集团先后被文化部评为"国家文化产业示范基地"，被中宣部、科技部、文化部评为"国家文化科技融合示范基地"。公司也是传承优秀传统文化、推动艺术美育普及、践行低碳节能环保、重视员工人文关怀等社会公益方面的标杆企业。

雅昌文化集团聚焦于文化艺术领域，业务融入了艺术创作、艺术传播、艺术交易及艺术消费的生态链。面向未来，雅昌将继续通过科技的力量成为艺术行业专业服务的聚合者和创新者，为中国文化领域的大发展做出应有的贡献。

雅昌艺术印刷，是世界艺术印刷的引领者，以工匠精神和高度的责任心，肩负起各类国家重大项目的精品印制任务，囊括了世界所有顶级印刷技术最高奖项，形成

---

① 资料来源：http://www.artron.com.cn/about/introduction/profile#qiyejiashao

"国有大事，必有雅昌"的"中国文化名片"，目前已获得奖项总数达 1063 项。

10 次荣膺莱比锡"世界最美的书"称号；115 本书被评为中国最美的书；自 2002 年以来，雅昌 14 次问鼎被誉为全球印刷届"奥斯卡"的美国印刷大奖——班尼奖，共揽得 68 座班尼金奖，是最近 10 年全球连续获得金奖最多的企业；自 2000 年参加香港印制大奖评比以来，18 年间 14 次获得全场冠军大奖，成为该评奖活动有史以来获得全场冠军最多的企业。

北京雅昌艺术印刷有限公司是雅昌文化集团在北京的印刷基地。

2. 北京盛通印刷股份有限公司[①]

北京盛通印刷股份有限公司（简称盛通股份）创建于 2000 年，2011 年 7 月 15 日在深圳成功上市。

历经二十余年的市场耕耘，现已发展成为集教育、文化出版综合服务生态圈为一体的企业集团。当前，盛通股份现有员工 3000 余人，市值约 50 亿元人民币。盛通股份立足出版物市场，大力布局教育、出版等上下游衍生产业发展，开启多元化发展战略，不断拓展医药包装、商业印刷、云印刷数据处理及电商平台等业务市场上的发展空间。同时，在 2014 年盛通创办了亦庄最大少年儿童阅读体验中心——绘本乐园；2016 年 11 月，盛通股份全资并购了中国儿童机器人素质教育领军企业——乐博乐博，成功实现了外延式稳步增长，现代服务产业与教育产业协同发展。

盛通股份主要从事全彩出版物综合印刷服务，并定位于出版物和商业印刷的高端市场，主要承印大型高档全彩杂志、豪华都市报、大批量商业宣传资料等快速印品以及高档彩色精装图书。

2011 年 9 月，盛通股份正式启动了包装项目，建立了北京盛通包装印刷有限公司（简称盛通包装），盛通包装是盛通股份旗下的明星成长板块。盛通包装拥有原材料检测及 3 条现代化的包装生产线，包括国际一流的海德堡印刷设备、国内一流的数码印刷设备、全自动品检机、自动模切烫金机、高速糊盒机等，年产量可以达到 10 亿只小盒。盛通包装经过几年的专注努力，在医院、食品、保健及日化等行业积累了一批忠实的客户，与一些客户形成了战略合作伙伴关系。

为了更好地满足人们对高质量、个性化、多样化的环保型印刷品的需求，盛通股份建立了供应链系统，成立了北京盛通兴源供应链管理有限公司，从原材料和零部件的采购、运输、生产加工、分销直至最终将产品送到客户手中。盛通在这一服务链条中，充分发挥企业优势，通过合作实现多赢互惠，实现资金流、信息流、知识流、物流的集成，更好地适应市场的变化。通过对供应链的合理控制，来缩短交货时间，降低库存，降低生产成本、管理成本，从而更好地为市场服务。节能减排、保护环境，不仅是企业应尽的社会责任，也是实现企业可持续发展的必然要求。盛通股份坚持把绿色印刷的理念全面渗透到企业发展之中，2009 年 6 月，公司首批加入了北京绿色印刷产业技术创新联盟，荣获北京节能减排标兵印刷企业称号。2011 年，盛通股份获得

---

① 资料来源：http://www.shengtongprint.com/shengtong/getListArticles.do?codeid=9&language=1

全国首批绿色印刷认证证书。2012年，被评为北京市绿色印刷工程示范单位。自2014年起，蝉联三届北京绿色印刷工程示范单位，2016年被评为绿色印刷特别贡献单位。

我们希望通过绿色印刷的实施，可以使包括源头、过程、终端在内的整个系统都步入良性循环，实现全产业链的绿色印刷。盛通股份也将一如既往，不忘初心，践行绿色印刷，服务文化出版，为国家文化出版、环境保护事业贡献自己的力量！

未来，盛通股份将利用移动互联、云计算和工业信息化技术，聚合需求、优化产能，不断延展服务链条，提升出版综合服务能力；同时，聚焦教育行业，积极整合教育产业优质资产，延续自身的文化基因，打造教育、出版文化综合服务生态圈，以语言和文字为载体，传播知识，交流思想，为传承和发展人类文明贡献力量。

3. 北京新华印刷有限公司[①]

北京新华印刷有限公司是中国出版传媒股份有限公司下属的大型国有综合性印刷企业，公司坐落于北京经济技术开发区，占地面积3.0万平方米，建筑面积5.4万平方米，固定资产5亿元人民币。现有在职员工近600人，是我国印刷工艺齐全，技术力量雄厚，管理水平先进，具有国际竞争力的国家印刷示范企业。

北京新华印刷有限公司（简称新华印刷）的前身是1949年4月24日建厂的北京新华印刷厂，新华印刷作为我国出版、印刷行业的骨干企业一直受到党和国家各级领导的亲切关怀。1959年建厂10周年之际，党和国家第一代领导人朱德委员长亲临视察并题词："你们是供应人民精神食粮的工厂，希望你们为精神食粮的优质高产而努力"；建厂50周年前夕，时任中共中央总书记、国家主席江泽民亲笔题词："为人民生产更多更好的精神食粮"；2011年，新华印刷圆满完成《朱镕基讲话实录》的印制任务，获赠朱镕基总理亲笔签名书籍。近70年来，新华印刷在党和人民的关怀和支持下，伴随着中华人民共和国前进的步伐，经风雨、沐阳光，经过几代人的努力奋斗，一步步成长壮大。

新华印刷作为国家级重点书刊印刷企业，长期承担着党中央、国务院、全国人大和政协等国家重点图书和文件的印制工作，为传播马列主义、毛泽东思想、邓小平理论、"三个代表"重要思想、科学发展观和习近平新时代中国特色社会主义思想，普及科学文化知识，繁荣我国的出版印刷事业做出了重大贡献。

新华印刷拥有国家甲级秘密载体印制资质，为中央国家机关、中央直属机关、中央宣传部采购定点印刷单位，可在全国范围承担绝密级、机密级和秘密级国家秘密载体印制业务，这在全国书刊印刷企业中可谓凤毛麟角。拥有这一金字招牌的新华印刷不辱使命，2017年圆满完成了北京市委换届选举材料的印制任务。随着2020年圆满完成全国两会文件的印制工作，新华印刷已连续48年服务两会。举世瞩目的中国共产党第十九次全国代表大会于2017年10月24日胜利闭幕，新华印刷光荣承担了党的"十九大"专项印文的印制任务，连续6届服务全国党代会。"十九大"闭幕后，公司又圆满完成了会议学习辅导材料的印制工作。新华印刷以强烈坚定的政治担当和

---

① 资料来源：http://www.cnpubg.com/overview/member/2012/1023/5167.shtml

一丝不苟的工作作风，向党和人民交上了一份满意的答卷，体现"国家队"的使命意识、大局意识、责任意识、担当意识。

新华印刷具备齐全的印装设备和完善的生产加工链，拥有 4 台 CTP 制版机、2 台八色商业轮转印刷机、1 台八色平张印刷机、18 台平张印刷机、5 台单双色轮转印刷机、2 条精装联动线、3 条胶订联动线和 5 条骑订联动线。生产加工能力强，吞吐量大，适合加工各种类型的书刊。

新华印刷正在和着祖国新时代的脉搏，经历着风雨，沐浴着朝阳，一路前行。未来的日子里，新华印刷将深化改革，增强发展活力和市场竞争力，提高企业信息化、标准化、智能化水平，弘扬传承"和谐、敬业、创新、拼搏"的新华精神，进一步擦亮新华品牌。为人民，为社会提供无数优质的精神食粮，用最丰富、最艳丽的色彩装点社会主义新时代。

4. 北京科信印刷有限公司

北京科信印刷有限公司（简称科信印刷）成立于 2001 年，是一家以印制党和国家重要文件文献、重大主题出版物、科技期刊及国家秘密载体的现代化服务保障企业。

公司的主营业务为出版物印刷，其他印刷品制版、印刷、装订，以数字印刷方式从事出版物、包装装潢印刷品和其他印刷品的印刷。公司主要服务对象为国家核心科技期刊、国家机密文件及图书，主要客户有中国科学院、中国工程院、中国社会科学院等国家学术机构、国家级出版社、北京市政府机关、军事科研部门和高等院校等。

科信印刷创建 20 年来，已发展成为集艺术品展示、网络技术、出版策划、艺术品复制、摄影、设计、绿色印刷、数字印刷、物流配送等综合功能为一体的现代化企业。是中央国家机关、北京市政府采购定点印刷企业，是"北京民营企业文化产业百强""北京印刷知名品牌企业""北京印刷行业诚信企业""北京市绿色印刷工程标兵示范单位"和"北京市版权保护示范单位"，连续多年获得北京印刷出版物优质品"金奖""质量大奖"，2019 年入选《奋进新时代——致敬中华人民共和国 70 周年印刷业时代先锋》大型画册先锋企业。

科信印刷坚持以人为本、以德办厂、以信誉为企业生命的宗旨。严把印制质量关，力求将每一个环节做到更好。正是凭借质量这一法宝，企业实力和信誉与日俱增，企业业务快速稳健发展，品牌及市场份额凸显。公司业务以期刊印刷为主，兼顾各大出版社书籍印刷，在承接的 150 多种期刊中，80% 是国家一级期刊、各学科核心期刊，客户涵盖数学、生物、医学、物理、化工、文创产品等众多专业领域。公司主营业务产值逐年递增，是北京市出版印刷领域里科技期刊印刷的特色企业。

面对激烈的市场竞争，公司坚持质优价廉、诚信服务的特色，建立起一支高效的核心员工团队，为企业的发展奠定坚实基础。公司坚持"为科技创新服务，为科技期刊服务"的服务方向，不断推进企业转型升级和管理创新，坚持清洁生产、绿色印刷，成为 22 家出版物印刷服务首都核心功能保障企业的一分子，2021 年，成为北京仅有的 3 家重污染天气应急减排绩效分级管控 A 级企业之一。

二、包装印刷企业

包装印刷企业是以各种包装材料为载体的印刷企业，产品主要为软包装、纸盒、纸箱、金属罐等印刷品。

1. 厦门合兴包装印刷股份有限公司[①]

厦门合兴包装印刷股份有限公司的前身是厦门合兴包装印刷有限公司，创建于1993年5月。2007年1月10日经《商务部关于同意厦门合兴包装印刷有限公司申请转变为外商投资股份有限公司的批复》（商务部商资批〔2006〕2541号文）和商务部《中华人民共和国台港澳侨投资企业批准证书》（商外资资审A字〔2006〕0405号）的批准，由"厦门合兴包装印刷有限公司"整体变更为"厦门合兴包装印刷股份有限公司"。2007年1月30日，股份公司在厦门市工商行政管理局登记注册成立，注册资本人民币7500万元。现拥有5家全资子公司或控股子公司，是一家集纸板、纸箱及缓冲包装材料等包装制品设计、制造、服务为一体的大型综合包装企业。生产中高档瓦楞纸箱及纸、塑等各种包装印刷制品，研究和开发新型彩色印刷产品、纸制品、包装制品、机械设备的批发、进出口及相关配套业务。

公司本着实现"成为中国'专业化、规模化、一体化'的最强综合包装企业"的愿景，于2007年年初完成股份改制，在未来的经营中，公司将陆续增加资本投入，在全国各地增设工厂，使合兴企业在中国区域形成规模化经营。

公司崇尚"诚信、快乐、分享"的价值观，倡导"健康、快乐、积极、科学"的工作观。秉持"志合兴业、人合兴世，持续创新、务实发展"；"共同的目标、共同的理想、富有活力、充满激情与奋进的团队"；"在创新中求突破、在创新中求发展，长远务实地经营'百年老店'"的经营理念。坚持"以人为本的管理是企业持续发展根本，人才是企业发展最为宝贵资源"，"把事业不断做大，搭建更广舞台"的管理思想，坚持"培养人才，塑造人才，为优秀的人才提供更多的发展机会"的用人观点，坚持"诚信、快乐、分享"的企业文化。

公司具备专业化的整体包装解决方案、客户服务体系和流程管理，拥有全计算机控制的瓦楞纸板生产线、全计算机控制高速水性3～5色印刷开槽模切机及先进、完整的成箱配套设备，具备生产中高档瓦楞纸箱及纸、塑等各种包装印刷制品，研究和开发新型彩色印刷产品的能力，拥有如DELL、柯达、厦华、A.O史密斯、伊利、白象、喜之郎、美的、冠捷、联想、达利、FDK、APC、利胜、夏普等知名企业客户。

2. 深圳市裕同包装科技股份有限公司[②]

深圳市裕同包装科技股份有限公司（简称裕同科技）成立于2002年，总部位于深圳市，2016年在深交所上市。

裕同科技是国内领先的高端品牌包装整体解决方案提供商，服务于数十家世界

---

① 资料来源：http://www.hxpp.com.cn/cn/main.html
② 资料来源：https://www.szyuto.com/cn/about

500 强客户及数百个高端品牌，为消费电子、化妆品、食品、大健康、烟酒等行业客户提供专业的、有竞争力的包装产品、解决方案和服务，并致力于持续为客户提升品牌价值。

裕同科技的企业灵魂是"正直、进取、坚韧、实干"；企业使命是"聚焦印刷包装领域，提供专业领先的产品和服务，持续为客户提升价值"；企业愿景是"致力于成为客户信赖、员工爱戴、社会尊重的国内领先、国际知名印刷包装企业"；企业的核心价值观是"客户至上、人才为本、持续创新、协作共赢"；企业的经营理念是"诚信、务实、高效、创新"。

裕同科技提供的产品和解决方案包括彩盒、礼盒、说明书、不干胶贴纸、纸箱、纸托以及智能包装、环保包装、功能包装等，同时提供创意设计、创新研发、一体化制造、自动化大规模生产、多区域运营及就近快捷交付等专业服务。裕同科技设计的作品多次获得德国的红点奖、iF 设计奖、美国莫比斯广告奖等世界顶级工业设计奖项。

裕同科技实行集团化管理，截至 2021 年 3 月，已拥有 72 家子公司和 7 家分公司，在华东、华南、华北、华中、西南以及越南、印度、印度尼西亚、泰国等地设有生产基地，并在美国、澳大利亚、中国香港等地区设有服务中心，就近为全球客户提供服务。

裕同科技始终将"坚持自主创新，保持技术领先"作为核心战略，设立了裕同研究院，拥有丰硕的具有自主知识产权的研发成果，累计有上百项行业领先技术，为公司的持续发展提供丰富的创造力和强大的技术支持。

近年来，裕同科技获得了"中国印刷包装企业 100 强第一名""中国优秀包装品牌""国家印刷示范企业""国家文化出口重点企业""广东省著名商标""深圳市百强企业""深圳市文化创意产业百强企业""宝安区科学技术奖区长奖"等荣誉。

3. 顶正印刷包材有限公司[①]

顶正印刷包材有限公司（简称顶正包材）成立于 1995 年，是国内专业生产软包装、彩盒、食品纸质容器的龙头企业，目前已在天津、杭州、重庆、南京拥有四大生产基地、七家工厂，为食品、日化、乳品、医药、电子等行业客户提供全方位的包装解决方案，2016 年销售额达到 33 亿元。

顶正包材设备实力强劲，先后引进日本富士、住友重工、意大利思嘉唯、罗特迈克、德国戴维斯、曼罗兰等品牌的上百套先进设备，拥有高速印刷机、无溶剂复合机、双模头淋膜机等 500 多台先进设备，50 余条生产线和符合 GMP 十万级净化标准的生产车间。

顶正包材队伍人才济济，2016 年员工总人数 2650 人，其中大专及以上的人员占比达到了 70% 以上，公司拥有一支专门的研发团队，进行胶黏剂和油墨等耗材的研发与改进，为企业的发展提供创新动能。

---

① 资料来源：http://www.tingzheng.com.cn/about.aspx?TypeId=1&FId=t1：1：1

顶正包材环保投入扎实，公司积极开发推广绿色环保材料，代替传统材料，减少VOCs总量；持续投资VOCs处理设备，降低生产对环境的影响；与供应商密切合作，开发减薄降克的材料，降低原物料的使用。

顶正包材公司本着"品质精进，客户满意"的宗旨，以环保和可持续发展为战略重点，以高科技、高品质和规范管理为企业的核心竞争力，以跨国公司和国内知名企业为自己的主要合作伙伴，依靠20多年不断提升的技术力量，不断完善的质量包装体系及高效团队精神，持续为客户创造更高价值。

4. 北京尚唐印刷包装有限公司[①]

北京尚唐印刷包装有限公司（简称尚唐印刷）成立于2001年5月，是一家以少儿新型图书、纸艺工程研发、制作为特点，着力于印制党和国家重要文献、重大政治主题出版物，以及少儿出版物的大型企业。

尚唐印刷名字的含义："尚"是崇尚、弘扬；"唐"寓含"大中华文化"之意。中华文化源远流长，是世界文明史上的瑰宝，"尚唐"二字组合是崇尚、传承、传播、发扬中华文化的意思，表达了尚唐公司作为一家高端出版物印刷企业强烈的民族自豪感和社会使命感。

尚唐印刷是"国家高新技术企业"，也是"中央国家机关政府采购指定印刷企业"。2019年被中共北京市委宣传部认定为"北京市出版物印刷服务首都核心功能重点保障企业"。在管理规范性、环保等级、技术创新方面都处于行业较高的水平；其少儿产品市场占有率处在行业前列，而且仍以较快的速度持续增长。

尚唐印刷年产值近2亿元，在职员工300余名，拥有中高级管理人员和技术人员上百名，投入生产厂房36000余平方米。

主营业务是出版物印刷、儿童玩具书、立体书的设计、研发、制作、AR图书制作。企业拥有印前设备柯达制版机（CTP）及配套数码打样机、印版输出生产线；印刷设备配备全自动油墨供应系统，以及小森八色、三菱五色、三菱四色、新型LED印刷机等生产线；装订设备配备海德堡和CP等折页机、ASTER全自动和半自动锁线机、马天尼胶装联动线和半自动胶装机、马天尼骑订龙和半自动骑订机，以及精装龙联动线、精装糊壳设备、卡书合裱机等自动生产线；表面整饰设备配备瑞士PUR环保高速覆膜机生产线，全自动覆膜机、半自动覆膜机生产线，全自动烫金/模切机、半自动烫金/模切机生产线。

企业文化是阳光·成就——创阳光文化，铸阳光团队，成就团队，成就自我。质量方针是以完善的管理、优秀的服务、精美的产品，铸就一流的企业品牌。环境方针是树立环保理念，推动清洁生产，保障持续发展。

公司的愿景是建设具有特种工艺、手工研发制作优势的综合型印刷企业。我们的使命是同行业中铸就一流的企业品牌、一流的企业效益、一流的福利待遇。

---

① 资料来源：http://shangtang.com.cn/we.html

三、商业印刷企业

商业印刷企业是指主要印刷业务领域为票证、宣传品、广告、标签、招贴等的印刷企业。

1. 东港股份有限公司[①]

东港股份有限公司创始于 1996 年，深圳证券交易所 A 股上市公司，员工近 2000 人，总部位于美丽的泉城济南。

在济南、北京、上海、广州、郑州、乌鲁木齐、成都、西宁等地建立了 9 个生产基地，设有济南、北京、上海、广州四个技术研发中心，在全国主要中心城市布局了 30 家销售服务联络处，拥有一个覆盖全国的高效、成熟的设计、生产、营销、服务网络。

专注于为政府机关、事业单位、银行、保险公司、各类企业等机构提供安全票证、电子发票、智能（IC）卡、智能档案存储、新渠道彩票、自助彩票设备、RFID 智能产品、数据处理与打印、彩色印刷、标签印刷等产品和服务，已成为国内同行业领先的企业。

"着眼于未来，东港孜孜不倦地追求"是东港企业社会责任理念，东港一直强调企业可持续性发展，构建社会、企业、员工三方和谐关系，实现共同发展目标。为此，东港坚持宣扬社会主义核心价值观，关爱员工、重视与合作伙伴的关系管理；践行节能环保理念、积极推广应用节能环保新技术，展现东港的社会担当。

北京东港安全印刷有限公司是东港股份有限公司下属的北京印刷基地。

2. 鸿博股份有限公司[②]

鸿博股份有限公司致力于成为中国及全球彩票产业链的核心服务供应商。公司成立于 1999 年 6 月，总部位于福建省福州市金山开发区。公司以安全印务为主营业务，是中国彩票印刷行业的龙头企业之一，于 2008 年 5 月在深圳交易所中小企业板挂牌上市。

上市以来，公司业务布局由单一安全印务发展为多种业务协同发展，完成了布局全国的战略格局。目前公司业务涵盖：（1）彩票产业；（2）安全印务；（3）包装产业；（4）彩印产业；（5）物联网产业；（6）商贸及互动娱乐产业。

鸿博股份有限公司是"全国巾帼文明示范岗"、"福建省重合同守信用单位"、"高新技术企业"、"福建省省级企业技术中心"，并先后获得"中国印刷复制示范企业"、"中国绿色印刷工程示范单位"、"中国印刷行业 3A 信用等级企业"、首批福州市"文化企业十强"等荣誉称号。

鸿博昊天科技有限公司[③]作为鸿博股份有限公司的全资子公司以及其在中国的第五个印刷基地，于 2010 年 9 月在北京经济技术开发区注册成立。位于北京亦庄经济技

---

① 资料来源：http://www.tungkong.com.cn/index.php?a=lists&catid=15
② 资料来源：http://www.hb-print.com.cn/about.aspx?BaseInfoCateID=4&CateID=4
③ 资料来源：http://www.hongboht.com/info.php?class=57

术开发区博兴七路 5 号，占地 50 余亩，于 2011 年 8 月开工建设，2013 年 8 月建成投产。如今，鸿博昊天科技有限公司每年可以生产 6000 万册胶装图书、9240 万册骑马订图书和 960 万册精装书。

鸿博昊天科技有限公司是推行现代化管理制度的大型印刷企业，建立了完善的印前、印刷和印后生产流程，并且重视绿色印刷技术的应用，使用环保材料，采用新工艺、新技术，做到清洁生产。主要产品有精品画册、图书、杂志、海报等，产业还涉及安全印刷、数码印刷、包装印刷等领域。公司先后通过了 ISO9001 质量管理体系、14000 环境体系认证、18000 职业健康安全体系认证，同时通过英国组织 SMETA（Sedex 成员道德贸易审核）验厂和绿色印刷认证。此外，公司还获得了中共中央直属机关，全国人大机关、中央国家机关定点印刷资质，被原国家新闻出版总署指定为省市级书刊、出版物定点印制企业。

3. 北京印钞有限公司[①]

北京印钞有限公司始建于 1908 年，是中国历史上第一家采用雕刻钢版凹印工艺印制纸币的国家印钞企业，也是中国最早印制邮票的企业。中华人民共和国成立后，在中国人民银行、中国印钞造币集团有限公司的领导下，先后参与第一至五套人民币和中银港钞、澳钞的设计与印制，为 10 多个国家和地区印制了货币。2000 年设计并印制了我国第一张人民币塑料钞票——迎接新世纪纪念钞，2008 年印制了世界第一张奥运纪念钞——第 29 届奥运会人民币纪念钞和澳门纪念钞，2011 年开始承印澳门生肖钞。经过几代北钞人的不懈奋斗，北京印钞有限公司已经成为具有印制货币、增值税专用发票、支票等有价证券以及油墨制作、票证号码机制造、安全印务等综合生产能力的国家大型骨干印钞企业。

北京印钞有限公司以"建设世界一流印钞企业"的目标高度，秉承"优质安全保发行、科学高效谋发展"的行业宗旨，谋划制定了"整体规模做大、综合实力做强、企业办出特色"的发展战略，走出了一条符合北京印钞有限公司实际的科学发展之路，企业的核心竞争力和可持续发展能力显著提高，企业在生产规模、技术装备、经营管理和和谐企业建设等方面取得了突出的成绩，企业综合绩效居行业前列；先后获得全国五一劳动奖状、"首都文明单位标兵十连冠"、"全国文明单位"、行业"和谐企业示范单位"等称号。

站在新的起点，北京印钞有限公司将以"整体规模国内领先、综合实力国际一流、形象特色厚重现代"的目标为指引，以"精印国家名片、诚做厚德之人"的文化定位为先导，大力弘扬"勇于担当、勇于创新、勇于争先"的企业精神，努力实现"创国际一流、建幸福北钞"的美好愿景，为实现我国"由印制大国向印制强国迈进"的目标做出新的更大的贡献！

---

① 资料来源：http://www.cbpm.cn/cn/aboutus/struct/tzqyqb/201910/t20191017_2654.html

四、数字印刷企业

数字印刷企业是指主要采用数字印刷技术和设备进行印刷生产的企业。

1. 虎彩集团[①]

虎彩集团创立于1988年，全球优秀的奢侈品纸包装整体解决方案服务商，全国印刷10强，亚洲最大规模数字印刷机群，中国个性化印刷领跑者。虎彩集团致力于让印刷走进千家万户，为企业及消费者提供包装印刷、按需出版、个性影像、个性包装、安全印务等个性化印刷服务。

公司投资设立了山东虎彩泰山印刷有限公司、绍兴虎彩激光材料科技有限公司、青海虎彩印刷有限公司、北京京华虎彩印刷有限公司、（香港）虎彩印刷国际有限公司、天津荣彩科技有限公司、北京虎彩文化传播有限公司、广州虎彩网络科技有限公司、虎彩印艺欧洲有限公司9家公司。

21世纪的虎彩，紧跟科技创新、社会发展趋势，大力推进"互联网＋印刷"创新商业模式，引领个性影像产业从B2C转向C2B、由单一实体渠道转向实体、线上、手机App多元化销售渠道，致力成为深受全球消费者喜爱的品牌，让印刷走进千家万户。

2. 北京建宏印刷有限公司[②]

北京建宏印刷有限公司成立于1999年4月，是一家以客户为中心，以"贴心善印"为经营理念，追求卓越品质的高科技印刷企业，为客户提供从创意设计到印刷生产、印刷采购，直到物流配送的印刷全产业链管理服务。

公司位于北京市顺义区后沙峪镇吉祥工业区内，毗邻空港物流中心区，总占地面积为16000平方米，厂区现有建筑面积8000平方米，标准库房面积2000平方米。公司在2015年正式并入中国图书进出口（集团）总公司后，依托其全面支持，致力于为国内外出版客户提供优质的产品和服务，并计划在未来持续投资，最终建成具备国际先进水平、覆盖全国、辐射亚太地区的数字化、智能化、定制化出版物按需印刷基地。

公司针对出版发行行业原有印刷采购、发行模式导致的巨大库存浪费、退书及损耗率高和图书销售数据难以获取等诸多长期存在的固有顽疾，制定了以按需印刷为立足点，以"一书一码""本本不同"等数字技术应用为手段，助力出版发行行业深化改革，逐步从现有低效、浪费的先印刷后销售模式，向先出版销售、再根据客户需求"一本起印、先卖后印"的出版发行业态新模式转变，以从根本上解决出版发行中的顽疾和难点，助推出版发行行业完成供给侧结构性改革。

公司作为中央直属企业，负有履行社会责任的重任，积极响应国家和北京市政府提出的向数字化和智能制造转型升级、环保源头治理等企业转型发展政策，通过累计

[①] 资料来源：http://www.hucais.com/html/AboutHucai/AboutHucai/
[②] 资料来源：http://www.congreat.com.cn/aboutus.html

超过 2 亿元的投资，引进了大量高速、高效并兼备数字化、智能化和绿色环保的先进印刷生产及配套装订设备，实现了从智能化的喷墨卷筒纸、碳粉平张纸印刷设备到数字化的书芯生产线、胶装生产线和精装生产线的全流程覆盖，不仅在印刷品质上完全可以媲美传统印刷精度，还走在了印刷行业向绿色环保、可追溯、个性化、定制化、数字化和智能化转型发展的前列，为首都印刷行业树立了行业标杆。

公司还积极在科技研发上持续投入，上线了公司技术团队自主研发的基于"互联网+"的"贴心善印"信息系统平台一期和二期项目，及可变数据出版印刷与"一书一码""批量二维码生产管理系统"等应用技术，充分发挥了按需印刷在出版发行行业的技术优势，并为国家政府部门及国内外大量出版企业完成了众多的个性化、定制化的出版按需印刷生产任务。

此外，公司还受中央宣传部和中国图书进出口（集团）总公司的嘱托，承担着为国家"一带一路"服务的重任，是中央宣传部推动中国文化走向世界的示范基地，并成为"中国图书'走出去'全球按需印刷联盟"在国内的按需印刷生产基地。

公司至今已拥有多项资质证书和专利技术，其中有高新技术企业、中国环境标志（Ⅱ型）产品、两化融合管理体系、ISO9001、ISO14001、OHS18001、SEDEX 公司的 SMETA4 和自愿清洁生产审核评估等认证证书。同时，公司正在完成的资格审核及认证工作有 ISO27001、ISO50001 和智能工厂等。

主要参考文献

[1] 赵志强. 中国当代印刷发展 [M]. 北京：文化发展出版社，2017.
[2] 陈虹，赵志强. 图解单张纸胶印设备 [M]. 北京：文化发展出版社，2019.
[3] 赵志强，陈虹. 出版物印刷概论 [M]. 北京：文化发展出版社，2018.
[4] 陈虹，赵志强. 平版印刷员（技师 高级技师）[M]. 北京：文化发展出版社，2021.
[5] 陈虹，等. 印刷设备概论 [M]. 北京：中国轻工业出版社，2010.
[6] 任玉成. 北京印刷业壮丽 70 年 [J]. 印刷杂志，2019（4）：1-7.
[7] 周建平. 上海印刷业发展回顾与展望 [J]. 印刷杂志，2011（1）：14-17.
[8] 徐建国. 七十年沧桑巨变，新时代重任在肩 [J]. 今日印刷，2019（10）：11-18.
[9] 陈宝湘. 广东印刷踏迹 70 载，光辉壮丽奋进新时代 [J]. 印刷杂志，2019（4）：8-12.
[10] 嵇俊. 浙江印刷业 70 年发展辉煌成就 [J]. 印刷杂志，2019（4）：13-20.
[11] 冯卓. 台湾地区企业在大陆印刷发行业发展 30 年 [J]. 出版发行研究，2020（7）：53-57.
[12] 印刷技术编辑部. 我国印刷技术发展的三十五年 [J]. 印刷技术，2007（6）：153-155.
[13] 徐建国. 中国印刷产业发展现状及趋势 [J]. 印刷工业，2017（5）.
[14] 吴湘匡. 中国近代民族印刷工业奠基 [J]. 广东印刷，2000（4）：63-65.
[15] 张树栋. 中华印刷通史 [M]. 北京：印刷工业出版社，1999.
[16] 尹铁虎. 中国古代墨与印刷术的发明 [C]// 第五届中国印刷史研讨会论文集，1999.
[17] 肖东发. 民间坊刻与我国早期出版印刷 [J]. 编辑之友，1990（8）.
[18] 陆根发. 我国古代官办出版印刷机构 [J]. 广东印刷，1996.
[19] 张桂兰. 中国印前设备 60 年变迁 [J]. 印刷技术，2009（10）.
[20] 高健. 中国印刷版材 40 年 [J]. 印刷杂志，2018（1）：8-12.
[21] 王德茂. 中国印刷技术装备 60 年 [J]. 2010 中国印刷业年度报告：43-46.
[22] 王淮珠. 印后加工技术 60 年 [J]. 印刷技术，2009.
[23] 许文才. 中国凹印 60 年的进步与发展 [J]. 印刷技术，2009（10）：40-41.
[24] 王强. 中国印刷教育 40 年回顾与展望 [J]. 印刷杂志，2018（1）：13-16.
[25] 中国工业机械联合会. 印刷机械工业四十载 [J]. 机械工业标准化与质量，2019（2）.
[26] 张一雄. 柔印历程 20 年 [J]. 印刷技术，2013（1）：36-39.
[27] 陈彦. 中国数字印刷行业发展这十年 [J]. 数字印刷，2015（12）：80-83.
[28] 广东印刷编辑部. 2020 中国印刷业发展现状及趋势分析 [J]. 广东印刷，2020（6）：7-11.
[29] 中国造纸协会. 中国造纸工业 2020 年度报告 [J]. 中国造纸与纸浆工业，2021（4）：11-21.
[30] 陈银. 2019 年中国印刷行业发展现状及前景分析. 印刷包装业智能化、数字化. 百度文库，2020.11.

[31] 2004—2021年中国印刷企业100强排行榜 [J]. 印刷经理人，2004-2021.

[32] 王丽杰. 阅读百强 [J]. 印刷经理人，2003（5）：18-25.

[33] 数字印刷编辑部. 2017"数字印刷在中国"用户调查报告 [J]. 数字印刷，2017（9）：23-31.

[34] 王丽杰. 2020中国印刷业发展现状及趋势分析 [J]. 印刷经理人，2020（11）.

[35] 宁廷州. 智能印刷设备的历史回顾、发展现状及有效战略 [J]. 包装工程，2019（10）：230-236.

[36] 罗学科. 我国印刷教育、印刷人才培养的发展与展望 [J]. 印刷工业，2019（5）：38-39.

[37] 齐福斌. 中国印刷设备的发展与变迁 [J]. 今日印刷，2013（11）：17-23.

[38] 孙建辉. "一带一路"战略造就中国印刷业发展的新机遇 [J]. 印刷杂志，2017（1）：4-7.

[39] 张建民. "一带一路"印刷市场现状揭秘 [J]. 印刷工业，2017（6）：20-25.

[40] 袁建湘. 坚定信心，创新发展，迎接挑战——我国胶印版材行业发展及展望 [J]. 印刷杂志，2016（12）：27-31.

[41] 韩海祥，黄岚. UV油墨的绿色可持续化发展 [J]. 印刷技术，2020（10）：19-22.

[42] 沈国荣. 亲历印后装订设备的发展与变迁 [J]. 印刷杂志，2019（6）：51-56.